TRINITY

ZUM BUCH

Schon die chinesischen Mystiker beschrieben das Herz als den Sitz der Seele. Denn je mehr wir aus dem Herzen leben, desto näher sind wir unserem Wesenskern und unserem höheren Selbst. Stefanie Menzel zeigt, wie wir unsere Herzensenergie entdecken und aktivieren können. Wirksame Meditationen und heilenergetische Übungen bringen uns wieder in Kontakt mit der Kraft der Mitte und ebnen den Weg für ein schöpferisches, befreites Leben.

ZUR AUTORIN

Stefanie Menzel erlangte dank ihrer Hellsichtigkeit vor 17 Jahren den Zugang zu einer höheren geistigen Ebene und nimmt Ursprung, Sinn und Ziel des Lebens aus einer übergeordneten Perspektive wahr. Ihr umfangreiches Wissen gibt sie in Form zeitgemäßer spiritueller Seminare weiter. Die Erlö-sung der Herzenskraft und die Würde sind dabei ihre zentralen Themen. Als Autorin verfasste Stefanie Menzel erfolgreiche Bücher zu Heilenergetik, Chakrenarbeit und dem Resonanzprinzip. Sie ist Mutter von vier inzwischen erwachsenen Kindern und lebt in der Pfalz. Weitere Informationen zur Autorin finden Sie unter www.heilenergetiker.de.

© privat

Stefanie Menzel

Die Kraft des Herzens

Ein heilenergetischer Weg
zur Erweckung der
Lebens- und Liebeskraft

TRINITY

© 2012 Trinity Verlag in der
Scorpio Verlag GmbH & Co. KG, Berlin · München
Umschlaggestaltung: Guter Punkt, München,
© Kim Hoang mit Motiven von Shutterstock
nach einer Idee von Krista Raak
Satz: BuchHaus Robert Gigler, München
Druck und Bindung: Pustet, Regensburg
ISBN 978-3-941837-43-0

www.trinity-verlag.de

Die Welt entsteht im Herzen des Betrachters.

Stefanie Menzel

Inhalt

Vorwort 12
Einleitung 14

1 Das Herz 22

Das Herz im Sprachgebrauch 22
Das Herz in der Religion 29
    Das Herz als Zentrum in der christlichen Religion 29
    Das Herz im Hinduismus und Buddhismus 30
Das Herz – Sitz der Gefühle 31
Die Anatomie des Herzens 34
    Das Herz in der Traditionellen Chinesischen Medizin 36
Was es heißt, Mensch zu sein 38

2 Die Aura 42

Die Funktion 42
    Bauplan des Körpers und Bindeglied zur Welt 42
    Aufbau, Geschwindigkeit und Größe 44
Die energetische Entwicklung von Herz und Mensch 49

Das Herz als Zentrum des Menschen   52
   Wandel der Dimensionen und der Physik   52

3   Die Welt der Gefühle   58

Gefühle als Wahrnehmung zur Orientierung –
ein Überblick   58
   Der Unterschied von Gefühl und Emotion   63
   Bewertungen als Grundlage von Gefühlen   64
   Entwicklung von Gefühl und Emotion   69
Die Basis- oder Grundgefühle   80
   Erklärung und Sinn der Basis- oder Grundgefühle   80
   Hunger   83
   Angst   84
Die Primärgefühle   86
   Lust   86
   Schmerz   87
   Wut   88
Die Sekundärgefühle   89
Die Quintessenz unserer Gefühlswelt   93

4   Strukturen und Blockaden der Aura   96

Ohnmacht   96
   Kollektive Ohnmacht – oder was das alles mit der
   Occupy-Bewegung zu tun hat   101
   Trauer und Wut   103
   Scham und Trotz   104
   Glaubenssätze   105
   Angst   108

Lüge 114
Sucht 118
Pflicht, Sorge, Schuld und Erwartungen 129
Dünkel und Selbstmitleid 131
Dünkel und Selbstmitleid aus energetischer Sicht 134
Rollen – Hauptblockaden des Lebens 137

5 Das Energiebarometer 143

Entscheidung 144
Entwicklung 146
»Hüter der Schwelle« und die Prüfung 147
Wachstum und Entfaltung 149
Abfall der Energie in die Ohnmacht 152
Überblick und Nutzen 156
Das Energiebarometer im täglichen Leben 158
Positive Veränderung durch das Energiebarometer 161

6 Chakren – Organe der Aura 164

Die Bedeutung der Chakren 170
Die Wirkung geöffneter Chakren 171
Die Aussage der Chakren 174
Bedeutung und Aussage der einzelnen Chakren 176

7 Wesen und Ego 192

Herz- oder Bauchentscheidung 196
Im Sinn-Verstehen liegt Entspannung 197

8   Die Welt als Spiegel 200

9   Gesundheit und Krankheit 203

10 Geboren, um zu leiden? 208

So sieht Leid aus und so fühlt sich Leid an   212
Reifen oder altern?   214
Das Alter gehört Herz und Seele, die Jugend
    dem Körper?   218
Die Angst vor dem Tod   221
Weisheit statt Fitness   222
Sehnsucht nach Heilung   223

11 Partnerschaft 223

Mann und Frau sind aus dem gleichen Urstoff   226
Das Drehbuch des Herzens   229
Erfüllt der Partner meine Wünsche?   235

12 Lösungen 237

Das Leben als Aufstellung   237
    Aus Fehlern lernen   243
Würde als zentrale Herzensangelegenheit   245
    Würde steht hintan   246
    Würde in der Partnerschaft   246
    Sehnsucht nach traditionellen Rollenbildern   247
    Würde in der Gesellschaft   249
    Würde in Schule und Erziehung   250

Die Rettung der Würde 252
Die Welt entsteht im Herzen des Betrachters 253
Das Herz ist der Dreh- und Angelpunkt der
Veränderungen 254

13 Übungen 256

Herzöffnung 256
1. Ich erkenne mich selbst 257
2. Ich kläre mich selbst 258
3. Ich nehme mich in Würde an 260
4. Ich lebe und liebe mit Leichtigkeit 261
5. Ich gestalte die Welt in Liebe 263

14 Die alternative Schöpfungsgeschichte 266

15 Schlussgedanken 277

Literaturverzeichnis 279
Kontakt 279

Die Kraft des Herzens

Ein menschliches Wesen ist Teil einer Ganzheit,
die wir »Universum« nennen; es ist ein Teil,
der in Zeit und Raum begrenzt ist.
Es erlebt sich selbst, seine Gedanken und Gefühle
als etwas Getrenntes vom Rest –
eine Art optische Täuschung des Bewusstseins.

Diese Täuschung ist wie ein Gefängnis für uns.
Sie beschränkt uns auf unsere persönlichen Wünsche und auf
Zuneigung für einige wenige uns nahestehende Personen.

Es muss unser Ziel sein, uns aus diesem Gefängnis zu befreien,
indem wir unseren Kreis des Mitgefühls ausweiten, um alle
lebenden Kreaturen und die Gesamtheit der Natur in ihrer
Schönheit zu umarmen.

Albert Einstein
(Physiknobelpreis 1921)

Vorwort

Auf den Punkt gebracht

Eine alte Legende erzählt von Göttern, die die größte Kraft des Universums – die Liebe – verstecken wollten, damit wir Menschen sie nicht finden können, bevor wir wirklich reif sind, sie zu fühlen.

Ein Gott hatte die Idee, die Liebe auf der Spitze des höchsten Berges zu verstecken. Ein anderer Gott sagte: »*Lasst uns diese Kraft auf dem Grunde des Meeres verstecken.*«

Aber sie wussten, dass der Mensch nicht ruhen und auf der ganzen Welt danach suchen würde; währenddessen jedoch nicht die Reife erlangte, die sich die Götter für ihn wünschten.

Schließlich sagte der weiseste der Götter: »*Ich weiß, was zu tun ist: Lasst uns die Liebe im Menschen selbst verstecken. Er wird niemals dort danach suchen, bevor er reif genug ist, den Weg nach innen zu gehen.*«

Und so versteckten die Götter die Liebe im Herzen der Menschen selbst, und dort ist sie noch immer und wartet darauf, dass wir sie in Besitz nehmen und weisen Gebrauch davon machen.

Wenn du bereit bist, wirklich bereit, dann kann das Abenteuer des Lebens nun beginnen, jetzt, in diesem Augenblick ...

Einleitung

Herzlichen Glückwunsch zum Erwerb dieses Buches. Sie haben sich für ein Qualitätsprodukt, für einen interessanten und sinnvollen Zeitvertreib entschieden. So würde es heißen, wenn Bücher ähnlich beworben würden wie Kosmetikartikel oder Arzneimittel. Die zwischenmenschliche Kontaktaufnahme auf der Herzebene spricht die Gefühle der Menschen an: Sie haben es richtig gemacht, Sie sind ein guter Mensch, Sie werden geliebt. Damit sind die Dinge angesprochen, die der Mensch in seinem Leben am dringendsten braucht und gleichzeitig am meisten vermisst. Der Mensch sehnt sich von Herzen danach, richtig zu sein, gut zu sein und geliebt zu werden. Um diese Anerkennung zu erhalten, tut er alles. Er arbeitet, strengt sich an, und nicht selten verbiegt er sich dafür und opfert sich auf.

Das Ergebnis ist meist nicht so, wie erhofft; die herzliche Anerkennung, der herzliche Dank, die herzliche Zuneigung bleiben aus. Dies erzeugt einen gefühlten Mangel, der mit Ersatzmaßnahmen zu stillen versucht wird, was keine wirkliche Befriedigung und kein inneres Glück bringt. Es entsteht eine Suche nach dem, was zum eigenen Glück fehlt, und entsprechend unserem heutigen Weltbild wird im Materiellen gesucht.

Die neue Bluse, das schicke Kleid, das teure Auto, der neue Mann, die nächste Frau, der tolle Job, die Vitaminpille – all das sind Hoffnungen auf Glück, und sie erweisen sich als trügerisch und kurzlebig. Doch wir haben nichts anderes, wonach wir streben könnten.

Wo sind die innere Zufriedenheit und die Ruhe, die Kraft, das Vertrauen in die Schöpfung und in uns selbst? In dieser Zeit der fulminanten wissenschaftlichen und materiellen Fortschritte haben die Menschen den Bezug zu ihrem Herzen stärker verloren als jemals zuvor. Das sicherste Zeichen dafür ist, dass man das Herz von einem Menschen zu einem anderen Menschen verpflanzen kann. Es ist zu einem bestens erforschten Organ geworden, einem regelmäßig pulsierenden Muskel, der das Blut durch die Adern pumpt und der im Notfall ersetzbar ist.

Wenn wir die tieferen Zusammenhänge des Lebens hinterfragen, können wir feststellen, dass all das, was uns als Menschen ausmacht und prägt, vom Herzen ausgeht.

Einer der größten Irrtümer dieser Zeit ist der Glaube, die Gedanken erschafften die Realität, und der Mensch müsse nur anders denken, und schon verändere sich sein Leben.

Es gibt Bücher über Bücher und Methoden über Methoden, die sich mit diesem Thema beschäftigen. Die Menschen, die diese Bücher lesen und diese Methoden erlernen, kommen oft trotzdem in ihrem Leben nicht wirklich entscheidend voran.

Das Problem ist die Kopflastigkeit unserer rein verstandesmäßig orientierten Gesellschaft. Was im Kopf verstanden wurde, ist noch längst nicht ins Tun umgesetzt. An dieser Schnittstelle zwischen Wissen und Tun hängen Millionen von Menschen wie Fliegen im Spinnennetz und kommen nicht weiter. Interessanterweise scheint es einen Zusammenhang zwischen Wissen und Tun zu geben. Je mehr man liest, lernt und denkt, desto weniger tut man. Man weiß ganz genau, wie es geht, und kann es vielleicht trotzdem nicht umsetzen. Es ist für viele Menschen geradezu fürchterlich, zu lesen und zu hören, sie müssten doch nur dieses oder jenes tun. Sie würden ja gerne, wenn sie nur könnten!

Die Lebenskraft geht vom Herzen aus

Mit dieser Feststellung soll nicht der Anschein erweckt werden, als sei Wissen generell schädlich. Es geht nur darum, die Vorgänge zu beleuchten und all jenen einen Weg zu weisen, die an der Schwelle zum Tun nicht weiterkommen. Die wirkliche Lebenskraft, die Triebfeder allen Denkens und Handelns geht vom Herzen aus. Wer denkt und keine Herzlichkeit für sich und sein Leben entfaltet, kommt aus dem Denken nicht zu einem sinnbringenden Handeln.

In diesem Buch werden die Zusammenhänge zwischen Denken und Handeln anhand des Energiefeldmodells der Heilenergetik beleuchtet. Es wird dabei klar, dass in der Wesensart des Menschen – ich nenne es das Seelenmuster – alle Möglichkeiten zur Lebensgestaltung veranlagt sind. In diesem Grundmuster ist ebenso der Bauplan für den Körper enthalten wie die Affinität, das Familienleben und die sozialen Strukturen in einer bestimmten Richtung zu gestalten. Der körperliche Zustand, die Art des Zusammenlebens mit anderen Menschen, der Erfolg oder Misserfolg im Beruf und in sozialen Interaktionen haben ihren Ursprung in diesem Grundmuster und sind dessen Symptome. Selbst die Gedanken sind Symptome dieses Grundmusters.

Die Gedanken erschaffen die Welt heißt es in vielen philosophischen und spirituellen Meinungsrichtungen. Die Gedanken sind jedoch nur die Symptome des Wesensgrundmusters des Menschen, das im Herzen beheimatet ist. Solange wir die Gedanken als Erschaffer der Realität betrachten, kommen wir in unserer Persönlichkeitsentwicklung nur langsam weiter. Man kann zwar auf einem Umweg die Ursache nach und nach verändern, indem man kontinuierlich, pausenlos und nachhaltig an den Symptomen arbeitet, das dauert jedoch lange und bietet keine Gewähr für Erfolg. Der direkte, schnelle und sichere Weg ist jedoch immer die Bearbeitung der Ursache selbst. Wir müssen also den Inhalt des Herzens betrachten, wenn wir unser Leben bewusst bearbeiten und verändern wollen.

Der Gedanke ist nicht die Ursache der Realität

Die Symptome sind Auswirkungen der Ursache und folgen ihr. Da wir Menschen in der Regel zuerst die Symptome sehen und spüren, sind sie die Auslöser für Überlegungen, Nachforschungen und Handlungen. Für Symptome oder Wirkungen ist es typisch, dass sie nicht alleine auftreten, sondern in Symptom- oder Wirkungsketten. Das davorliegende Symptom ist dabei nicht die Ursache des nachfolgenden Symptoms. Es ist die Beschränktheit des menschlichen Denkens, das Symptom »Gedanke« als Ursache der Realität zu betrachten und nicht dahinterblicken zu können, dass der Gedanke dem Wesensgrundmuster folgt.

Die Menschen haben die Computertechnik, das Internet, die Handytelefonie, den globalen Reise- und Dienstleistungsverkehr und die Weltraumfahrt erfunden. Im Bezug auf ihren eigenen Körper und ihr eigenes Dasein allerdings, sind sie in ihrer Entwicklung, im Vergleich zur technischen Entwicklung, stark im Rückstand.

Die Mehrzahl der Produkte und Ratgeber in den Regalen der Kaufhäuser und Buchhandlungen sowie die Mehrzahl der Dienstleistungen hat ein Angebot aus den folgenden Bereichen:

- »Hilfe«, wenn ein Symptom aufgetreten, das Kind also bereits in den Brunnen gefallen ist. Die klassische Medizin und die alternativen Heilmethoden arbeiten nach diesem Grundschema.
- »Früherkennung«, das Malheur noch im Fallen erkennen und bereits vor dem Aufprall mit Heilungsmaßnahmen beginnen (einige beschäftigen sich mit diesem Thema). Angeboten werden Vorsorgemaßnahmen auf physischem und psychischem Gebiet.

Andere gehen das Thema sehr pragmatisch an:
- »Mit dieser Diät und jenem Vitaminpräparat überstehst du den Fall besser.«
- »Mit moderner Elektronen- und Röntgentechnik, mit einem Biotensor oder Pendel kannst du die Wassertiefe im Brunnen messen.«
- »Mit meinem Buch lernst du alles über Brunnen und ihre Beschaffenheit.«

Manche setzen auf Ablenkung:
- »Häng dir eine hübsche Halskette oder ein Tuch um, dann ist alles halb so schlimm.«
- »Wende im Brunnen ein Aura-Spray an, dann fühlst du dich dort harmonisch und wohl.«

- »In meditativer Versenkung merkst du überhaupt nicht, dass du in den Brunnen gefallen bist.«

Wieder andere »channeln« aus der geistigen Welt:
- »Du wirst sehr geliebt dafür, dass du Licht in die Brunnen bringst.«

Nur wenige beschäftigen sich mit dem Thema:
- »Wandeln auf dem roten Teppich der Wesensmitte«, auf dem Weg, der an dem Brunnen vorbeiführt, ohne dass man Gefahr läuft, hineinzufallen.

Es ist sehr erstaunlich, wie fremd es den Menschen geworden ist, auf ihre eigenen Bedürfnisse zu achten, auf ihre innere Stimme zu hören, ihr eigenes Wesen zu verwirklichen, die Hinweise ihrer Seele wahrzunehmen. Sie lassen sich im Alltag verbiegen, verdrehen, ausnutzen, stressen, mobben, missachten, übervorteilen, nötigen, psychische Gewalt antun und stellen dann überrascht fest, dass sie krank werden, Schmerzen bekommen, an Allergien, Ängsten, Depressionen, Burn-out leiden.

Die Gesellschaft hat sich darauf spezialisiert, diese Folgeschäden zu beheben. Die solchermaßen Geheilten werden allerdings ohne Fortbildung in den gleichen Alltag zurückgeschickt, der ihnen die Verletzungen zugefügt hatte. Man muss sich nicht wundern, dass alsbald wieder Krankheiten, Schmerzen, Allergien, Ängste, Depressionen, Burn-out usw. auftreten.

Zuversicht und Selbstvertrauen

Dieses Buch möchte daran mitwirken, den Menschen Kraft, Ausstrahlung, Selbstvertrauen, Weitblick und Übersicht zu geben. Es möchte den Menschen die Zusammenhänge zwischen dem seelischen Lebensplan und dem materiellen Alltag aufzeigen. Es möchte den Blick für die vielen Hinweise öffnen, die alle Menschen zeit ihres Lebens bekommen und die alle in Richtung des »roten Teppichs« weisen, wo es keine Brunnen gibt, in die man hineinfällt.

Wer sich mit der Forschung nach dem Sinn des Seins näher beschäftigt, ist fasziniert von dieser anderen Sichtweise, die aus dem Opferdasein herausführt und den Menschen zum aktiven und freudigen Gestalter seines Lebens werden lässt. Natürlich geht das nicht mit dem berühmten Fingerschnipsen. Es ist vielmehr eine bewusste Beschäftigung mit dem eigenen Leben. Dies bringt innere Ruhe, Zufriedenheit, Glücksempfinden und das Gefühl, mit allem verbunden zu sein.

Ausgangspunkt all dieser Forschungen ist das Herz als Zentrale des Lebens. Das Herz ist das Organ, das beim Ungeborenen als Erstes seine Arbeit aufnimmt. Die Herztöne sind das erste Signal des neuen Lebens.

Als wir mit Heilenergetik anfingen, war dies eine fremde Denkweise für die meisten Leser unserer Bücher und Besucher an unseren Messeständen. Zwischenzeitlich kommen jedoch viele Interessenten und sagen, sie könnten mithilfe der Heilenergetik endlich verstehen, was Leben bedeutet. Sie könnten hier Antworten auf ihre Fragen erhalten und dadurch ihr Leben selbst in die Hand nehmen.

Sie könnten nun plötzlich verstehen, weshalb die einen erfolgreich, glücklich und gesund sind, die anderen dagegen erfolglos, unglücklich und krank.

Sie könnten nun plötzlich erkennen, dass das Leben eine Entwicklungszeit ist und dass es viele Wege gibt, um zum Ziel zu gelangen. Stelle man fest, dass der bisher gewählte Weg hart, steinig, gefährlich und gesundheitsschädlich ist, könne man einen anderen Weg einschlagen.

Wir erhalten sehr viel Zuspruch für den logischen Aufbau dieser Lebenslehre, für die verständliche Darstellung der Zusammenhänge und für die praktische Anwendbarkeit der Tipps und Übungen im Alltag. In der Heilenergetik werde, so heißt es, in verständlicher Sprache beim Namen genannt, was woanders zwar auch durchgeführt, aber nicht erklärt und vertieft werden könne.

Das Herz hat seine Gründe, die der Verstand nicht kennt.

Blaise Pascal

1 Das Herz

Das Herz im Sprachgebrauch

In unserer Alltagssprache finden wir viele Ausdrücke, Redewendungen und Volksweisheiten, die unser Herz betreffen. Wenn mir etwas am Herzen liegt, ist es mir ein äußerst wichtiges Unterfangen, und nichts ist dringender und ehrlicher als dieses Anliegen. Spreche ich die Wahrheit, dann trage ich das Herz auf der Zunge, und nichts kann mich davon abhalten.

Ein gebrochenes Herz ist das Ergebnis der Liebe in unserer polaren Ausrichtung der Welt. Denn wenn wir uns in Liebe mit einem anderen Menschen verbinden, sind wir ein Herz und eine Seele. Unser Herz kann heilen und ganz werden. Wir erleben den anderen tatsächlich als die Ergänzung von uns selbst und können ohne ihn nicht sein. Man hat sein Herz verschenkt oder sogar an den anderen Menschen verloren. Wenn er sich trennt, dann bricht das Herz entzwei, und dieser Schmerz wird ewig währen. Ja, manch einer stirbt sogar an einem gebrochenen Herzen.

Dies entspricht nicht der bedingungslosen Liebe, die wir auch im Herzen spüren können. Ich kann ganz erfüllt sein von Liebe im Herzen, wenn ich zum Beispiel ein Kind unter dem

Herzen trage und es mir damit lebenslänglich ans Herz gewachsen ist. Ein Kind trägt die Sonne im Herzen, und es fliegen ihm mit Leichtigkeit alle Herzen zu.

Aber auch ein guter Freund kann uns ans Herz wachsen, und es wird mir ganz leicht ums Herz, wenn ich ihm begegne. Er ist natürlich auf Herz und Nieren geprüft, er teilt meine Nöte und Sorgen, ich kann ihm mein Herz ausschütten. Er spricht mir einfach aus dem Herzen und trägt sein Herz auf dem rechten Fleck.

Wir können mit unserem Herzen fühlen, denn es kann vor Freude hüpfen aber auch vor Schreck erstarren oder erkalten. Von *Antoine de Saint-Exupéry* (frz. Schriftsteller, 1900–1944) stammt das bekannte Zitat: »Man sieht nur mit dem Herzen gut, das Wesentliche ist für die Augen unsichtbar.« Was so viel sagt wie, dass uns der optische Eindruck eines Menschen irreführen kann, nicht aber die Wahrnehmung des anderen durch unsere »Herz-Sinne«.

Wenn man ein großes Problem gelöst hat, bei dem einem das Herz vor Schreck in die Hose gerutscht ist, dann kann einem schon mal ein Stein von Herzen fallen, und die nächste Situation fordert Herz und Hand.

Es ist sehr schön, dass das Herz einen so wichtigen Platz in unserem Sprachgebrauch einnimmt, immerhin ist es doch tatsächlich der Mittelpunkt allen Lebens. Immer wenn wir uns dem Herzen zuwenden, kommt schnell auch der Begriff Liebe ins Spiel. Denn sie ist es anscheinend, die im Herzen ihren Ursprung hat und das Herz lebendig macht.

Die Liebe zu einem anderen Menschen wird in der heutigen Zeit sehr wichtig genommen; schnell sind wir verliebt oder lieben, oder meinen es zumindest.

Es ist eine Frage der Definition von Liebe, die den Umgang mit ihr anstrengend machen kann. Es gibt die Liebe, die den eigenen Mangel beschreibt, und die Sehnsucht und Leidenschaft beherbergt. Sie ist es, die einen ein Leben lang unglücklich und suchend macht. Denn niemand auf der Welt kann diese Sucht nach Liebe je befriedigen. Und es gibt die Liebe aus der Fülle heraus, die sich selbst genug ist, die Selbstliebe, die dem gereiften, erfahrenen und geheilten Herzen gehört.

In all den Redensarten unserer Sprache ist nie das materielle Herz gemeint, sondern wir übersetzen unser aktuelles Gefühlsleben in eine Herzsprache. Wenn wir eine Situation besonders betonen wollen, bedienen wir uns dieser »Herzbilder«, die jeder ganz selbstverständlich verstehen kann.

Sprechen wir davon, dass etwas wirklich von Herzen kommt, meinen wir damit, dass es zutiefst unserem eigentlichen Sein entspringt. Oder wenn du dein Herz am rechten Fleck hast, bedeutet es, dass du aus deiner wahren Überzeugung, unverfälscht und rein handelst. Das Herz erscheint im Sprachgebrauch immer als Synonym für die Begriffe Ehrlichkeit, Authentizität, Würde, Wahrhaftigkeit, Liebe, Reinheit und Ehre.

Auch die großen Literaten und Philosophen der Weltgeschichte haben immer wieder das Herz in den Mittelpunkt ihrer Arbeit gestellt. In der Literatur ist das Herz das meistbeschriebene Organ.

Dass sich die Endung des Wortes Herz auf Schmerz reimt, haben Poeten des 9. Jahrhunderts entdeckt. Und eine wahre Herzensblüte in der Literatur war die Epoche des »Sturm und Drang«; hier fällt besonders Johann Wolfgang von Goethe auf, der in seinen Texten wohl 1000 verschiedene Synonyme und Umschreibungen für das Herz verwendete.

An Mignon

Über Tal und Fluss getragen,
Ziehet rein der Sonne Wagen.
Ach, sie regt in ihrem Lauf,
So wie deine, meine Schmerzen,
Tief im Herzen,
Immer morgens wieder auf.

Kaum will mir die Nacht noch frommen,
Denn die Träume selber kommen
Nun in trauriger Gestalt,
Und ich fühle dieser Schmerzen,
Still im Herzen
Heimlich bildende Gewalt.

Schon seit manchen schönen Jahren
Seh ich unten Schiffe fahren,
Jedes kommt an seinen Ort;
Aber ach, die steten Schmerzen,
Fest im Herzen,
Schwimmen nicht im Strome fort.

Schön in Kleidern muss ich kommen,
Aus dem Schrank sind sie genommen,
Weil es heute Festtag ist;
Niemand ahnet, dass von Schmerzen
Herz im Herzen
Grimmig mir zerrissen ist.

Heimlich muss ich immer weinen,
Aber freundlich kann ich scheinen
Und sogar gesund und rot;
Wären tödlich diese Schmerzen
Meinem Herzen,
Ach, schon lange wär ich tot.

Johann Wolfgang von Goethe

* * *

Willst du dein Herz mir schenken,
so fang es heimlich an.

J. S. Bach, Aria di Giovannini

* * *

Hab Sonne im Herzen,
ob's stürmt oder schneit,
ob der Himmel voll Wolken,
die Erde voll Streit!
Hab Sonne im Herzen,
dann komme, was mag!
das leuchtet voll Licht dir
den dunkelsten Tag!
Hab ein Lied auf den Lippen,
mit fröhlichem Klang,
und macht auch des Alltags
Gedränge dich bang!
Hab ein Lied auf den Lippen,
dann komme, was mag!
das hilft dir verwinden
den einsamsten Tag!

Hab ein Wort auch für andre
in Sorg und in Pein
und sag, was dich selber
so frohgemut lässt sein:
Hab ein Lied auf den Lippen,
verlier nie den Mut,
hab Sonne im Herzen,
und alles wird gut!

C. O. H. Flaischlen

* * *

Demut ist der Grundstein des Guten:
Mit jenem Sinn im Herzen
kann der Mensch ein gutes Gewissen haben
und ruhig abwarten,
dass ihm vom Himmel gegeben werde,
was sich der Mensch nicht nehmen kann.

Matthias Claudius

* * *

Schmerz, der nicht spricht, erstickt das volle Herz
und macht es brechen.

William Shakespeare, Macbeth

* * *

Das Spiel des Lebens sieht sich heiter an,
wenn man den sicheren Schatz im Herzen trägt.

Friedrich Schiller

* * *

Der Mensch sollte alle seine Werke
zunächst einmal in seinem Herzen wägen,
bevor er sie ausführte.

Hildegard von Bingen

* * *

Ein Herz, was sich mit Sorgen quält,
hat selten frohe Stunden.

Wilhelm Busch

* * *

Das Ganze ist mehr als die Summe seiner Teile.

Aristoteles

Bereits für *Aristoteles* (384–322 v. Chr.) galt das Herz als Zentrum des Empfindungs- und Ernährungsvermögens der Seele; für ihn war das Gehirn von untergeordneter Bedeutung. Das Herz wurde als der Mittelpunkt des Gefäßsystems und somit der Ernährung, des Stoffwechsels oder des Lebens, von den alten Hebräern, wie auch von den Pythagoreern, Ägyptern, Indern u. a. als Sitz der Seele angesehen. *Plato* (427–347 v. Chr.) hingegen gestand dem Herzen Gefühlsreaktionen zu, degradierte es aber zum Befehlsempfänger des alles dominierenden Kopfes. Seine Sichtweise beeinflusst bis heute unsere westlichen Kulturen.

Das Herz in der Religion

Das Herz als Zentrum in der christlichen Religion
Beim Herz-Jesu-Kult, wie er in der katholischen Kirche zelebriert wird, wird das Herz Jesu als Sinnbild seiner Liebe zum Menschen verehrt.

Interessante Darstellungen zu diesem Thema findet man z. B. in Andachtsbüchern:

Das harte Herz wird von einem aus den Wolken niederfahrenden Hammer weich geklopft, auf Ambossen zurechtgeschmiedet, zersägt, zerschnitten, durchbohrt, umgeschmolzen, umgebacken, geschmort und sogar in einen Käfig gesperrt.

Die Kirche gab dem Kult erst spät ihren Segen (1765 in Frankreich), daraufhin wurden überall in der katholischen Welt Herz-Jesu-Kirchen und -Kapellen errichtet.

Die alttestamentliche Auffassung vom Herzen und ihre sprachlichen Abhandlungen sind fast durchgängig bildhafter Art. Es wird nicht von einem Organ gesprochen, sondern vom Zentrum dessen, was den Menschen ausmacht. Anthropologisch und theologisch ist bedeutsam und traditionsbildend, dass das Herz als Sitz aller Gefühle – eben auch der Liebe und des Hasses – über die Beziehung zu den Mitmenschen und zu Gott bestimmt. Gott will, dass der Mensch sein Herz öffnet und sich ihm ganz hingibt.

Das Herz als Sitz der Liebe verweist sowohl auf religiöse, aber auch auf profane Bedeutungen. In der Interpretation ist das menschliche Herz Jesu Ort der göttlichen Liebe, sodass sich im Herzen die Menschlichkeit und Göttlichkeit Jesu mitteilt. In der Verehrung des Herzens Jesu antwortet der Mensch auf die erfahrene Liebe und gibt sie zurück. Das Herz ist Ort der Kommunikation zwischen Jesus und Mensch. Im Herz als Symbol drückt sich der Mensch nicht bloß aus, im Herz überschreitet der Mensch seine eigenen Grenzen. Es ist der Punkt der Spiritualität, an dem das Geheimnis des Menschen übergeht in das Geheimnis Gottes. Das Herz ist im Menschen die Kreuzung zwischen Horizontale und Vertikale, der Ort, wo alles Wichtige zusammenläuft, und der Ort, der den Menschen die Welt erleben lässt. Sicherlich war das Herz als Sinnbild vor unserer Zeit ein wichtiger Bestandteil in der christlichen Religion. Aber in einer Welt, in der Hunde ihr Fressen lieben können und die Futterdosen dementsprechend mit Herzen dekoriert sind, ist es schwer, im Bild des Herzens noch einen Ausdruck tiefer Zuwendung zu entdecken. Das Herz ist, in allen Varianten und Materialien käuflich und zusammenhanglos präsentiert, inzwischen zu einem leeren Abbild unter vielen geworden – es ist zu Tode dargestellt.

Das Herz im Hinduismus und Buddhismus
In der indischen Kultur versteht man das Herz als Ort einer fundamentalen Erkenntnis in der Beziehung zwischen dem Herzen und dem Verstand; in der Veda und in den Upanischaden ist es der Sitz der Wahrheit. Durch das Herz erlangt man die Erkenntnis, dass die Seele in seiner Mitte wohnt. Das Herz ist das Allumfassende, das alles in sich aufzunehmen vermag. Was aber heißt, »alles aufzunehmen«? Es bedeutet, dass das Herz der Stützpunkt der dualistischen Welt ist. Das Herz ist das Lebenszentrum als Ziel aller indischen Philosophie, der Erlösung vom Karma – dem Kreislauf von Werden und Vergehen.

In dieser Tradition geht der Buddhismus weiter, indem er das Herz als den Sitz der Geisteskraft und des Bewusstseins, als

Geist-Element oder als Geist-Bewusstseins-Element ansieht, aus welchem die fünf Sinne entstehen: So wird das Herz letztendlich zum umfassenden Bewusstsein für alle Wahrnehmungen, die es in sich speichert, d. h. zur Bewusstseins-Schatzkammer.

»Die Weisen haben tief in ihren eigenen Herzen gesucht und sie haben die Fessel zwischen dem Wirklichen und dem Unwirklichen begriffen.«[1]

Das Herz – Sitz der Gefühle

Das Herz wird in allen Kulturen als das zentrale Organ des Lebens angesehen. Es ist nicht nur von seiner materiellen Bedeutung her – als pulsierender Verteiler des Lebensstroms – wichtig; immer wird es im Zusammenhang mit unserem Gefühlsleben erwähnt.

Jedes Gefühl kann einen Herzschmerz auslösen, je nachdem, welche eigenen Erfahrungen bei uns zugrunde liegen. Aus der menschlichen Entwicklungsgeschichte ist dies eine sinnvolle Einrichtung des Körpers. Gefühle dienen ursprünglich der Orientierung in der Umgebung, zum Schutz und Erhalt des Körpers. Am Beispiel der Angst ist es offensichtlich: In einer bedrohlichen Situation wird Adrenalin ausgeschüttet, das Herz stellt dem Körper durch eine höhere Frequenz des Herzschlages, was sich als Herzklopfen bemerkbar macht, mehr Blut zur Verfügung, um in kürzester Zeit die Muskeln zum Zwecke der

---

1 Zitate/Gedichte n° 3582: Rig Veda, älteste aller vedischen Schriften; eine Sammlung von Versen, die von den Hindus als heilig betrachtet werden

Flucht in Aktion bringen zu können. Das kennt jeder von uns: Das Herz schlägt einem bis zum Hals.

Auch Wut und Trotz sind am Herzen auf die gleiche Weise spürbar. Das zentrale Organ steuert durch seine Veränderungen unseren Körper und lässt Möglichkeiten für außergewöhnliche und schnelle Reaktionen zu.

In unserer Kulturgesellschaft haben wir uns abgewöhnt, auf unsere wichtigsten Boten, die Gefühle, zu hören. Wir leben angepasst und verhalten uns möglichst unauffällig. Kommt von den Gefühlen die Nachricht: »weglaufen, schreien oder treten«, erhöht sich unsere Herzfrequenz, aber wir verzichten aufgrund unserer Wohlerzogenheit auf die natürliche Reaktion und belassen es bei dem veränderten Pulsschlag. Das tut unserer Gesundheit auf Dauer nicht gut!

Erblicken wir einen Menschen, der uns besonders anspricht oder in den wir uns verlieben, schlägt auch hier das Herz schneller. Der Sinn dieser Reaktion ist, möglichst schnell alles vom potenziellen Partner wahrzunehmen und ganz präsent zu sein. Das Blut fließt beschleunigt in alle wahrnehmenden Sinne, die durch den heftigen Puls geschärft werden. Wir sind ganz aufgeregt, freuen uns oder sind glücklich. Die gesamte Welt erscheint in neuem Glanz, und wir erleben am anderen zunächst nur die für uns positiven Aspekte. Der kritische Verstand wird ausgeschaltet.

Unser Herz springt vor Glück, wenn die Energie auf diese Weise fließen kann. Die Zeit des Verliebtseins ist wunderbar! Bei jeder Begegnung oder nur einem Gedanken an den geliebten Menschen erhöht sich unser Herzschlag. Denn wir haben tatsächlich das Empfinden, dass der andere uns genauso sieht, wie wir gerne gesehen werden wollen. Der andere blickt tief in unsere Seele und erkennt uns anscheinend, wie auch wir ihn erkennen können, in seinem wirklichen Sein als Seele, rein und liebevoll. Man fühlt sich ergänzt und möchte die ganze Zeit mit diesem Menschen verbringen. Das fehlende Stück von einem Selbst ist gefunden – so kann das Leben bleiben!

Man sieht nur mit dem Herzen gut,
das Wesentliche ist für die Augen unsichtbar.

Antoine de Saint-Exupéry

Je länger man sich kennt, umso mehr verliert man die Verliebtheit, durch die Egostrukturen, die unseren Alltag gestalten. Der Schleier der Verliebtheit fällt weg, und der Alltag lässt alle alten Strukturen aktiv werden, die wir aus Emotionen der Vergangenheit bereits kennen. Unser Ego bringt in Zusammenhang mit dem geliebten Partner Verletzungen in den Alltag, die einem das Herz zerreißen können. Der Herzschmerz einer enttäuschten Liebe ist riesengroß, und manch einer erholt sich sein Lebtag nicht davon. Er lässt unter Umständen nie wieder einen anderen Menschen so nah an sich heran, um sich diesen stechenden Schmerz im Herzen zu ersparen. Leider muss er dann aber auch auf die wahre Liebe verzichten. Denn diese kann erst erreicht werden, wenn man seine alten Verletzungen geheilt hat.

Das Gefühl kommt als Erstes, dann reagiert das Herz. Ein Gefühl wird durch eine Begegnung oder ein Erlebnis in uns angeregt, danach ergießen sich die Hormone, und das Herz wird spürbar. Es liegt also an der Zuordnung unserer Gefühle, als was wir ein Herzensgefühl wahrnehmen. Das schnellere Schlagen des Herzmuskels kann sowohl Gefahr als auch Glück bedeuten; es hängt einzig und allein davon ab, welches Hormon dem Blutcocktail beigemischt ist, das durch den Körper transportiert wird. Erinnerungen und alte Emotionen, sprich Erfahrungen, fügen sich in unserer Gedankenwelt zu unserem ganz einzigartigen persönlichen Horrorszenario zusammen und lassen den Blutdruck entsprechend steigen.

Wir haben inzwischen eine ganze Freizeitkultur entwickelt, die Adrenalinschübe produziert, um uns noch fühlen zu können. Wir haben uns daran gewöhnt, die Erfahrungen/Bedrohungen des Alltags nicht mehr ernst zu nehmen; der Körper gibt Signale, die wir überhören und deren Bedrohlichkeit wir verkennen. Den Stress mit dem Partner oder den Kindern, das Mobbing der Kollegen, den Frust mit den Eltern und die Wut auf die Freundin leben wir nicht aus. Wir reagieren nie, wie es der Körper uns rät, nämlich mit Weglaufen, so wie es beim Auftauchen des Säbelzahntigers noch überlebenswichtig war. Stattdessen halten wir still und (das Leben) aus. Wir setzen uns lieber künstlich erzeugten Gefahren aus, die uns einen Hormonkick geben und das angenehme Gefühl, doch noch am Leben zu sein. Aber die Kicks müssen immer stärker werden, weil der Körper mehr und mehr resigniert. Ob es der Free-Fall-Tower, der höchste Berg oder der riskanteste Sprung mit dem Fallschirm ist, das Wort »extrem« steht bei allen Freizeitaktivitäten an erster Stelle.

Die Zeit des Verliebtseins ist wunderbar!

Die Anatomie des Herzens

Das Herz ist rein schulmedizinisch gesehen die zentrale Pumpe des Blutkreislaufs. Dieser Muskel des besonderen Typs treibt die Transportvorgänge in allen Blutgefäßen an. Blutgefäße und Herz bilden das Herz-Kreislauf-System, das den gesamten Körper mit Nährstoffen und Sauerstoff versorgt und Stoffwechselprodukte und Kohlendioxid abtransportiert. Die Herzscheidewand teilt das Herz in zwei Hälften, die beide im gleichen Rhythmus schlagen. Diese Scheidewand schließt sich erst bei der Geburt des Menschen. Die rechte Herzkammer nimmt das sauerstoffarme Blut aus dem Kreislauf auf und pumpt es in den Lungenkreislauf, wo es mit Sauerstoff angereichert wird. Aus der Lunge gelangt das Blut in die linke Kammer, die es in die Aorta und damit in den Körperkreislauf presst.

Das Herz ist faustgroß und wiegt ca. 300 Gramm. Es liegt hinter dem Brustbein, zwei Drittel in der linken und ein Drittel in der rechten Körperhälfte. Die Achse des Herzens zeigt nach vorne links unten. Dadurch liegt das Herz sehr nahe an der Brustwand, und jeder Herzschlag ist hier zu ertasten.

Das Herz ist ein Hohlmuskel mit vielen verschiedenen Innenräumen. Es gibt zwei große Herzkammern, die jeweils über einen Ein- und Ausgang verfügen. Die Eingänge führen von den Vorhöfen in die größeren Herzkammern, die Ausgänge leiten das Blut in die beiden größten Schlagadern des Körpers. An diesen Stellen sitzen die Herzklappen, die sich vom Blutstrom jeweils nur in eine Richtung öffnen lassen. Kommt Blut von der anderen Richtung, verschließt sich die Klappe und versperrt den Weg. Sind die Klappen defekt, kommt es zu schweren Störungen im Kreislaufsystem bis hin zum Herzversagen.

Beim gesunden Erwachsenen schlägt das Herz in Ruhe ca. 70-mal in der Minute. Mit jedem Schlag wird das Blut aus den Kammern in den Lungen- oder Körperkreislauf gepresst. Das Zusammenziehen schleudert das Blut in den Kreislauf, danach erschlafft der Muskel, die Hohlräume erweitern sich und füllen sich erneut mit Blut.

Das Herz in der Traditionellen Chinesischen Medizin

Während in der westlichen Schulmedizin die Zahlen und Fakten des Herzens bewertet und zur rein materiellen Diagnose genutzt werden, gibt es in der Traditionellen Chinesischen Medizin (TCM) interessante Ansätze, die Bedeutung des Herzens komplexer zu betrachten. Hier unterscheidet sich die Sichtweise auf die Funktion des Herzens: Zu den anatomischen Erscheinungsbildern werden die mentalen Kräfte des Herzens mit einbezogen. Das Herz regiert das Blut und die Blutgefäße. Das Herz ist die funktionelle Einheit, die den Blutfluss reguliert. Blut wird in den Blutgefäßen durch den ganzen Körper transportiert, weil das Herz pumpt.

Herz-Qi bezieht sich auf die Pumptätigkeit des Herzens. Wenn das Herz-Qi im Überfluss oder ausreichend ist, pumpt das Herz mit normaler Schlagfolge und bewegt das Blut sanft in den Blutgefäßen vorwärts. Als Resultat eines satten Herz-Qi kann der Körper die benötigten lebenserhaltenden Nährstoffe vom Blut aufnehmen. Der Puls ist gleichmäßig und stark, und das Gesicht wird strahlend aussehen.

Im Gegensatz dazu kann das Blut keinen effizienten Fluss aufrechterhalten und der Puls wird schwach, wenn das Herz-Qi im Defizit ist.

»Das Herz regiert den Geist.« (Shen)

In der TCM beherbergt das Herz den »Geist«. Im Allgemeinen bezieht sich »Geist« auf die Vitalität eines Menschen, reflektiert in den Augen, in der Sprache, den Reaktionen und der ganzen Erscheinung. Im Speziellen bezieht sich »Geist« auf die mentalen, kognitiven und intellektuellen Fähigkeiten eines Menschen. Das Herz hat die Obhut über die mentalen Aktivitäten durch das Beherrschen der anderen Organe und deren physiologischen Funktionen. Wenn die »Herz-Speicherfunktion« gut ist, wird der Mensch weise sein und einen klaren, schnellen Verstand haben.

»Schweiß ist die Flüssigkeit des Herzens.«

Schweiß entsteht aus den Körperflüssigkeiten, welche ein essenzieller Bestandteil des Blutes sind. Das Blut wird vom Herzen regiert und ist die Hauptflüssigkeit dieses Organs. Weil Schweiß denselben Ursprung wie Blut hat, wird übermäßiges Schwitzen als ein Aufbrauchen von Qi und Herzblut angesehen.

»Das Herz öffnet sich in der Zunge.«

»... sein Strahlen manifestiert sich im Gesicht.« In der TCM sind Zunge und Gesicht die beiden Sichtfenster auf Herz und Blut. »Das Herz öffnet sich in der Zunge«, weil beide über die Leitbahn verbunden sind. Über das Betrachten der Zunge und nachfolgender Prüfung, ob sich das »Strahlen des Herzens im Gesicht manifestiert«, kann viel über die Herzfunktion erfahren werden.

Was es heißt, Mensch zu sein

Immer schon spielt also das menschliche Herz als Zentrum allen Lebens in allen Kulturen und Religionen eine signifikante Rolle. In den westlichen Kulturen hat sich die Bedeutung des Herzens immer weiter auf die materielle Ebene reduziert. Dass auch wir dem Herzen eine andere Bedeutung zumessen, lässt sich nur noch im alltäglichen Sprachgebrauch ahnen, wo wir Hinweise auf eine emotionale und spirituelle Ebene finden.

Um zu verstehen, was es bedeutet, Mensch zu sein, und was sich in der heutigen Zeit auf der Welt, in unserer Bewusstseinsentwicklung so gravierend verändert hat, können wir die bewährten Betrachtungsweisen hinter uns lassen und das Herz aus einem vollkommen neuen Blickwinkel betrachten und verstehen lernen.

Was kann es bedeuten, Mensch zu sein? Wie fühlt es sich an und wie können wir das Leben und das Sein verstehen? Wir erleben und spüren uns im und nur als Körper und sind auf die Wahrnehmungen unserer Sinne in unserem Körper fixiert. Wir tasten, riechen, sehen, hören und schmecken. Wir erleben Licht und Wärme über die Sinne der Haut, unser Gleichgewichtssinn ermöglicht uns den aufrechten Gang. Um uns herum existiert eine scheinbar objektive Welt, in der alles wieg- und messbar ist. Die Tatsache, dass wir aus einem größeren Zusammenhang stammen, aus einer geistig-seelischen Ebene, die die Grundlage für all unser körperliches Erleben bildet, ist uns nicht präsent.

Es gibt eine geistige Ebene, ein höheres, allumfassendes Bewusstsein, von dem wir ein kleiner Ausschnitt, eine Abtrennung sind. Dieser Teil von uns ist im und außerhalb unseres Körpers wahrnehmbar als sogenannte Aura.

Dieses höhere Bewusstsein ist der Plan und die Grundlage von allem, was materiell sein kann, und ist auch Grundlage und Bauplan unseres materiellen menschlichen Körpers. Die Aura dient als Bewusstseinsfeld und führt uns durch Resonanzen durch unser Leben.

Die energetischen Schwingungsfelder, die als reine und alles verbindende morphische Felder existieren, sind bisher für unsere materiellen Augen unsichtbar. Was wir sehen und als materiell erleben können – unseren Körper –, ist eine sehr langsame Schwingungsfrequenz. All unsere menschlichen Sinne sind auf die Wahrnehmung dieser langsamen Frequenz in drei Dimensionen ausgelegt. Die vierte Dimension, die unser Leben inzwischen dominiert, ist die ebenfalls nicht sichtbare Zeit.

Als die Erde von den Menschen noch als Scheibe betrachtet wurde, waren die Wahrnehmung und das Bewusstsein zweidimensional ausgelegt.

Die Tiefe des Raumes konnte damals noch nicht erkannt werden. Erst die energetische Erweiterung des menschlichen Bewusstseins und das Entwickeln der neuen Dimensionen führten zur Veränderung der Wahrnehmung der Realität und der Schaffung einer auf diesen vier Dimensionen beruhenden Technik und Wirtschaft.

Wie können wir uns das mit den Dimensionen vorstellen? Wir sind Teil und eine sehr kreative Idee der Schöpfung, die sich selbst erleben und erfahren will. Die materielle Ebene ist ein riesengroßes Spielfeld, auf dem das Bewusstsein sich in allen möglichen Spielarten gestalten kann. Eine solche Realität, wie wir sie als unseren Alltag erleben, ist aber nur ein minimaler Ausschnitt eines multidimensionalen Bewusstseins und wird vom einzelnen Menschen nur vierdimensional als »die Welt«

erlebt. Je intensiver wir als Menschen den Fokus auf die materielle Ebene fixieren, umso mehr vergessen wir, dass wir auch ein weit höheres Bewusstseinsfeld sind und haben. Auch haben wir vergessen, dass wir durch das Bewusstsein mit allem, was es gibt, immer verbunden sind. Wir spüren unsere Verbindung mit dem großen Ganzen nicht, und mehr noch: Wir leugnen sie! Diese Tatsache gehört als Mangel mit in das energetische Feld, und zwar vom Beginn des Lebens an.

Das Leben ist heruntergefahren auf eine sehr reduzierte pragmatische Gedankenwelt der Logik, und diese Logik erklärt uns die Welt aus ihrer Sicht. Diese Sichtweise lässt uns aber die Welt nur in den uns bekannten vier Dimensionen erleben; ist also aus höherer Sicht sehr eingeschränkt.

Wir sind jetzt zu einer Veränderung unseres Bewusstseins gekommen, die uns ermöglicht, weitere Dimensionen des Seins tatsächlich zu entwickeln und infolgedessen neu wahrzunehmen. Die energetischen Grundlagen zum Aufbau unseres Körpers und infolgedessen auch unsere materiellen Grundlagen im Körper verändern sich.

Mit jeder höherfrequent schwingenden Dimension steigt die Vielschichtigkeit der Parameter exponentiell an, sodass es nicht sinnvoll oder gar möglich ist, die höheren Dimensionen mit den Methoden einer niederen Dimension erfassen oder beschreiben zu wollen.

In unserem jetzigen Körper mit unseren aktuellen Sinnen und der dem Gehirn entsprechenden Logik können wir die Welt nur so wahrnehmen, wie wir es zurzeit tun. Der Körper ist das Ergebnis der schneller schwingenden Dimensionen. Er kann sich bilden nach dem Bauplan des Bewusstseins, und hier ist unser Herz von zentraler Bedeutung.

*Die Erde als Scheibe zu betrachten
ist ein nur zweidimensionales Bewusstsein,
das die Tiefe des Raumes nicht erkennt.*

2 Die Aura

Die Funktion

Aufbau, Geschwindigkeit und Größe

Wir haben eine geistige Ebene, deren Ergebnis unser materieller Körper ist. Dieser feinstoffliche Körper durchwebt die materielle Substanz und schwingt weit um den Körper herum. Wir bezeichnen dieses Schwingungsfeld als Aura.

Die Schwingungsfelder, die die menschliche Aura bilden, haben ihren zentralen Eintrittspunkt im Körper oberhalb des Kopfes und unterhalb des Beckens zwischen den Beinen. Sie ergeben eine Hauptschwingungsachse, die entsprechend der Wirbelsäule durch das Herz verläuft. Das sich daraus ergebende Feld schwingt von der Mitte des Herzens nach oben und unten, dann halbkreisförmig um den Körper herum, mit einem Ausmaß von bis zu neun Metern. Das Schwingungsfeld hat einen Rhythmus von drei Sekunden. D.h., in drei Sekunden schwingt das Feld von der Herzmitte zur Peripherie der Aura und zurück zur Herzmitte.

Bei jeder Schwingung nimmt das Energiefeld einen Abdruck der Umgebung auf und gleicht Schwingungen in ihrer Geschwindigkeit und Ausdehnung an die Umgebung an. Mit diesem Aurafeld nehmen wir über Resonanz unsere gesamte Umgebung wahr, während wir die Umgebung gleichzeitig in den verschiedenen Frequenzen der Aura als Bild und Gefühl konservieren.

Die Aura durchdringt die Substanz des materiellen Körpers, gibt Informationen an den Körper und gestaltet ihn, indem ihre langsamsten Schwingungsteilchen in die Welt der vier Dimensionen übergehen.

Die Verbindung von Aura und Körper kann man sich ähnlich vorstellen wie das Verhalten von Wasser bei Veränderung seines Aggregatzustands. Das materiell wieg- und messbare Wasser geht bei einer bestimmten Temperatur in einen anderen Zustand über – in Dampf oder bei Abkühlung in Eis. Aber es gibt einen exakten Punkt der Veränderung, sprich des Übergangs vom einen in den anderen Aggregatzustand.

Genau so kann man es sich bei der Aura vorstellen. Auch hier gibt es einen Punkt, an dem die feinstofflichen Schwingungen langsamer und materiell werden, sozusagen in einen anderen Zustand übergehen. Allerdings gehen hier die Frequenzen als Quanteninformationen in die Quarks, als kleinste materielle Teilchen, über. Hier bildet sich aus dem Schwingungs- und Informationsfeld »Aura« der materielle Körper.

Bei diesem Prozess ist das Herz von zentraler Bedeutung. Der Austausch der Informationen findet im Augenblick des Übergangs von Systole zu Diastole des Herzens statt. Es ist der Augenblick, von dem wir sagen können, dass sich Bewusstsein bildet. Es gibt sowohl in der Aura als auch zwischen Systole und Diastole einen minimalen Nullpunkt, einen kurzen Stillstand. In diesem kurzen Moment werden die Informationen der Aura, die aus den kosmischen und den Erdenergiefeldern stammen, aus der Seele des Individuums an den Körper gegeben und die Körperinformationen an das Schwingungsfeld – und zwar auf der feinstofflichen Schwingungsebene über die Herzzellen.

So steht jeder von uns über sein Herz mit allem, was existiert, mit allen Energiefeldern und Bewusstseinsebenen in ständiger Verbindung, im Austausch und gestaltet so seinen Körper und seine Erfahrungswelt.

Die Aura gestaltet den Körper,
und ihre Schwingungsteilchen
gehen in die Welt der vier Dimensionen über.

Bauplan des Körpers und Bindeglied zur Welt

Setz dich einen Augenblick entspannt hin und atme kraftvoll bis tief in den Bauch hinein. Was spürst du? Kannst du wahrnehmen, wie dich die Energie des Lebens durchströmt? Spürst du die Kraft, die deinen Körper lenkt und dich mit dem Leben verbindet? Wenn du kraftvoll tief in deinen Bauch atmest, kannst du in deiner Körperperipherie ein leichtes Kribbeln fühlen.

Das ist dein Energiefeld, deine Aura. Sie ist ein komplexes energetisches Feld, das alle Informationen über dich in sich trägt und dich zu dem materiellen Menschen hat werden lassen, der du jetzt gerade bist. Sie ist dein Leben. Ohne sie ist dein Körper eine leere Hülle. Der Körper ist der Tempel der Seele, und ohne die Aura, sagt man, zerfällt der Tempel zu Staub.

Die Aura speichert in den Schwingungen das gesamte Leben

ab, wie in einem riesigen Buch. Nichts geht verloren, alles ist in diesem Schwingungsfeld enthalten, auch die Ereignisse vor der Geburt, die Zukunft, parallele Welten und andere Inkarnationen. All diese Bilder sind für einen hellsichtigen Menschen sichtbar. Wirkliches Hellsehen ist keine optische Leistung der Augen, sondern eine Übersetzungsleistung des eigenen Energiefelds: Das eigene Energiefeld nimmt das andere Feld wahr und übersetzt die in den Schwingungen gespeicherten Bilder über das eigene Gehirn. Diese Art von Hellsichtigkeit öffnet einem neue, in der Aura gespeicherte Dimensionen.

Die Aura ist für unseren menschlichen Verstand unermesslich komplex, und ihre unendlichen Dimensionen sind ein zwar aussprechbarer, aber für unser aktuelles, logisch orientiertes Gehirn kein wahrnehmbarer Zustand. Wir sind in unserer Wahrnehmung auf vier Dimensionen sozusagen geschrumpft und sind wie Wesen im Dornröschenschlaf – nun allerdings kurz vor dem Kuss des Prinzen; die Dornenhecke ist bereits weitgehend durchschlagen.

Die anderen Dimensionen der Aura sind »eingerollt« und werden je nach Bewusstseinszustand »ent-wickelt«. Mit seinen Schwingungsfeldern ist man mit allen anderen Schwingungsfeldern des Seins verbunden. Man kann sich daraus nicht lösen, auch wenn sich der Körper meist wie ein »getrenntes Etwas« anfühlt.

Stell dir vor, du bist ein Tropfen im Meer. Du fühlst und erlebst dich als Tropfen, du denkst, du bist als Tropfen ganz allein. Dabei bist du ein Teil vom großen Ganzen. Du bist nicht allein, um dich herum bist du mit allen Tropfen verbunden. Und wenn sich das Meer erwärmt, wirst auch du warm, und wenn das Meer mehr Salz enthält, hast auch du einen höheren

Salzgehalt, und wenn es sich zu einer großen Welle auftürmt, bist du ein Teil dieser Welle. Du kannst gar nicht anders, als ein Teil zu sein. Der Tropfen kann nicht sagen: »Heute habe ich keine Lust auf Bewegung, ich will heute mal keine Welle sein, ich gehe raus!« Wenn das Meer sich bewegt, bewegst du dich mit.

Mit der Aura ist es ebenso. Du bist eingebunden in die Felder des Universums, die dich als Mensch fühlen lassen. Andere Felder verbinden alle Tiere oder alle Pflanzen miteinander, und auch mit diesen Ebenen des Seins stehst du in Verbindung. Gibt es in den übergeordneten energetischen Feldern Bewegung und Veränderung, Beschleunigung und Wachstum, wie sie zurzeit stattfinden, bewegt sich deine Aura mit, und du kannst die Auswirkungen deutlich spüren!

Das Menschsein geht immer mit dem Gefühl einher, Mangel zu leiden. Die Ursache hierfür ist in dem Zustand begründet, dass wir tatsächlich Wesen aus dem Licht sind, die sich hier auf der Erde im menschlichen Körper sehr eingeengt und reduziert haben, in nur vier Dimensionen. Wir erleben diese Beschränkung sehr intensiv. Schon in unseren Herzen, die die Gestaltungskraft für unser ganzes Leben in sich tragen, ist diese Grundinformation des Mangels enthalten, der als Information über die Schwingungen an die Aura gegeben wird. Das wiederum ist der Hintergrund dafür, dass die Aura Strukturen und immer weitere Abtrennungen von Energie bilden kann. Unser Bewusstsein hat diese Form der Abtrennung in den verschiedensten Varianten als Mensch gewählt, um sich selbst fühlen, erfahren und darüber hinauswachsen zu können.

Erfahrungen, die wir mit anderen Menschen machen, trennen Energie der Aura ab in eine blockierende Struktur, und die

Aura wird dadurch nach und nach schwächer. Jede Dynamik in der Aura wird vom Körper als Empfindung und Gefühl wahrgenommen. Die positiven Gefühle sind als fließende Energie vorhanden, die belastenden als Blockaden. Wir haben die Möglichkeit, uns mit diesen belastenden Themen in unserem Leben zu beschäftigen, zu verstehen und die Blockaden nach und nach durch unseren Bewusstseinsweg aufzulösen. Die Energien stehen dann der Aura wieder zur Verfügung, mehr noch, durch die emotionale Bearbeitung sind wir gereift, und unsere Aura wird größer und bewusster.

Bereits bei der physischen Geburt bringen wir das lebenslängliche Mangelempfinden mit. Wir bekommen zunächst keine Luft, es ist kalt, und wir müssen uns nun selbst versorgen. Der berühmte Schrei nach der Geburt ist der Einstieg in ein vom Gefühl des Mangels geprägtes Erdenleben.

Stell dir vor, deine Mutter lässt dich nach der Geburt schreien, weil sie gerade keine Zeit hat, dich zu stillen. Dein Energiefeld ist in diesem Augenblick schwächer als das deiner Mutter, und du bildest eine Ohnmachtsstruktur in deiner Aura aus. In dieser kugelförmigen Struktur wird zum einen Energie gebunden, aber auch das schmerzhafte Ereignis des »Nicht-wahrgenommen-Werdens« wird als Gefühl fixiert. Dieses ohnmächtige Gefühl wird dich nun ein Leben lang begleiten. Immer wieder machst du ähnliche Erfahrungen und hast nach einiger Zeit eine Menge Ohnmachten mit abgetrennter Energie und dem Grundgefühl »Keiner sieht mich« in deiner Aura. Immer wieder werden diese grundlegenden Strukturen angeregt, und das altbekannte Gefühl kommt erneut auf.

Strukturen solcher Art haben wir in den verschiedensten individuellen Varianten als Trauer, Wut, Scham, Resignation

u. v. m. in unserem Energiefeld. Unsere Aura verliert dadurch im Laufe des Lebens immer mehr an Lebenskraft. Unsere Kraft und damit unser Bewusstsein werden durch diese Vorgänge reduziert. Das eigene Wahrnehmungsspektrum wird immer enger. Irgendwann sieht man nur noch sich selbst und seine eigenen Probleme. Der materielle Körper wird durch ein schwaches Energiefeld anfällig für Belastungen der Umwelt. Außerdem kann jede Art von Struktur in der Aura die Basis für Erkrankungen des Körpers sein.

Gefühle sind die wichtigste Grundlage für ein lebendiges und gesundes Leben. Sie stellen für uns eine große Chance dar, damit wir uns als geistige Wesen in und mit unserem Körper orientieren können. Wir verfügen über eine Vielfalt an Gefühlen, die uns als Hinweise – wie im Straßenverkehr: als Motor, Wegweiser und Stoppschilder – dienen. Ohne Gefühle wäre für uns keinerlei Orientierung in der Welt möglich.

Man stelle sich einmal vor, man verletzt sich und fühlt keinen Schmerz! Man würde beispielsweise mit einem gebrochenen Bein einfach weitergehen. Oder die Entzündung nicht spüren, bis die Blutvergiftung einen umbringt ... Ohne Gefühle wäre man nicht lange lebensfähig!

Genauso verhält es sich mit den rein emotionalen Gefühlen, die nicht Ausdruck einer körperlichen Verletzung sind. Grundsätzlich dienen auch sie dem Schutz des Körpers. Im Augenblick des Erlebens geben sie deutlich den Hinweis, was zu tun oder zu unterlassen ist. Wenn man diese Gefühle immer wieder und lange genug ignoriert, kommt es schlussendlich zu einem körperlichen Schmerz, der darauf hinweist, dass man nicht zur rechten Zeit auf seine hilfreichen Gefühle als Lebensorientierung gehört hat.

Unsere Wahrnehmung ist auf vier Dimensionen beschränkt –
wir sind Wesen im Dornröschenschlaf.

Die energetische Entwicklung von Herz und Mensch

Wenn zwei Menschen sich mögen oder sogar lieben und zusammenkommen, um sich sexuell zu vereinen, kommt es beim Höhepunkt der Vereinigung zu einem uneingeschränkten energetischen Anpassen der beiden Auren. Diese Übereinstimmung zweier Felder ist die Voraussetzung, dass ein neues Wesen einen Seelenimpuls setzen kann, um auf der Welt zu inkarnieren. Es entsteht in diesem Augenblick ein drittes Energiefeld, das aus kosmischer und Erdenergie zusammenschwingt und die Grundlage ist, um das neue Leben werden zu lassen. Wenn die Seele sich in diesem Moment entschieden hat, als Mensch auf die Welt zu kommen, hat kein anderes Wesen Einfluss auf diese Entscheidung. Die Seele verbindet sich oft sofort mit dem neu entstandenen Energiefeld und mit der befruchteten Eizelle, was für die werdende Mutter dann schon früh als Schwangerschaft zu spüren ist. Die Seele kann sich in den ersten Wochen der Schwangerschaft noch zurückziehen, manchmal verbindet sie sich erst im Laufe der kommenden Monate endgültig mit dem kleinen Körper. Eine Mutter spürt diese Prozesse meist sehr deutlich. Sie fühlt das neue Wesen in sich wachsen, und auch die Unentschlossenheit der Seele ist wahrnehmbar. Vielleicht überlegt die Mutter, die Schwangerschaft zu beenden, das könnte eine Auswirkung einer unentschlossenen Seele sein. Denn ob ein Wesen kommen oder gehen will, entscheidet es für sich, niemand hat darauf materiell Einfluss.

Kosmische und Erdenergie bilden zusammen mit der Energie der Seele den Bauplan für den heranwachsenden kleinen Menschen.

Die Seele bringt bei jeder Inkarnation – als menschliches Grundthema auf unserer Welt – einen Mangel ein. Dies ist eine frühe Blockierung, die die Grundlage für die gesamte spätere Biografie und die gesamte Gefühls- und Lebensgestaltung darstellt.

Bei dem Prozess der Entwicklung eines Menschen im Mutterleib bildet sich das Herz als Allererstes aus. Es entwickelt sich am Anfang aus der Strömungsform des Blutes, das durch das neue Energiefeld bestimmt wird, zunächst als winziges s-förmiges Organ. Zentral von hier aus wird nach dem seelischen Bauplan der neu entstehende Körper gestaltet. In den ersten Herzzellen, den Urzellen des Lebens, sind die Grundinformationen über diesen einen Menschen bis in die Lebensmitte erhalten, ebenso wie der energetisch bestimmte bereits erwähnte Mangel.

Aufgrund der energetischen Information aus den Stammzellen des Herzens regeneriert sich unser Körper, was hauptsächlich während der Ruhezeiten im Schlaf geschieht. Von hier aus – von der Mitte des Herzens – hat der Körper von Beginn des Lebens an seinen ganz individuellen Rhythmus, der zunächst etwa doppelt so schnell ist wie der der Mutter während der Schwangerschaft. Erst bei der körperlichen Geburt des Menschen schließt sich die Herzklappe, und der individuelle, gestaltende Rhythmus von Systole und Diastole beginnt.

Die Informationen, die den Menschen wachsen lassen, kommen als energetische Informationen aus der Aura und werden über die Urzellen, die alle Informationen als energetischen

Code beinhalten, im Zentrum des Herzens weitergegeben an den gesamten Organismus.

Alle Gefühle, die ein Mensch fühlen kann, haben immer ihren Ursprung im Herzen – und so bleibt es lebenslang! Das Herz ist sozusagen der Berührungspunkt für die geistige Ebene des Menschen und seine körperliche, materielle Basis. Hier im Herzen eines jeden wird, wenn man es so sehen will, die Welt in Sekundenabständen neu erschaffen. In jedem von uns, andauernd und in ständiger Veränderung, je nachdem, wie die energetische Grundlage von kosmischer und Erdenergie sich verändert und welchen Weg und welche Erfahrungen die Seele für uns geplant hat.

So wächst zunächst ein kleiner Mensch heran, dessen Seele sich einen Erlebnisurlaub als Mensch auf der Erde vorgenommen hat. Zur Grundausstattung dieser Reise gehört das Mangelgefühl. Diese zentrale Blockade gehört bei jedem Menschen zum Grundlebensgefühl vom Beginn seiner Existenz an.

Jeden Menschen bewegt lebenslänglich nur ein tiefer Herzenswunsch, nämlich der, wirklich als Seele erkannt und gesehen zu werden. Er ist die Grundlage für alles menschliche Bemühen, das wir auf der Welt kennen, in allen möglichen Varianten. Alle Blockaden, die wir später noch kennenlernen, beziehen sich immer wieder auf dieses grundlegende Herzensthema.

So wie beim Beginn des Lebens das Herz als erstes Organ gebildet wurde, ist das Zentrum des Herzens immer auch der letzte Berührungspunkt, aus dem sich die menschliche Seele beim Tod zurückzieht.

Die Informationen, die den Menschen wachsen lassen,
kommen als energetische Informationen aus der Aura
und werden über die Urzellen,
die alle Informationen als energetischen Code beinhalten,
im Zentrum des Herzens weitergegeben
an den gesamten Organismus.

Das Herz als Zentrum des Menschen

Wandel der Dimensionen und der Physik

Immer wieder lesen oder hören wir davon, dass die Zeit gekommen ist, das Herz zu öffnen. Aber wie kann man sich das vorstellen? Das Herz ist ein Muskel im Zentrum des Körpers, der regelmäßig das gesamte Blut durch die Adern pumpt und den Körper am Leben hält. Was sollen wir da öffnen?

Das ist eine ausgesprochen materielle Vorstellung. In Wahrheit steckt in unseren Herzen viel mehr; wir waren bisher nur nicht reif genug, es zu fühlen. Jetzt ist die Zeit gekommen, die bereit macht zur Wandlung. Mit unserem Herzen als Zentrum des Lebens sind wir direkt verbunden mit der eigenen kreativen Schöpferkraft. Wir haben uns in Jahrhunderten durch unsere kulturelle Entwicklung den Weg zu dieser wahren Kraft verbaut. Zum jetzigen Zeitpunkt sind wir reif, als bewusste Menschen die Verbundenheit und Liebe in unserem Herzen neu zu entdecken und uns selbst und unsere Welt durch dieses liebevolle Bewusstsein zu bereichern.

Wandlung geschieht im Loslassen des Alten und im Annehmen des Neuen, etwas, das aus sich heraus richtig, frei und voller Freude ist und dem Herzen entspringt.

Bewusstsein ist der Schlüssel, um Wege zu beschreiten, auf denen wir uns neu bewegen können. Die Muster aus unserem bisherigen Leben sind nicht falsch. Sie waren in jeder Phase des Lebens genau das, was wir für unsere Entwicklung gebraucht haben. Alles, was irgendwann einmal von irgendjemandem getan wurde, hatte seine eigene Logik zu seiner Zeit. Was wir jetzt nicht mehr brauchen, fällt mit Leichtigkeit von uns ab, während das, was wir bekämpfen wollen, durch den Kampf von uns festgehalten wird. Aus unseren Ängsten heraus schicken wir die Energie in die falsche Richtung und manifestieren das, was wir gerne verabschieden wollen.

Das schöpferische Prinzip des Wandels ist die Geisteshaltung von entspannter Einsicht. Unser Herz kann nun zum Wegweiser werden, um kampflos in eine neue Zeit zu gehen.

Wir Menschen haben die Vorstellung, wir seien feste, materielle Körper, Ansammlungen von Organen und Muskeln, die in einem Sack aus Haut stecken und von einem Motor, dem Herzen, belebt werden. Wir fristen hier auf der Welt ein »leidvolles Dasein«, und irgendwo gibt es einen Gott, den wir weder sehen noch uns wirklich vorstellen und erklären können.

Unsere Wissenschaften haben bisher diese Vorstellungen unterstützt und geben nur *den* Dingen einen Wert, die wieg- und messbar sind. In den vergangenen Jahrhunderten hat sich ein mechanistisches Weltbild entwickelt, das die Schöpfung als berechenbare Maschinerie betrachtet, in der Materie aus festen Atomen besteht und Raum und Zeit existent sind. Noch heute dominiert dieses Weltbild im Denken der meisten Menschen, auch im Unterricht an unseren Schulen. Diese Vorstellung hat zu Erkenntnissen in medizinischen, technischen und elektronischen Lebensbereichen geführt, die uns diese unglaubliche Entwicklung möglich gemacht hat, die wir heute in der Welt erleben können und die unseren Alltag dominiert.

Allerdings hat es auch in der Fortsetzung der Forschungen in den letzten 100 Jahren maßgebliche neue messbare Erkenntnisse über die Welt gegeben, die jetzt gemächlich die alten Vorstellungen widerlegen.

Unser Weltbild hat sich im Laufe der Menschheitsentwicklung schon oft gewandelt. Ein sogenannter Paradigmenwechsel hängt immer ab vom Stand des Bewusstseins einer Kulturgemeinschaft. Als Paradigmenwechsel wird eine Änderung des Blickwinkels auf einen Bereich des Lebens bezeichnet, wenn durch diese Änderung die Grundlage für eine Weiterentwicklung gegeben wird. Eine sehr einschneidende Erkenntnis, nämlich die Vorstellung der Erde als Scheibe, wurde schon lange von der Anschauung der Kugelgestalt der Erde abgelöst, und wir belächeln die anscheinend so beschränkte Sicht der Altvorderen.

Jetzt gerät das bei uns immer noch aktuelle materielle Weltbild auch in Wissenschaftskreisen gehörig ins Wanken. Einstein erkannte nicht nur die Relativität der Zeit, sondern auch, dass Materie lediglich verdichtete Energie ist. Bei der Erforschung immer kleinerer Lebensbausteine, der Atome, wurde erkannt, dass diese zu 99,999 Prozent aus »nichts« bestehen. Stark vergrößert ist das so, als ob eine 1 cm große Murmel (Atomkern) in 100 Meter Abstand von Sandkörnern (Elektronen) mit Lichtgeschwindigkeit umkreist würde. Die Erkenntnis hieraus war: Die sogenannte feste Materie ist in Wirklichkeit nicht existent!

Der Nobelpreisträger Max Planck drückte das Ergebnis seiner Forschung auf folgende Weise aus: *»Es gibt keine Materie* *an sich. Alle Materie entsteht und besteht nur durch eine Kraft, welche die Atomteilchen in Schwingung versetzt und sie zum winzigen Sonnensystem des Atoms zusammenhält. Da es aber im ganzen Weltall weder eine intelligente noch eine ewige Kraft an sich gibt, müssen wir hinter dieser Kraft einen bewussten, intelligenten Geist annehmen. Dieser Geist ist der Ursprung aller Materie.«*

Alles, was ist, besteht aus der gleichen Grundenergie – nur die Schwingungsfrequenz ist unterschiedlich.

Noch interessanter und zunächst unbegreiflicher waren die Ergebnisse des Physikers Werner Heisenberg. Er zeigte in seiner Unschärferelation, dass die Messergebnisse eines Experiments in direktem Zusammenhang mit der Absicht des Versuchsleiters stehen. Die im Versuch beobachteten Teilchen waren immer genau an dem Ort, wo sich die Aufmerksamkeit des Versuchsleiters befand.

Werner Heisenberg sagt dazu: »*Je nachdem, welche Position der Beobachter einnimmt, erscheint ein Energiequant, also die Grundeinheit dieses ›materiellen‹ Universums, als Welle oder als Teilchen. Daraus folgt, dass dieses Universum nicht objektiv und außerhalb von uns existiert. Vielmehr sind der Beobachter und die Welt der Erscheinungen ein in sich geschlossenes Wirklichkeitssystem, da das Verhalten des beobachteten Objektes vom Beobachter beeinflusst wird. Der Beobachter ist mit der beobachteten Realität untrennbar verbunden.*«

Wir sind also als Beobachter mit der beobachteten Realität untrennbar verbunden! Das Universum entsteht in dem Moment, in dem wir es wahrnehmen. Wir werden uns mit jedem Tag mehr bewusst, dass wir mit unseren Gedanken und Gefühlen selbst die Schöpfer dessen sind, was wir erleben. Wir spüren die Macht und die Verantwortung, unser Leben bewusst zu gestalten, und fühlen uns nicht länger als Opfer unbeeinflussbarer äußerer Verhältnisse.

Bei diesen neuen Erkenntnissen und bei der Entwicklung einer, bis in alle Schichten unserer Kultur hinein sich verändernden Weltsicht, spielt unser Herz eine bedeutende Rolle. Ist es doch ähnlich der Sonne im Planetensystem, ein Organ von zentraler Bedeutung, um das sich der gesamte Körper dreht und durch das all unsere Erlebnisse gestaltet werden. Wir sollten uns mit diesem unserem Mittelpunkt beschäftigen und einen Weg finden, durch die Heilung unseres Herzens eine heilende Ausstrahlung und Schöpferkraft in die Welt zu schicken. Dies kann nur jeder für sich tun – und gerade das hat eine ungeheure Wirkung!

Viele, die es bislang gewohnt waren, sich selbst als Opfer zu betrachten, und meinten, die Welt stünde gegen sie und sie müssten deshalb an allen Fronten kämpfen, können sich nun selbst als Teil der Welt erkennen. Sie sind in der Lage, durch diese eigene Veränderung und das Loslassen des Kampfgedankens die Welt zu verändern. Wir übernehmen Verantwortung und gehen so gemeinsam in eine liebevolle, leuchtende neue Bewusstseinsebene.

Merke:
1. Es gibt nur dich.
2. Du schaffst aus deinen energetischen Voraussetzungen deine eigene Realität.
3. Es gibt keine objektive Welt.
4. Es gibt nur Energie, dein Bewusstsein schafft die Bewertungen »böse« oder »gut«.

5. Du kannst deinen energetischen Zustand erkennen und verändern, dann veränderst du die Welt!
6. Das ganze Sein dient der Kommunikation.
7. Alle Kommunikation dient der Selbsterkenntnis.

> Der Mensch muss Erde unter den Füßen haben,
> sonst verdorrt ihm das Herz.
>
> *Gertrud von Lefort*

3 Die Welt der Gefühle

Gefühle als Wahrnehmung zur Orientierung – ein Überblick

Wir Menschen sind Energiewesen aus multidimensionalen Schwingungsfrequenzen. Die langsamste Schwingungsfrequenz ist der materielle Körper. Wenn der Mensch stirbt, verlässt die Aura den Körper – der Mensch verliert sein Leben und damit seine Persönlichkeit. Er zerfällt rein physisch und wird in kurzer Zeit zu einer Bedrohung für seine Mitmenschen. Denn bereits nach wenigen Tagen sind die menschlichen Überreste Herde für Pilze und Bakterien, die alle Arten von Infektionskrankheiten verursachen können.

Die Aura gibt dem Körper die Lebensenergie und das Aussehen, sie sorgt für Funktion und Instandhaltung. Über die Aura steht der Körper ständig in Verbindung zur geistigen Welt. In der Aura sind alle Informationen vorhanden, die der Mensch benötigt, um zu überleben, seinen Körper intakt zu halten und seine Lebensaufgaben und seinen Sinn zu erfüllen.

Wie erfährt nun der materielle Körper mit seinen Sinnen

von all dem, was energetisch um ihn herum vorgeht? Diese Aufgabe erfüllen die Gefühle.

Die Gefühle sind Mittler zwischen Aura
und materiellem Körper.
Gefühle sind Leben,
sie sind ständig präsent,
und ein Leben ohne sie ist nicht denkbar.

Wir sind von morgens bis abends mit unseren Gefühlen beschäftigt. Ohne Gefühle können wir weder denken noch handeln. Wir erleben uns selbst und unsere Umgebung über unsere Gefühle. Wir reagieren auf die Menschen in unserer Umgebung mit Gefühlen. Wir fühlen rund um die Uhr, und es ist uns so selbstverständlich, dass wir es nicht mehr wahrnehmen.

Wir modernen Menschen sind davon überzeugt, dass das rationale Denken den Emotionen vorzuziehen sei. Wir drängen deshalb unsere Gefühle in den unbewussten Bereich unseres Energiefelds und kapseln sie dort ab.

Die Energie, die im Augenblick des Gefühls im Feld präsent war, wird mit isoliert. An diesem Prozess sind unsere Gedanken maßgeblich beteiligt. Aber wir können noch so verstandesorientiert sein, unsere Aura hat längst vor unserem Verstand jede Situation und die gesamte Umgebung wahrgenommen, gespeichert und ist in Resonanz gegangen.

Ein nettes Beispiel dazu ist mir in meiner beratenden Tätigkeit im Management begegnet. Bei der Neueinstellung von Angestellten waren sich der Chef und der Geschäftsführer einig, bei der Einschätzung der Bewerber nur auf die Zeugnisse und die emotionslose Einschätzung rationaler Fakten zu achten. Die ersten Bewerber betraten den Raum, und der Geschäftsführer flüsterte mir zu:»Die in dem roten Kleid gefällt mir, die nehmen wir!« Raten Sie mal, wie die Auswahl weiter verlief ...

Die Auswahl über Kriterien wie Zeugnisse und Beurteilungen ist eine legitime und vernünftige Vorgehensweise. Bedenken wir jedoch, dass Zeugnisse von Zufällen und Beurteilungen von subjektiven Faktoren abhängig sind.

Assessments und Auswahltests können trainiert werden. Für einen Tag kann sich ein Alkoholiker zurückhalten, und ein gewalttätiger Mensch kann sich lammfromm geben. Das Gefühl, und ich meine hier das wirkliche, auf der Information des Energiefelds beruhende Gefühl, liefert im Vergleich hierzu wesentlich verlässlichere Ergebnisse.

Kann man sich vorstellen, einen Bewerber mit der Begründung auszuwählen:»Ich nehme wahr, dass Sie in Ihrer Gesamtheit am besten zu den Menschen passen, die in der für Sie vorgesehenen Abteilung arbeiten. Ich bin deshalb davon überzeugt, dass Sie in dieser Abteilung zu dem Menschen reifen, der Sie sein können, und dadurch die Kraft, Kreativität und Inspiration entwickeln, die wir in unserer Firma dringend benötigen, um im Wettbewerb zu bestehen«?

Bei dieser Begründung zählt nicht die Hautfarbe, das Geschlecht, die Religion, das Alter oder die ethische oder regionale Herkunft. Es zählen das reibungslose Schwingen der Energiefelder und die Erkenntnis der eigenen Lebenszusammenhänge.

Es ist wichtig, einen neuen Weg zu finden, die Gefühle bewusst in das Leben zu integrieren, statt sie als hinderliche oder auch peinliche Barrieren zu erleben.

Gefühle bestimmen all unsere menschlichen Aktivitäten und Entscheidungen. Sie sind individuell und wohl deshalb in der heutigen Welt abgelehnt. Was Sie fühlen, fühlt kein anderer in der gleichen Richtung und Intensität.

Viele glauben, wenn alle Menschen auf ihre Gefühle vertrauen würden, wäre dem Zufall Tür und Tor geöffnet. Es ist jedoch gerade das Gegenteil der Fall: Wenn alle auf ihre wirklichen Gefühle achten würden – ich meine hiermit die auf der Information des Energiefelds beruhenden Gefühle –, so gäbe es keinen Zufall! Es gäbe dann auch keine juristischen Spitzfindigkeiten und Winkelzüge, keine Lügen und Fallstricke. Es gäbe den Menschen als fühlendes Lebewesen, das mit den Mitmenschen mitfühlt und von ihnen mitfühlend wahrgenommen wird.

Gefühle sind scheinbar ungebetene Gäste, die uns unsere vermeintliche Sicherheit verlieren lassen. Ohne Gefühle ist das Leben »cool« – abgekühlt. Wir meinen, wir hätten ohne Gefühl unser Leben gut unter Kontrolle. Tatsächlich haben uns die verdrängten Gefühle stärker im Griff, als wir wahrhaben wollen.

Wir merken im Alltag oft nicht, dass wir immer mit Gefühlen leben und dass unser Leben ohne sie nicht funktioniert. Selbst die coolste Abgeklärtheit ist ein Gefühl, wie könnten wir sie sonst als solche empfinden?

Der Zeitgeist macht in diesen Jahrzehnten der Rationalität die Gefühle unattraktiv.

Je unattraktiver Gefühle als Lebenswegweiser werden, umso weniger haben wir Interesse daran, konstruktiv und sinnvoll mit ihnen umzugehen. Wir sind zu behinderten Wesen in Sachen Gefühl geworden.

Es ist nicht immer einfach, Gefühle zu unterdrücken. Häufig benötigt der Mensch hierzu Alkohol, Tabletten, Rauschgift u. a.

Psychopharmaka sind ein bedeutender Zweig des Arzneimittelangebots.

Immer häufiger können Menschen ihre unterdrückte Gefühlswelt jedoch nicht einfach in entsprechenden Teilbereichen des Lebens wiederaufleben lassen. Der Partner fühlt sich nicht geliebt, die Kinder fühlen sich nicht angenommen, und die Eltern fühlen keine Verbindung zu den Kindern. Die dann aufkommenden Gefühle des Ungeliebtseins, der Verlassenheit, des Nichtgenügens sind stark und schmerzhaft. Das will man nicht aushalten und auch nicht hinterfragen. Eher trennt man sich von seinem Partner, bricht die Beziehung zu den Eltern ab und bringt das Kind zum Psychologen oder gibt es ins Internat.

Ein Beispiel:
Wenn du in einen Konflikt mit deinem Partner steuerst, kannst du zunächst einmal ausschließlich dich selbst wahrnehmen:
- Frage dich, weshalb du gerade so fühlst, wie du fühlst.
- Wo genau in deinem Körper spürst du dieses Gefühl?
- Woran in deinem Leben erinnert dich dieses Gefühl?
- Wie mag sich der Partner in der augenblicklichen Situation wohl fühlen?
- Wodurch hast du ihn verletzt? Wodurch hat er dich verletzt?
- Jeder handelt aus sich heraus »richtig«. Kannst du das erkennen?
- Das Gefühl, das du gerade fühlst, findet NUR in dir statt. Woher stammt es ursächlich?
- Sprich mit deinem Partner über deine Gefühle. Ihr beide fühlt richtig, jeder auf seine Art. Es geht darum, sich zu verstehen – nicht, sich zu trennen!

Darum prüfe, wer sich ewig bindet,
ob sich das Herz zum Herzen findet.

Friedrich Schiller

Der Unterschied von Gefühl und Emotion

Jeder Mensch hat ein eigenes Schema an Gefühlen und Reaktionen in der Kindheit gelernt und damit die Basis für sein individuelles Leben geschaffen. Gefühle aus unserer Kindheit und Entwicklung bis heute heißen »Emotionen«. Gefühle beschreiben dagegen den aktuellen Moment.

Wenn du jetzt, in diesem Augenblick etwas fühlst, greifst du auf Emotionen der Vergangenheit zurück. Egal, was du tust, wie du lebst und wer du bist, deine Emotionen und Gefühle sind individuell und nur für dich persönlich vorhanden. Du bist deine eigene, von dir selbst geschaffene Realität.

Gedanken sind durch Sprache und Schrift definiert. Wir können vom Aufbau des Wortes in Konsonanten und Vokalen die gleichen Worte denken, schreiben und aussprechen wie unser Nachbar. Das Gefühl aber, das sich hinter jedem Wort verbirgt, ist individuell und von einem anderen Menschen nicht nachfühlbar.

Stell dir vor, wir beide sehen Rot als Farbe. Wir sehen Rot, können es identisch aussprechen und niederschreiben, aber ich weiß nicht, ob es für dich genauso aussieht wie für mich. Und ich weiß schon gar nicht, was du bei der Farbe Rot fühlst.

Vielleicht heißt Rot bei dir Liebe, Rosen, Sonnenuntergang und für mich Blut, Gewalt, Gefahr. Vielleicht geht bei dir der Puls hoch, und ich bekomme Magenschmerzen.

Wenn man mit jemandem kommuniziert, hört man nicht nur seine abstrakten Worte. Man bekommt aus seiner Aura, aus seinem Leben und all seinen Erfahrungen und Emotionen ein ganzes Energie- und Strukturgefüge serviert. Man fühlt den Menschen komplett, mit all seinen Regungen und Energien.

Den eigentlichen Eindruck von einem Menschen bekommt man durch diesen gefühlten individuellen Aspekt zwischen seinen Gedanken und Worten.

Anders ausgedrückt: Den individuellen Eindruck von einem Menschen bekommt man durch die ganzen Emotionen, die energetisch an seine Sprache geknüpft sind.

Abhängig davon, wie jeder von seiner Umgebung gelernt hat, auf Dinge und Umstände zu reagieren, zieht sich ein individuelles Muster durch das persönliche Leben. Jedes Ereignis speicherst du mit Gefühlen ab und schaffst dir deine einzigartige Welt von Emotionen.

Wenn du bewusst damit umgehst, kannst du deine Erfahrungs- und Gefühlswelt zum Lernen und zur Entwicklung nutzen. Du bekommst dadurch einen elementaren Zugang zu deinem Leben.

Hierfür sollte man versuchen, sich auf jede Lebenssituation neu einzulassen. Du musst dir deiner alten Muster bewusst sein und sie loslassen können (hierzu eine Übung auf Seite 257).

Bewertungen als Grundlage von Gefühlen

Nichts im Alltag geht ohne Bewertung ab, und es ist eine wichtige Möglichkeit, sich als materieller Mensch zu orientieren. Man teilt ein nach Schaden und Nutzen, nach Sympathie und Antipathie, alles wird gespalten, in das, was dir gefällt und das, was dir nicht gefällt. In die Dinge, die Nutzen bringen, und solche, die sich überflüssig oder schädlich auswirken.

Zunächst erscheint es wichtig, zu bewerten, schon allein um

sich zu schützen: Wenn eine Sache z. B. für uns körperliche Gefahr bedeutet und wir besser flüchten sollten oder ein bestimmtes Nahrungsmittel lieber nicht essen sollten. Hier ist eine Einschätzung und Bewertung für uns richtig und wichtig, sonst würden wir nicht lange überleben.

Bewertungen, die nicht körperlichem Schutz dienen, sondern moralischen Ursprungs sind, machen uns das Leben schwer. Diese Art von Bewertung stellt uns als Person grundsätzlich infrage, was sich auf unser Selbstbewusstsein schwächend auswirkt.

Subjektive Bewertungen sollte man hinterfragen.

Dinge und Menschen, die wir negativ bewerten und verurteilen, sind jeweils aus unserer Sicht und aus unserer ganz persönlichen Lebenserfahrung heraus für uns nicht gut. Für alle anderen Menschen muss (und ist auch meistens) dies nicht der Fall sein.

Wir haben mit Dingen oder Menschen ein Problem, sind sauer, enttäuscht, verletzt und, und, und ... Aber das gilt nur für uns! Die Bewertung ist immer subjektiv, sie kann nur subjektiv sein, weil jeder Mensch eine andere Entwicklung durchlebt und in seinem Leben vollständig andere Gefühle und Erfahrungen gemacht hat und daraus zu eigenen individuellen Bewertungen und Urteilen gelangt.

Oft bewerten wir uns selbst am schlechtesten. Wir stellen uns die Frage, ob wir etwas können oder uns etwas zutrauen, nicht ständig neu. Wir leben in Überzeugungen und alten Vorstellungen und geben uns selbst nicht die Chance, etwas an unseren alten Prägungen infrage zu stellen.

Du kannst nicht malen? Das gibt es nicht, das sind Urteile aus deiner Kinder- oder Jugendzeit. Jeder Mensch hat ein Grundbedürfnis, sich in irgendeiner Form auszudrücken, aber du traust es dir, aus deinen bewertenden Erfahrungen heraus, nicht zu.

So geht es mit vielen Dingen, und das Leben wird dadurch immer eingeschränkter.

Wenn du es schaffst, die Bewertungen loszulassen, macht es dich frei. »Geht nicht, gibt's nicht« wird dann zu deiner Lebenshaltung, und das Leben ist für dich Herausforderung und Abenteuer – nicht Resignation und Opfersein.

Zur eigenen Meinung zu stehen, nicht zu verurteilen und zu bewerten, wohl wissend, dass andere Menschen diese Meinung nicht teilen, und wirklich den anderen Menschen in seinem »Sosein« belassen zu können, weil dir klar ist, dass alles, was du verurteilst, Teile von dir selbst sind – das ist wahre Eigenverantwortung!

Sieh die Potenziale und die Möglichkeiten in allen Begebenheiten – das wird dir Welten eröffnen!

Ein Beispiel:
Stell dir vor, du seist ein kleiner schwarzer Punkt in einer unendlichen weißen Weite. Wie fühlst du dich?

Du hast keine Orientierung, du weißt nicht, wo oben und unten ist. Du hast kein Empfinden für deine Größe. Du hast kein Empfinden für Helligkeit und Dunkelheit. Du hast keine Vorstellung von Zeit.

Jetzt stell dir weiter vor, in deinen endlosen weiten Raum kommt ein anderer Punkt hinzu. Wie fühlst du dich jetzt?

Ist der andere Punkt über oder unter dir? Ist er größer oder kleiner, dicker oder dünner? Ist er genauso schwarz wie du oder heller, bewegt er sich schneller als du oder langsamer?

In dem Augenblick, wo du einen Vergleich bekommst, hast du die Möglichkeit, dich selbst einzuschätzen, und deine eigene Existenz fängt erst jetzt an, für dich interessant zu werden.

So geht es uns als energetisches Bewusstsein im Sein: Wir brauchen einen Bezugspunkt, dann können wir uns durch den Widerstand oder den Vergleich selbst wahrnehmen.

Bewertungen sind die Grundlage für die Strukturen
in unserer Aura.

Bei der Entscheidung, als geistiges Wesen einen Körper hier auf der Erde zu wählen, haben wir uns für den Weg der Erfahrungen entschieden und damit unweigerlich auch für Bewertungen. Wir haben uns mit unserem Körper eine riesige Spielwiese an Erfahrungen geschaffen und jetzt vor lauter Spielwiese vergessen, dass wir auch geistige Wesen sind, die jenseits von Bewertungen, einfach SIND.

Wir haben, um uns weiterzuentwickeln, die Möglichkeit des Vergleichs und damit der Bewertung mit anderen Wesen geschaffen und können uns darin spiegeln und erkennen.

Wir haben aber auch in jedem Moment unseres Lebens die Möglichkeit und Freiheit, jede unserer Wahrnehmungen nach unserem Gefühl neu zu bewerten. Wir sind frei, wählen aber immer die Bewertung einer Situation aus Emotionen, die sich aus unserem Leben bis heute ergibt.

Wenn wir mehr und mehr den Sinn in unserem Leben suchen und ihn erkennen, wird uns die Bedeutung der Bewertungen bewusst. Bewertungen sind absolut individuell und entspringen ausnahmslos dem eigenen Wahrheitsausschnitt.

Bewertung ist das Denkschema in unserem Leben,
das uns von wahrer Lebensqualität abhält!

Darüber kommst du zur Ruhe und hörst auf zu suchen. Du brauchst dich nicht mehr mit anderen zu vergleichen und musst andere nicht bewerten, weil du erkennst, dass alles, was ist, einfach ist – wertfrei.

Du brauchst dann dein Ego nicht weiter zu füttern und nicht weiter Strukturen anzusammeln, um dich besser oder schlechter zu fühlen. All das kannst du lassen.

Du kannst verstehen und fühlen, dass du, so wie du bist, richtig bist.

Beispiele, wie Bewertungen wirken, gibt es in allen Bereichen unseres Zusammenlebens. Jeder von uns hat sicher schon die schmerzliche Erfahrung gemacht, in einer Schublade von Bewertungen zu stecken und nicht wieder herauszukommen.

Wenn ein Schüler einmal schlecht ist, muss er sich sehr anstrengen, um diese Schublade bei seinen Lehrern und Mitschülern wieder zu verlassen. Wenn der Chef ein Vorurteil gegen einen Mitarbeiter hat, ist es schwer, auf der Karriereleiter hochzukommen. Und wenn die Schwiegermutter dich nicht mag, hast du schlechte Karten in deiner Ehe.

Da man aber gern dazugehören will, ist man für Bewertungen offen und verhält sich so, dass man möglichst allen Menschen gefällt. Man passt sich an und reduziert seine eigenen Bedürfnisse bis zur Unkenntlichkeit.

Bewertungen sollten nur dann getroffen werden, wenn es darum geht, das materielle Leben zu schützen. Man sollte wissen, wann eine Situation bedrohlich für den Körper ist, und sollte einschätzen können, was einem körperlich oder energetisch guttut und was nicht.

Moralische Bewertungen

Moralische Bewertungen haben nichts mehr mit der ursprünglichen Bewertung von Gefahren für das körperliche Wohl zu tun. Man bewertet zumeist an anderen das, was man an Eigenschaften an sich selbst nicht mag. Man bewertet seinen eigenen Spiegel, in jeder Bewertung lehnt man sich selbst ab.

Durch das Erkennen des Spiegels gibt es die Möglichkeit, an den unangenehmen Seiten im anderen sich selbst anzunehmen. Gelingt dies, hat man einen Teil mehr von sich selbst erkannt und integriert, und man geht den Entwicklungsweg zur Heilung.

Bleibt man in Bewertungen verhaftet, fühlt man sich zwar im Augenblick der Bewertung wohl, weil die eigene Energie kurzzeitig auf Kosten der anderen ansteigt, aber man spaltet auf diese Art Teile von sich selbst komplett vom Bewusstsein ab und wird mit der Zeit unzufrieden und unglücklich. (Eine Übung zum Loslassen von Bewertungen auf Seite 259).

Entwicklung von Gefühl und Emotion

Gefühle sind zunächst wertfrei. Sie sind an sich weder schlecht noch gut, sie sind jedoch für das Überleben unabdingbar! Sie dienen der Orientierung im Alltag und geben uns Menschen die Sicherheit, auf Bekanntes, schon Erlebtes und Gefühltes aus unseren Emotionen zurückgreifen zu können.

Emotionen zu fühlen bedeutet, die Vergangenheit zu fühlen.
Wenn du bei einem Erlebnis, einer Begegnung, einem Bild oder einem Musikstück ein Gefühl in dir spürst, ist dies eine Erinnerung an eine Erfahrung aus der Vergangenheit – eine Emotion. Die meisten deiner Gefühle sind Emotionen. Emotionen sind unbewusst, sie regen sich in dir, wenn du an das Ursprungsereignis erinnert wirst. Wenn du dagegen etwas Neues fühlen willst, kannst du dies nur bewusst tun. Du kannst dich für ein neues Gefühl bewusst entscheiden. Du kannst dich jetzt entscheiden, die Gefühle der Vergangenheit zu verändern.

Ein Beispiel:
Eine junge Mutter ist intensiv dabei, die lang ersehnte Winterjacke im Internet zu ersteigern. Es geht um wenige entscheidende Minuten, und sie kann momentan das schreiende Baby nicht stillen. Sie lächelt das Baby an und versucht, es mit lustigen Gebärden abzulenken.

Was fühlt das Baby?

Es fühlt die Ungeduld und Unlust der Mutter. Es fühlt, dass der Mutter etwas anderes im Moment wichtiger ist als sein bohrender Hunger. Das Baby ist in dieser Situation ohnmächtig. Es kann sich nicht selbst helfen, und das sonst hilfreiche Schreien funktioniert nicht. Es fühlt sich zurückgesetzt und speichert das Gefühl der Wertlosigkeit in Verbindung mit dem bohrenden Hunger im Energiefeld als Ohnmacht ab.

Je weiter der kleine Mensch sich entwickelt und seine Umgebung erkundet, umso komplexer werden die Gefühle, die er kennenlernt. Der Abstand zwischen dem körperlichen Grundbedürfnis und dem daraus entstehenden Gefühl wird größer.

Der Mensch lernt zu denken, er lernt, sich »geschickt« zu verhalten.

Das Kind lächelt, weil es merkt, dass seine Umgebung auf das Lächeln mit einem angenehmen Gefühl reagiert und es für sein Lächeln belohnt wird. Es hat die Erfahrung gemacht, dass seine Bezugspersonen auf Schreien mit zunehmendem Alter immer ärgerlicher reagiert haben, und hat deshalb sein Verhalten geändert. Das Kind hat gelernt, sich an seine Mitmenschen anzupassen. Es lächelt, obwohl es ihm nach Schreien zumute ist.

Muttersprache – eine Kombination aus Worten und Gefühlen
Die nächste Lebensphase nach der Kopplung von Körperwahrnehmung an Personen, ist geprägt von der Kombination der rein körperlichen Gefühle an die Sprache.

Was das Kind am Körper fühlt und gerne verändern möchte, kann es nicht weiterhin durch Schreien kundtun. Es muss dafür Begriffe finden, die ihm die Welt der Sprache eröffnet.

Als Mensch verbinden wir unsere Sprache mit Gefühl und tun dies so, wie es uns die Umgebung vorlebt. Wir erleben, fühlen und sprechen unsere Muttersprache. Diese ist nicht nur ein komplexes rein verbales Mittel der Verständigung. Die Muttersprache ist vielmehr ein komplexes Gebilde aus Sprache und Gefühlen, das unser gesamtes Leben grundlegend definiert.

Alle energetischen Verbindungen, die uns an unsere Kultur binden, fließen über die Muttersprache in unser Energiefeld ein! Wir übernehmen in ihr die energetischen Gedankenmuster der Eltern, wodurch in unseren Gedanken unsere Welt immer mehr Form annimmt.

Anpassen und Verbiegen

Als Mensch unter Menschen wollen wir dazugehören. Wir wollen das Empfinden haben, nicht allein zu sein. Wir wollen anerkannt, geachtet und geliebt werden.

Wir haben schon als Kleinkind gelernt, uns regelrecht zu verbiegen, um dieses Gefühl des Dazugehörens und Angenommenseins zu bekommen.

Es ist ein sinnvoller Aspekt des Lebens, dass der Mensch anerkannt und geliebt werden möchte. Nur so konnte sich im Laufe der Menschheitsgeschichte ein soziales Gefüge entwickeln, das Grundlage unserer heutigen Zivilisation ist.

Problematisch wird es erst zu dem Zeitpunkt, da wir spüren, dass wir nicht so sein können, wie wir sind. Wenn wir uns verbiegen müssen, um zu sein, wie andere es wünschen, opfern wir jedes Mal einen Teil unseres Wesens. Dies ist in unserer Gesellschaft zur normalen Lebensform geworden.

Die Ehefrau verbiegt sich tagein, tagaus, um es den Kindern und dem Mann recht zu machen. Die Sekretärin, der Maurergeselle, die Kassiererin im Supermarkt, der Lehrer in der Schule, der Arzt, der Rechtsanwalt, sie alle finden sich pausenlos in Situationen wieder, in denen sie nicht handeln können, wie sie aus innerer Überzeugung handeln möchten.

Das Arbeitsverhältnis, die Kundenzufriedenheit, die Meinung der Eltern, die Zulassung bei der Krankenkasse, der Freispruch des Mandanten – immer steht etwas Wichtiges auf dem Spiel.

Geht es uns gut, sind alle körperlichen Bedürfnisse gestillt und fühlen wir uns wohl, dann gibt es keinen Auslöser zur Veränderung unserer Situation. Oft erst wenn wir spüren, dass es uns nicht gut geht, werden wir aktiv. Ziel der Aktion ist dann meist, das Unangenehme nicht mehr fühlen zu müssen.

Vor der wirklichen Aktion zur Veränderung kommen allerdings viele Verdrängungs- und Beschönigungsmechanismen zur Anwendung. Wir sagen uns selbst, es geht uns immer noch verhältnismäßig gut; im Vergleich zu anderen geht es uns sogar blendend. Erst an dem Punkt, an dem alle Beschönigungen und Verdrängungsmechanismen nicht mehr greifen, finden wir die Kraft zur Veränderung.

Es ist ein Grundprinzip im Leben des Menschen, dass er erst dann etwas an einem Zustand verändert, wenn die Wut oder der Schmerz so groß werden, dass er sich körperlich oder in seiner Existenz bedroht fühlt.

Basisgefühle und die Anpassung an unsere Gesellschaft
Jeder von uns nimmt seinen Körper rund um die Uhr über seine Gefühle wahr. Wir fühlen, ob es zu warm oder zu kalt ist, wir fühlen, ob wir Hunger oder Durst haben, und wenn der Körper vom Alltag erschöpft ist, werden wir müde und sollten schlafen – zweifellos auch ein Gefühl.

Jeder Mensch hat diese Grund- oder Basisgefühle und lernt in seinem Leben mehr oder weniger, sich nach diesen auch sehr individuellen Wahrnehmungen zu richten. Das Wort Wahrnehmung sollten wir an dieser Stelle wortwörtlich nehmen. Wir nehmen ein Gefühl für »wahr«, weil es unserer eigenen individuellen Wahrheit entspricht und wir uns daran orientieren können. Gefühle dienen immer der Erhaltung eines gesunden und kraftvollen Körpers, sowohl die Gefühle, die sich direkt auf unseren Körper beziehen, als auch rein emotionale Gefühle. Der Schmerz, den ich akut körperlich fühle, wenn ich die heiße Herdplatte berühre, ist genauso wirksam wie der Schmerz, den ich beim Gedanken an die heiße Herdplatte fühle.

Bei der Erziehung zur Anpassung an unsere Gesellschaft ist die Wahrnehmung des eigenen Körpers in den Hintergrund gerückt. Es wäre wichtig, ihr mehr Bedeutung beizumessen, um ein gesundes Selbstvertrauen in das Leben ausbilden zu können. Unsere Erziehung ist weitgehend gelenkt von Glaubenssätzen und den eigenen blockierenden Ängsten und Ohnmachten der Elterngeneration. Sie geben diese Blockaden ungefiltert von Generation zu Generation weiter, wie wir selbst später ebenfalls. Wenn wir als Kind unsere Bedürfnisse wahrnehmen und uns gerne danach verhalten würden, erleben wir immer wieder eine Korrektur von außen, die uns das gesunde natürliche Gefühl für die eigenen Bedürfnisse abspricht. Scheinbar wissen die Erwachsenen besser, was für mich als Kind richtig ist. Jedes Mal, wenn ich meinen eigenen Gefühlen nicht trauen darf, mich anders verhalten muss und sonst womöglich Strafe zu erwarten habe, bilden sich, wie wir später sehen werden, Strukturen in der Aura.

Jede Struktur in unserem Energiefeld ist eine Emotion, die uns als Gestaltungselement für unser Leben zur Verfügung steht. Immer wieder suchen wir uns aufgrund der bereits angelegten, erfahrenen, vorhandenen Strukturen in unserer Umgebung Situationen aus, die diese alten Emotionen anregen. So erleben wir die gleichen bekannten Gefühle immer wieder und bilden dabei ständig neue Strukturen aus. Diese Vorgänge schwächen die Aura, der am Ende immer weniger Energie für die Grundversorgung des Körpers zur Verfügung steht. Alle Ereignisse des Lebens werden auf diese Weise im persönlichen Feld konserviert. Hat beispielsweise jemand ein traumatisches Kriegsereignis oder Missbrauch in der Kindheit erlebt, sind auch diese Emotionen lebenslänglich fixiert und werden bei entsprechenden Auslösern aus der Umgebung aktiviert. Begegnet ein Mensch mit einem solch schweren Trauma einem Geruch, einem Bild, einem Geräusch oder einem Menschen, der Ähnlichkeit mit einer Person hat, die das Trauma verursacht hat, kommt er mit seinem Bewusstsein in die alten traumatischen Gefühle. Er erlebt die ursprüngliche Situation neu und kapselt sie in einer noch stabileren Ohnmacht weiter ab.

Die im Feld schwingenden Strukturen können sich bei der Umsetzung auf die körperliche Ebene als Krankheit manifestieren. Indem der Körper erkrankt, gibt er uns eindeutige Signale, unser Verhalten zu ändern. Denn jede auftretende alte Emotion ist eine Chance, das eigene Leben zu betrachten, den Sinn zu erkennen und es in Liebe anzunehmen. Denn wir selbst haben uns genau diesen Weg als Seele ursprünglich einmal gewählt – in jeder Konsequenz.

Wann spürst du deinen Körper? Nur wenn irgendwo ein Schmerz oder eine Auffälligkeit zutage tritt. Wann hast du deinen Arm, deine Leber oder deine linke Hüfte zum letzten Mal wahrgenommen? Als ein Schmerz, ein Druck oder ein Stechen auftrat?

Wenn wir den »auffällig gewordenen« Körperteil bemerken, können wir bewusst etwas tun. Wir können Belastungen abbauen, Wärme oder Kälte zuführen, einen Verband anbringen oder uns Rat und Hilfe von medizinischer Seite einholen.

Jetzt erst wird der Sinn von Gefühlen deutlicher: Sie sind nicht mehr »nur« seelisch, sondern gehen – eine Ebene tiefer – in den Körper. Wir haben Schmerzen, Übelkeit, können vielleicht nicht mehr essen, die Beweglichkeit ist eingeschränkt. Der Körper gerät außer Kontrolle und weist auf einen Mangel hin oder entwickelt eine lebensbedrohliche Erkrankung. Durch eine körperliche Krankheit ist also direkt die Existenz des Geistes im Körper bedroht.

Ein Mensch, der mit sich im Reinen ist und mit seinen Emotionen in Verbindung steht, reagiert schneller und für seinen Körper gesünder auf seine Umgebung. Er passt seine Lebensumstände so an, dass er seinen eigentlichen Bedürfnissen entsprechend leben kann.

Die Veränderung der Gefühlswelt bei uns Menschen im Laufe unserer Geschichte war ein Prozess der Weiterentwicklung der Aura. Das Energiefeld war in der frühen Menschheitsgeschichte definiert durch Basisgefühle. Diese Basisgefühle dienen ausschließlich dem Erhalt des Körpers. Es kamen dann nach und nach neue Frequenzmuster der Aura hinzu, die wir als Bewusstseinsentwicklung erlebt haben.

Die Lebensabläufe drehten sich weiterhin nicht mehr nur um die bloße Erhaltung des Körpers und die der Fortpflanzung, sondern es wurde uns möglich, Gedankenkräfte zu entfalten, die ein soziales Leben und am Ende eine Kulturentwicklung zur Folge hatten. Die körpererhaltenden Gefühle sanken ab auf eine unterbewusste Ebene. Musste der Mensch sich vordem den ganzen Tag mit Nahrungsbeschaffung und Jagd beschäftigen, haben wir uns im Laufe der Zeit durch die Entwicklung komplexer Gedankenstrukturen Freiraum geschaffen. Wir können inzwischen abstrakt denken, das bedeutet, wir können Erfahrungen des einen Lebensbereichs auf andere Ereignisse des Lebens übertragen. Mit dieser Entwicklung der neuen Gedankenformen kam auch die Entwicklung der Sprache hinzu.

Interessant sind hierzu die Ausführungen von Daniel Everett, der sich mit einem von der kulturellen Welt unberührten Indianerstamm in einem Seitenarm des Amazonas beschäftigt hat.

Daniel Everett zog aus, um als Missionar im Regenwald von Brasilien die Pirahã-Indianer zum Christentum zu bekehren. Am Ende war er es, der seinen Glauben verlor, dafür aber die Sprachwissenschaft auf den Kopf stellte.

Die Leichtigkeit und das Glücklichsein des Stammes gegenüber dem Leben mit all seinen Facetten ließen Everett von seinem Glauben abfallen. Für ihn gelten seitdem völlig andere Wertvorstellungen. Everett hat mit seinen Studien über die Sprache der Pirahã-Indianer für große Irritationen innerhalb der Sprachwissenschaft gesorgt. So sprechen die Indianer ausschließlich in Hauptsätzen. Zahlen und Farben fehlen ganz. Vieles bleibt zudem der Interpretation des Gegenübers überlassen.[2]

Diese Erweiterung unserer Aura ist die wichtigste Grundlage für die Entwicklung der Kultur, in der wir heute leben. Wir können unsere Gedankenwelt weit über unsere materiellen Bedürfnisse hinaus ausdehnen. Wir können Metagedanken haben, die eine philosophische, wissenschaftliche oder theosophische Welt entstehen lassen. Leider haben wir bei dem Prozess der gedanklichen Weiterentwicklung den Gefühlen den Raum genommen. Sie haben in der heutigen Welt des 21. Jahrhunderts kaum Platz; im Gegenteil, wir rühmen uns, eine intellektuelle Gesellschaft zu sein, in der Gefühle überflüssig sind.

Wir haben nach und nach verlernt, Gefühle zur sinnvollen Lebensorientierung zu nutzen. Wir denken heute viel über unsere Gefühle nach, haben aber dabei das Vertrauen verloren, uns »gedanken-los« auf sie zu verlassen.

---

2 Everett, Daniel; Vogel, Sebastian: Das glücklichste Volk: Sieben Jahre bei den Pirahã-Indianern am Amazonas (geb. Ausgabe), Februar 2010

Unsere Gedanken verbinden die alten Blockaden aus unserer Biografie mit aktuellen Gefühlen. Auf diese Weise werden wir unserem eigentlichen Menschsein nicht mehr gerecht, denn Gedanken entstammen der Welt der Logik, während Gefühle keiner Logik folgen, sondern Ausdruck aktueller Bedürfnisse und Zustände sind. So kann z. B. ein Ort dem Gefühl nach eine sehr unangenehme Umgebung sein, aber Gedanken und Logik widersprechen der Intuition und bringen uns dazu, an dem Ort zu verharren.

Wir sind immer sehr überrascht, dass Tiere anscheinend ein Erdbeben oder einen Tsunami im Voraus erspüren können. Inzwischen wurde festgestellt, dass wir Menschen vor einem Erdbeben mit einer Veränderung des Herzschlags reagieren. Wir aber nehmen es nicht wahr oder, wenn doch, gehen womöglich zum Arzt, um Tabletten gegen die Herzbeschwerden zu bekommen.

Fazit: Die Gefühle existieren, aber wir hören nicht auf sie oder wissen nicht mehr, was sie bedeuten! Könnten wir das gesamte Leben an unseren Gefühlen ausrichten und so intensiver, bewusster und sinnvoller mit uns und unserem Körper umgehen, könnten wir nicht nur Tsunamis fühlen.

Einige einfache Alltagsbeispiele, die die Ursachen der späteren Verwirrung deutlich machen:

• Als Kind fühlst du dich bei der Tante nicht wohl, aber du musst bleiben, weil man es von dir erwartet.

• Du möchtest turnen, darfst es aber nicht, weil der Vater Angst hat und denkt, du kannst es nicht.

• Der Körper weiß ganz genau, was richtig für dich ist, aber du hast Glaubenssätze, die deine spontane Gefühlsregung durch Gedanken korrigieren.

- Du fühlst dich zu einem Menschen hingezogen und denkst über ihn nach, bist dann aber verunsichert, was du wirklich für ihn fühlst.
- Im Büro geht es dir schlecht, und deine Energie sinkt rapide, wenn du dort bist, aber du denkst über deine Situation nach und bleibst wegen des Geldes und lässt es zu, dass du gemobbt wirst, was dir großen seelischen Schmerz zufügt.
- Du fühlst in der Begegnung mit einem Erwachsenen Wut oder Trotz. Du könntest ihn anschreien oder weglaufen, aber das tut man nicht; so hat man es uns seit vielen Generationen beigebracht. Diese Wut, die Energie, das Gefühl und die daraus entstandene Blockade bleiben dir lebenslänglich erhalten. Immer wenn du einem ähnlichen Menschen begegnest, kommt das gleiche Gefühl in dir hoch – du gehst in Resonanz.

In der Aura gibt es viele Arten von Blockaden. Die wichtigsten werden im Folgenden beschrieben und jeweils durch Beispiele aus Beratungen deutlich gemacht:

Die Basis- oder Grundgefühle

Die Tragweite unseres Gefühlslebens haben wir erkannt. Nun wollen wir genauer betrachten, wie wir den umfassenden Ausdruck unserer Gefühle im alltäglichen Leben zunächst verstehen und im zweiten Schritt wieder sinnvoll nutzen können. Der Hintergrund aller Gefühle ist zunächst die Tatsache, dass wir in den Gefühlen den Berührungspunkt von Geist und Materie wahrnehmen können.

Erklärung und Sinn der Basis- oder Grundgefühle

Hunger, Durst, Angst und Müdigkeit sind Basisgefühle, die unseren Ablauf im Alltag bestimmen. Wir spüren diese Gefühle zeitlebens und nehmen sie als selbstverständlich hin. Sie existieren beim kultivierten Menschen auf einer unbewussten Ebene und steuern zunächst die gesamten körperlichen Lebensabläufe zur Gesunderhaltung und zum Schutz des Körpers.

Die Gefühle Vertrauen, Freude und Liebe, das Empfinden von Ruhe, Nähe, Zuneigung, Einheit oder Wohlbehagen bedeuten Energiefluss und gehören ebenfalls zu den Basisgefühlen und in die Ebene des Unbewussten. Sie zeugen von ungehindert fließender Energie, die wir als entspannend und angenehm fühlen.

Die lebensnotwendigen Basisgefühle finden im Unbewussten statt. Ich spreche an dieser Stelle nicht von »*Unter*-bewusstsein«, sondern von »*Un*-bewusstsein« und meine damit: unbewusst sein im Sinne von »alles läuft wie von selbst«. Diese Gefühle des Unbewusstseins sind bedeutend für den reibungslosen Ablauf des Lebens und haben damit die wichtige Qualität, uns ein Grundvertrauen in unsere Existenz zu vermitteln. Aus dem Unbewusstsein heraus steuert das Energiefeld den Körper und die Handlungen. Basisgefühle sind nicht an unsere Gedanken gekoppelt!

In diesem Unbewusstsein laufen die Verhaltens- und Handlungsweisen ab, in die wir Menschen nicht mit unserem Ego bewusst eingreifen können und sollen. Unbewusstsein ist der grundlegende Idealzustand, in dem die Lebensvorgänge im ungebremsten Fluss ablaufen. In den Bereich des Unbewusstseins gehören u. a. das Atmen und die motorischen Körperfunktionen. Ebenso die Wahrnehmungen der Aura, die Abspeicherungen von Blockaden und Strukturen und die Interaktionen mit den Energiefeldern der Mitmenschen. Eine dauerhafte Störung der unbewussten Abläufe kann lebensbedrohlich sein.

Die Basisgefühle dienen dazu, den Körper immer genau so zu versorgen, dass es ihm gut geht, dass er stabil, kraftvoll und gesund ist. Würden die gesamten Basisgefühle ins Bewusstsein dringen, wäre das für unsere Existenz fatal. Müssten wir z. B. permanent willentlich die Funktionen des Darms steuern oder den Herzschlag, könnten wir nichts anderes mehr tun; so wären wir innerhalb kurzer Zeit nicht mehr lebensfähig.

Basisgefühle gehören zur Grundausstattung aller Lebewesen!
Bewusstsein für diese unbewussten Ebenen unseres Lebens entsteht erst dann, wenn es einen Widerstand oder eine Blockade auf dieser Ebene der frei fließenden unbewussten Abläufe gibt. Das ist z. B. der Fall, wenn wir krank werden, einen Unfall haben oder unsere Aura so schwach wird, dass es deutlich spürbaren Energiedruck von anderen Energiefeldern der Umgebung gibt. Diese sind Gelegenheiten, zu lernen und sich in seiner Persönlichkeit zu entwickeln.

Krank zu werden bedeutet in jedem Fall, dass die Aufmerksamkeit auf einen gestörten, normalerweise unbewussten körperlichen Ablauf gelenkt wird.

Die Verdauung funktioniert prima, aber dann fühle ich auf einmal eine Darmkolik, die meine gesamte Aufmerksamkeit fordert. Ich mache mir Gedanken verschiedenster Art: Was ist da los, habe ich etwas Falsches gegessen? Habe ich eine schlimmere Erkrankung? Was muss ich tun? Ich kann nicht so weitermachen wie bisher, der Schmerz zieht mich aus dem Verkehr, und ich muss mich neu orientieren.

Ich jogge die übliche Strecke und auf einmal stürze ich und breche mir ein Bein. Der Unfall reißt mich aus meinem normalen Ablauf heraus. Ich muss ins Krankenhaus, muss alle Termine absagen, kann nicht mehr Auto fahren und bin zur Zwangsruhe verurteilt. Das, was sonst unbewusst und leicht abläuft, wird unterbrochen, die Schwerpunkte im Leben werden abrupt verlagert. Mein ganzes Leben ist aus der Bahn geworfen, und ich habe viel Zeit, mir Gedanken zu machen.

Im Büro komme ich fast nicht mehr zu meiner normalen Tätigkeit. Die Kolleginnen mobben mich bei jeder Gelegenheit. Sie schwärzen mich beim Chef an, sie geben mir nur die schwierigsten Fälle und erteilen mir falsche Auskünfte, sodass ich Fehler über Fehler mache. Ich muss mir diese Situation genau anschauen und etwas verändern, sonst zerbreche ich vollends. Mein Energiefeld ist so schwach, dass andere Menschen keinen Respekt vor mir haben. Ich werde aufmerksam auf meine lange weggepackten Gefühle und sollte mich zur Neuorientierung damit beschäftigen.

Hunger

Der Körper weiß und zeigt uns immer ganz genau, was zu tun gerade richtig wäre, damit er kraftvoll und leistungsstark bleibt. Genau dazu dienen Basisgefühle.

Müdigkeit verrät uns, dass der Körper seine Ressourcen aufgebraucht hat und Erholung durch Schlaf benötigt. Die Sinne brauchen eine Auszeit und wollen nicht weiter gefordert werden.

Hunger ist ein körperlicher Ausdruck des Fehlens dringend benötigter Substanzen. Der Körper braucht ein gesundes Gleichgewicht von Baustoffen, um für die Aufgaben, die ihm gestellt werden, fit zu sein. Das Fehlen eines wichtigen Stoffes im Körper wird durch Hunger und Lust auf ein bestimmtes Nahrungsmittel angezeigt. Wird der Hunger gestillt, ist das Gefühl verschwunden, und der Körper ist wieder für einige Zeit leistungsfähig. Beim Essen nimmt der Körper fremde Stoffe in seine Schwingungen auf. Alles, was der Körper nicht benötigt, wird ausgeschieden. Der Rest wird integriert.

Der Körper wird durch die Stoffe um- oder aufgebaut, die man zu sich nimmt.

Lernen Kinder, auf ihr sicheres Körpergefühl zu hören und ihm zu vertrauen, haben sie keine Schwierigkeiten bei der Auswahl ihrer Nahrungsmittel, selbst wenn ihre individuelle Speisenwahl und -zusammenstellung ihre Mitmenschen manchmal seltsam anmutet. Sie nehmen stets nur die Nahrung zu sich, die die leeren Depots auffüllt. Sind Kinder so erzogen, dass sie nicht mehr auf ihre Bedürfnisse hören, ist dieser von selbst funktionierende Mechanismus außer Kraft gesetzt. Sie essen dann nur nach Lust, ohne Orientierung am körperlichen Bedarf.

Angst

Auch Angst ist ein Basisgefühl. Sie löst als Reaktion auf drohende Gefahren Flucht-, Kampf- und Schutzreaktionen aus. In diesem Sinn gehört die Angst zur biologisch sinnvollen Grundausstattung des Körpers. Als Menschen haben wir die Fähigkeit erlangt, über uns und unsere Bedürfnisse nachzudenken. Grundsätzlich gehört auch diese Fähigkeit zu den höher entwickelten Lebewesen. Aber wir Menschen können abstrakt denken, was uns von der Tierwelt unterscheidet. Abstrakte Gedankengänge stellen Verbindungen her, die sich von der eigentlichen Basis gelöst und verselbstständigt haben.

Wenn ich beispielsweise Angst vor einem Gewitter fühle, nachdenke, wie ich mich schützen kann, die entsprechende Schutzhandlung ausführe, dann ist dies ein harmonischer und sinnvoller Ablauf von Fühlen, Denken und Handeln. Wenn ich aber meine Gedanken mit Blockaden, Ohnmachten oder Glaubenssätzen füttere, wird der sinnvolle Ablauf gestört. So kommt es nicht einfach zu einer Befriedigung des körperlichen Bedürfnisses nach Schutz, sondern es kann ein regelrechtes Drama entstehen. Ich fühle Angst vor Gewitter, denke darüber nach, was mein Schutzbedürfnis befriedigt. Ich denke, was alles bei einem Gewitter passieren könnte. Es gibt eine Geschichte von Tante Else, die hat sogar einmal der Blitz getroffen, als sie zur Kirche gehen wollte. Alle hatten von einem Wunder gesprochen, dass sie das überlebt hat. Ich habe gehört, dass der Blitz das ganze Haus zerstören kann und die Elektrik defekt macht, wenn er einschlagen sollte. Ich zähle aufgeregt die Sekunden von Blitz ... 21, 22, 23 ... bis Donner und male mir die schlimmsten Szenarien aus – Drama! Das Gewitter zieht vorüber, und ich brauche lange Zeit, um die Angst aus meinen Gliedern zu schütteln.

Das sind komplexe Gedankenstrukturen, die uns die Welt erschlossen haben, um in einer kulturell entwickelten Gesellschaft zu leben. Aber sie sind auch das Ende eines leichten Lebens. Sie sind geradezu zu einem zivilisatorischen Problem geworden.

Die bewusst gewordene Angst setzt Gedankenszenarien in Gang, die sich in alle Richtungen ausbreiten und alle möglichen Abläufe durchspielen. Angst setzt das fließende Unbewusste weitgehend außer Kraft und nimmt uns das Grundvertrauen. Sie ist bestrebt, möglichst alle Lebensvorgänge ins Bewusstsein zu holen, zu steuern und zu kontrollieren. Dies führt zu kompletter Überforderung und dadurch zu Rückzug und Aufgabe der Aktivität.

Das Feld des Unbewussten ist ein stabiles Lebensfundament: Es bietet Sicherheit und beherbergt alle Gewohnheiten und vertrauten Lebensabläufe. Bei der heilenergetischen Bewusstseinsarbeit werden die Handlungen des Unbewussten an die Oberfläche des Bewusstseins geholt und beleuchtet, um die im Energiefeld vorhandenen Blockaden verstehen zu können. Nach dem Bewusstseinsprozess sinken die Lebensabläufe wieder ab ins Unbewusste. Man kann diesen Vorgang mit einem Update im Computer vergleichen. Ist das Update erfolgt, laufen die Programme wieder im Hintergrund. Solange sie reibungslos laufen, braucht man nicht an ihre Einzelbestandteile zu denken. Erst eine Fehlermeldung bringt das Programm wieder in die Bewusstseinssphäre. Jetzt gilt es, sich mit der Fehlfunktion bewusst zu beschäftigen, um sie zu reparieren. Danach läuft das Programm wieder in der Sphäre des Unbewussten.

Die Primärgefühle

Die Primärgefühle »Lust«, »Schmerz« und »Wut« sind Bindeglieder zwischen dem Unbewusstsein und dem Bewusstsein. Die Primärgefühle lösen Gedanken und Reaktionen auf die laufenden Basisgefühle aus. Z. B. Hunger als Basisgefühl löst das Primärgefühl »Lust auf Essen« aus. Eine Störung im körperlichen Ablauf löst das Primärgefühl »Schmerz an der bestimmten Stelle« aus. Jeder Mensch hat eine individuelle Bandbreite von Primärgefühlen. Der eine reagiert schneller, der andere fühlt den Handlungsbedarf wesentlich später, je nach der persönlichen Disposition.

Lust

Lust ist der Hauptauslöser einer Handlung. Ohne die Lust zu haben, etwas zu tun oder etwas haben zu wollen, setzen wir uns nicht in Bewegung. Lust ist ein Handlungsauslöser, auch für die großen Veränderungen im Leben. Wir Menschen leben ausschließlich nutzenorientiert. Das bedeutet: Wenn der Nutzen aus einer Veränderung größer ist als der Schaden des momentanen Zustands, entsteht Lust auf Veränderung.

Lust kann gefördert, aber auch aberzogen werden. Wenn die Eltern aus Angst dem Kind verbieten zu klettern, zu toben oder zu forschen, wird seine Lust darauf nach und nach schwächer. Wenn durch Beschränkungen, Verbote und starre Richtlinien dem Menschen die Lust genommen wird, etwas Neues auszuprobieren, erlahmt seine Aktivität. Werden hingegen der Forschergeist und das Vertrauen in die eigenen Fähigkeiten gestärkt, lernen wir, die eigene Kraft einzuschätzen, und wissen genau, was wir uns zutrauen können. Es kann ein gesundes Selbstvertrauen in die eigenen Fähigkeiten wachsen, und wir entwickeln uns zu kritischen Menschen.

Schmerz

Schmerzen aller Art sind Primärgefühle. Schmerzen geben dem Körper genaue Anweisung, was zu tun oder zu lassen ist. Sie weisen deutlich auf einen energetischen Missstand hin und verhindern die Ausführung bestimmter Bewegungen und Tätigkeiten. Sie heben Aspekte aus dem Unbewusstsein in das Bewusstsein, damit wir daran reifen können. Schmerzen verhindern schwerere Verletzungen und Überanstrengung auf der physischen Ebene. Sie weisen auf Unstimmigkeiten zwischen Denken und Handeln hin.

Du wolltest unbedingt einen Dauerlauf über zehn Kilometer machen? Schmerzen weisen dich darauf hin, dass deinem Körper diese Anstrengung momentan nicht passt.

Wäre unser Schmerzempfinden als lebensnotwendige Eigenschaft außer Kraft gesetzt, wären wir in unserer Existenz bedroht. Wir hätten nicht die Möglichkeit, aus einem plötzlich auftauchenden Schmerz Erkenntnisse zu ziehen und zu lernen, und begäben uns unter Umständen in tödliche Gefahr.

Wir Menschen haben in den letzten Jahrzehnten unser Hauptaugenmerk darauf gerichtet, den Schmerz nicht mehr fühlen zu müssen. Gleichgültig, welchen Lebensbereich es betrifft, sind wir bemüht, den Schmerz zu beseitigen. Das erinnert ein wenig an die mittelalterliche Art des Umgangs mit einem Boten, der eine schlechte Nachricht zu verkünden hatte: Er wurde geköpft – in der Hoffnung, damit die Botschaft ebenfalls aus der Welt zu schaffen.

Wenn wir dasselbe heute mit den Informationen unseres Körpers tun, sind wir uns anscheinend der Sinnlosigkeit nicht bewusst. Der Schmerz hat seine Orientierungs- und Hinweisfunktion verloren. Wir erleben ihn als störenden Faktor. Wir »köpfen« ihn und nehmen schmerzstillende Medikamente. Auf diese Art blind und taub für Gefahren, überschreiten wir die Grenzen dessen, was dem Körper guttut. Es kommt zu Überanstrengung und Überforderung, vor der der Schmerz eigentlich nur warnen wollte.

Wut

Wut ist ein Primärgefühl, das, ähnlich dem Schmerz, die Brücke von der Unbewusstheit zur Bewusstheit herstellt. Wut fordert zum Schutz und zum Kampf auf. Wut setzt Grenzen. Wut dient der Durchsetzung und dem Erkennen der eigenen Kraft. Wut dient der emotionalen Weiterentwicklung.

Durch das Erleben und Umsetzen der Wut in körperliche Aktion und in der Reaktion auf unser Gegenüber suchen wir die Möglichkeit, Erfahrungen zu sammeln. Wut ist ein Gefühl, das zur instinktiven Grundausstattung gehört. Sie dient auch dem Schutz der eigenen Würde. Wie auf der körperlichen Ebene der Schmerz unentbehrlich ist für das Lernen und die Entwicklung, ist auf der emotionalen Ebene die Wut unentbehrlich für unsere Entwicklung und den Schutz unserer innersten Werte.

Stell dir vor, ein Freund hat dein liebstes Fahrrad zerstört und es dir beiläufig erzählt. Du fühlst eine unbändige Wut, weil er dein Eigentum nicht achtet, du stellst ihn zur Rede und willst Entschädigung. Du stehst für dich und deine Gefühle ein und bist bereit für den Kampf. Du fühlst dich nicht wertgeschätzt und lässt deiner Energie freien Lauf. Würdest du die Gefühle wegpacken, könnte sich daraus schnell eine autoaggressive Erkrankung entwickeln.

Wenn der Nutzen aus einer Veränderung
größer ist als der Schaden des momentanen Zustands,
entsteht Lust auf Veränderung.

Die Sekundärgefühle

Strukturen in der Aura sind Emotionen, und sie bilden unsere Sekundärgefühle. Sie entwickeln sich im Laufe des Lebens aus der menschlich speziellen Kombination von Basisgefühlen und Gedanken. Sekundärgefühle gibt es nur in einer zivilisierten Kulturgesellschaft. Diese Form der Gefühle gibt uns als Mensch die Möglichkeit oder sogar die Aufgabe, uns über das Bewusstsein und das Wahrnehmen dieser Strukturen in unserem Sein als Mensch weiterzuentwickeln.

Die Sekundärgefühle sind zunächst Basisgefühle, die zwar gefühlt, aber nicht sofort in eine entsprechende Handlung umgesetzt werden. Wir haben also Hunger und vertrösten unseren Magen auf später, weil es gerade nicht passt, zu essen. Wir sollten schlafen, halten uns jedoch krampfhaft wach, weil wir dem Vortrag folgen wollen.

Die Abfolge im alltäglichen Erleben ist folgendermaßen: Wir fühlen ein Bedürfnis unseres Körpers, machen uns über unsere Gefühle Gedanken, bewerten uns und lassen erst dann, je nach Sachlage, eine Handlung folgen. Oder wir verurteilen uns für nicht gewünschte Gefühle und unterlassen jede Handlung.

Sekundärgefühle sind im Unterbewusstsein platziert und sie sind immer Blockaden der Aura. Handlungen werden durch die alten unterbewussten Erfahrungen und Emotionen aus unserem Leben gesteuert. Gedanken, die wir uns über eine Situation machen, sind immer solche alten Blockaden. Wir denken also über unsere Basisgefühle und über den Handlungsanreiz der Primärgefühle nach. Eigentlich würden wir handeln, aber die alten Erfahrungen halten uns ab, weil die Gedanken, Erfahrungen und Bewertungen die Handlung als falsch einstufen. Wir be- oder verurteilen uns und steuern in die falsche Richtung. Damit wird dann nicht das Basisgefühl befriedigt, sondern es entstehen neue Blockaden.

Die Erziehung verschiebt die Primärgefühle ins Unterbewusstsein.

Einige Beispiele zum Verständnis:

* Du hast Hunger (Basisgefühl). Du verspürst Lust (Primärgefühl), eine Currywurst mit Pommes frites zu essen. Jetzt meldet sich dein Sekundärgefühl als Ohnmacht und sagt dir: »Currywurst mit Pommes frites ist zu fetthaltig und außerdem machst du gerade eine Diät.« Du vertraust nicht auf die Lust, die dir das »Richtige« zu essen vorgibt. Du traust stattdessen dem Verstand, der von alten begrenzenden Mustern geleitet wird. Du isst einen vermeintlich gesunden gemischten Salat und bekommst vielleicht Magenkrämpfe, weil dir der Fenchel darin nicht bekommen ist. Die Lust auf Pommes bleibt!

* Du hast Lust, am freien Tag einfach zu schlafen, dich zu erholen und nur herumzutrödeln. Dein Körper signalisiert »Erholung«. Deine Sekundärgefühle fahren sämtliche Geschütze von Ohnmacht, Angst und Dünkel auf, und du denkst: »Das kann ich doch nicht machen, einfach faul sein. Mach wenigstens die Wohnung sauber und treibe etwas Sport. Stell dir vor, wenn jeder so faul wäre wie du ... Das gäbe ein Tohuwabohu.« Und so putzt du mit schlechter Laune die Küche und gehst danach joggen. Beim Joggen vertrittst du dir den Fuß – jetzt hast du endlich Ruhe!

- Du willst das Studium, das du vor einigen Monaten angefangen hast, beenden, weil es sich nicht stimmig anfühlt. Deine Sekundärgefühle sind als schlechtes Gewissen zur Stelle und bringen dir sämtliche gesellschaftlich relevanten Argumente: Was denken die Eltern, du bekommst doch BAföG, es ist doch nur noch ein Jahr, die Kommilitonen denken bestimmt, du bist zu doof, wie sieht das nachher im Lebenslauf aus, Versager. Natürlich machst du dein Studium fertig, allerdings nimmst du vielleicht lebenslange Rückenschmerzen dafür in Kauf!

Die Basisgefühle liegen im Unbewusstsein und signalisieren dir ein Gefühl des Körpers. Aber du hast bereits von Kind an gelernt, diesen Gefühlen nicht zu trauen. Das bedeutet, du hast gelernt, mehr auf Beurteilungen anderer Menschen zu hören als auf deine eigenen Bedürfnisse und Wahrnehmungen. Du traust dich nicht, dich deinen Gefühlen entsprechend zu verhalten. Deine Lebenserfahrung sagt dir, dass du die gewünschte Anerkennung dann bekommst, wenn du dich gegen dein eigentliches Gefühl verhältst.

Die Verbindung vom Basisgefühl zum Primärgefühl Lust ist vorhanden. Aber aufgrund von negativen Erfahrungen oder erlernten Verhaltensweisen aus der Erziehung verzichtest du auf die Handlung. Es wurde dir früh beigebracht, dich der Gesellschaft anzupassen. Die Erziehung verschiebt die Basis- und Primärgefühle des Kindes als Sekundärgefühl ins Unterbewusstsein.

Sinnvolle Folge von Gefühl zu Handlung:

Basisgefühl	Ich habe Hunger.
↓	
Primärgefühl	Ich habe Lust, etwas zu kochen.
↓	
Handlung	Ich gehe in die Küche und koche.
↓	
Energiefluss	Ich bin mit mir im Einklang und freue mich auf das Essen.

Gestörter Handlungsablauf
Basis-, Primär-, Sekundärgefühle:

Basisgefühl	Ich habe Hunger.
↓	
Primärgefühl	Ich habe Lust, etwas zu kochen.
↓	
Gedanken statt Handlung	Ich muss an mein Gewicht denken. Ich koche nicht, sondern sehe fern.
↓	
Sekundärgefühle	Ich fühle Ohnmacht und bin auf meine Mutter wütend, die mir immer wieder gesagt hat: »Du bist zu dick, kein Mann wird dich je heiraten!«

Zu den Sekundärgefühlen, die die Ebene des Unterbewusstseins bilden, gehören: Glaubenssätze, Pflicht, Sorge, Schuld, Ohnmacht, Angst, Lüge, Trotz, Neid, Eifersucht, bestimmte Formen von Aggression, Dünkel, Selbstmitleid, Enttäuschung, Moral und Scham.

Die Sekundärgefühle bestimmen unser Leben in der Zivilisation. Sie entstehen durch Erziehung zur Anpassung. Sie liegen als Strukturen in der Aura vor, auf der Grundlage eines Mangels am Herzen. Wir schaffen uns auf diese Weise eine Welt, in der wir uns durch schmerzvolle und immer wieder verletzende Erfahrungen am Ende weiterentwickeln können.

Die Quintessenz unserer Gefühlswelt

Wir haben den Zugang zu unseren Gefühlen für unser Leben in vielen Bereichen verloren.

Wir fühlen uns bei der Umweltverschmutzung nicht wohl. Niemand würde von Natur aus sein eigenes Lebensumfeld verunreinigen, aber wir haben ein passendes Modell im Kopf, das mit Statistiken unterlegt, jedes unserer sicheren Gefühle ausschaltet.

Wir spüren, in der aktuellen Finanzkrise, dass etwas nicht in Ordnung ist. Aber unser Verstand bringt uns eine Erklärung, mit der wir unsere Gefühle beiseiteschieben. Wir trauen den falschen Menschen, weil wir nie einen eigenen Maßstab entwickeln durften. So wie wir damals der ungeliebten Tante das »brave Händchen« geben mussten, auch wenn es sich schlecht anfühlte, vertrauen wir heute angeblichen Fachleuten, auch wenn es sich schlecht anfühlt.

Wir spüren, dass uns die aktuelle medizinische Versorgung

nicht guttut und schon gar bei Weitem nicht heilt. Aber wir vertrauen auch hier den falschen Ratgebern und verraten uns selbst dabei. Wir wissen, dass das »künstliche« Essen nicht gut für unseren Körper ist. Wir setzen uns über unsere Gefühle hinweg und nehmen die Zerstörung unseres Körpers in Kauf.

Diese Aufzählung wäre endlos fortzusetzen und betrifft tatsächlich jeden einzelnen Bereich unseres Lebens.

Wir sehen deutlich, dass wir durch die Möglichkeit, Gedanken zu entwickeln, riesengroße Fortschritte in der Wissenschaft und Technik erzielen konnten. Leider sind diese Fortschritte auf Kosten einer gesunden und würdevollen menschlichen Entwicklung realisiert worden.

Durch Bewusstsein die Welt ein Stück heller machen
Wir haben vergessen, dass wir auch geistige Wesen sind, und leben nur nach den Vorgaben der Anpassung an unsere Kultur. Im Mittelpunkt stehen nicht der eigene Körper und seine Gesunderhaltung, sondern es ist vielmehr erstrebenswert geworden, die Gefühle immer weiter zu verzerren, um den von außen vorgegebenen Maßstäben zu entsprechen. Wir werden zur Anpassung erzogen, und die Gesellschaft gibt sich große Mühe, den Einzelnen an die gängigen Moral- und Verhaltenskodexe anzupassen. Gleichzeitig sollen möglichst selbstbewusste, starke Persönlichkeiten entstehen. Ohne das Zusammenspiel von Körper, Geist, Gefühlen und Emotionen können wir Menschen jedoch nur leere Rollen spielen.

Ein sinnvolles Ziel ist, eine Gefühlskultur neu zu entwickeln, die es zulässt, die eigenen Gefühle und Emotionen zu erkennen und sie als maßgeblichen Wegweiser im Leben zu nutzen. Den richtigen Umgang mit Gefühlen zu lernen und deren Bedeutung zu begreifen sollte an allen Schulen der zivilisierten Kulturen gelehrt werden. Wichtig dabei ist es, den Mangel am eigenen Herzen zu erkennen und einen Zugang zu den eigenen Wurzeln in der geistigen Welt zu fühlen. Gefühle sind hier das Tor zur Entwicklung zu mehr Bewusstsein. Durch die Bearbeitung unserer Gefühle können wir unser Leben nach und nach verstehen lernen. Ein Mensch, der sich selbst und die Schöpfung aus seinem Inneren fühlen und verstehen lernt, würde niemals etwas tun, was diese Schöpfung verletzt oder sogar zerstört. Er würde niemals einem anderen Wesen Schmerz oder Not zufügen, weil er weiß, dass er sich am Ende selbst verletzt.

Jeder kann sein eigenes Feld klären und reifen. Jeder kann seine eigenen Gefühle annehmen und Verletzungen bearbeiten. Jeder kann durch Bewusstsein die alten Strukturen von Schuld und Mangel lösen und so in seinem Umfeld die Welt durch die eigene Bewusstseinsarbeit ein Stückchen froher, schöner und heller machen.

4 Strukturen und Blockaden der Aura

Ohnmacht

Alle folgenden Beschreibungen beziehen sich auf das menschliche Energiefeld, die Aura. In der Aura werden durch zwischenmenschliche Begegnungen Blockaden gespeichert, die uns als Erfahrungsschatz dienen. Sie speichern gleichzeitig mit der Energie auch immer die entsprechende Lebenssituation. Ein hellsichtiger Mensch kann sich diese gespeicherten Situationen in der Aura anschauen. Im Alltag sind die Blockaden unsere Erinnerungen und Erfahrungen, die es möglich machen, dass wir alte Emotionen fühlen können. Jede Begegnung mit einem Menschen regt eine solche alte Emotion an und lässt uns entsprechend der alten Muster reagieren. Wir fühlen also auch bei einer Begegnung mit der arroganten Kollegin ein Gefühl, das wir bereits aus unserer Beziehung zur eifersüchtigen Mutter oder zur Schwester kennen. Der ungeduldige Handyverkäufer erinnert uns an Gefühle, die wir mit dem Vater hatten. Demnach fühlen wir nie »neu«, sondern wir regen immer wieder alte Emotionen aufs Neue an.

Am prägnantesten ist die Struktur der Ohnmacht. Die Ohnmacht ist wie eine große Blase, die bei einer entsprechenden Macht-/Ohnmachtssituation die gesamte Aura als Schutz einhüllt. Genau dieser eine Augenblick wird konserviert.

Die ersten Strukturen, die wir in unserem Leben anlegen, sind Ohnmachten. Bereits die Tatsache, bei den eigenen Eltern unerwünscht zu sein, führt zu einer ersten Ohnmacht. Der Abtreibungswunsch der Mutter, der Konflikt der Eltern mit den Großeltern, die Ohnmacht der Mutter vor der Geburt, all das können Strukturen sein, die wir in unsere Aura von Beginn an übernehmen. Die Themen brauchen nicht einmal ausgesprochen zu werden. Allein die Gefühle der Umgebung reichen aus für die frühe Prägung der eigenen Gefühlswelt.

Ist unser Energiefeld einem anderen Energiefeld gegenüber schwächer, bildet sich zum Schutz eine energetische Kapsel rund um unsere Aura. Sie sieht zunächst aus wie eine Seifenblase. Innerhalb dieser Kapsel ist man in diesem Augenblick energetisch von der Welt abgeschlossen. Man hört nur noch sehr dumpf, der Blick wird starr und neblig, und die Welt wird nur noch ganz entfernt wahrgenommen. Man hat in diesem Zustand das Gefühl von Schwäche, des Alleinseins, des Ausgeliefertseins, fremdbestimmt zu sein, ausgenutzt zu werden, nicht beachtet und nicht geliebt zu werden. Der Körper fühlt sich flau und spannungslos an, müde und erschöpft, antriebslos und nicht belastbar, man fühlt seine jeweilige persönliche Schwachstelle stärker als sonst.

Die zunächst das ganze Aurafeld umgebende Ohnmacht schrumpft zusammen auf eine kugelige Struktur im Energiefeld. Sie bleibt dort, mitsamt der bei der unangenehmen Situation gefühlten Energie, unter Umständen lebenslang gespeichert. Durch gleichartige Erlebnisse geht diese Kugel in sogenannte

Resonanz mit einem anderen Energiefeld, und die Erinnerung als Gefühl erwacht.

Macht und Ohnmacht sind alltägliche zwischenmenschliche Erfahrungen und finden ständig in feinsten, subtilsten Ausprägungen statt. Im markantesten Fall genießt der Mächtige die Kraft, um sich anderen Menschen gegenüber zu behaupten. Normalerweise sind die Abläufe alltäglicher. Das Verbot des Rollerfahrens als Kind, Aussagen der Eltern wie: Du bist noch zu klein, zu dünn, zu dick, zu dumm, zu frech, zu ungeduldig etc. reichen bereits aus, damit ein Kind sich ohnmächtig fühlt. Ganz zu schweigen von unseren gängigen Erziehungsmethoden im Allgemeinen.

Der Ohnmächtige fühlt sich abgeschnitten von seiner Lebensenergie und nimmt nur einen reduzierten Ausschnitt des Lebens wahr. Er gibt im Augenblick der Ohnmacht seine Eigenverantwortung ab und gibt der Umgebung und den anderen die Schuld an seinem schlechten Zustand. Er traut sich selbst nichts zu und vertraut immer weniger seinen eigenen Gefühlen.

Die energetische Ohnmacht ist ein Zustand, in dem man fühlt, dass das eigene Energiepotenzial geschwächt ist. Auslöser ist eine Begegnung, in der man nicht ernst genommen, infrage gestellt, lächerlich gemacht, bloßgestellt worden ist.

Im Alltag begegnen einem viele Ohnmachtssituationen. Sei es der Busfahrer am Morgen, der wegen der nicht lesbaren Fahrkarte schimpft, die Kollegin, die genervt ist, weil man eine Tasse Kaffee verschüttet, der Parkscheinautomat, dessen Bedienung man nicht beherrscht, das Auto, das in die Werkstatt muss, oder der Vater, der keine Geduld hat, entspannt bei den Hausaufgaben zu helfen. Die Gelegenheiten, sich ohnmächtig zu fühlen, sind zahllos. Wir sind es aus unserer Erziehung gewohnt, uns energetisch schwach zu fühlen, und haben es uns in diesem Zustand bequem gemacht. Klassisch wird dies die »Komfortzone« genannt.

Fallbeispiel:
Karin war zwölf Jahre alt und besuchte die siebte Klasse des Gymnasiums. Sie lernte viel und hatte trotzdem einige Schulfächer, die ihr nicht sonderlich lagen. Mathematik gehörte dazu. Zu Hause machten ihr die Formeln und die umständlichen Rechenaufgaben keine Mühe, aber wenn ihr Lehrer sie an die Tafel holte, wurden ihre Knie weich, ihr Magen drehte sich, und sie hatte ein lautes Rauschen in den Ohren. An der Tafel wusste sie nichts mehr. Natürlich zum Spaß und zur Häme der Mitschüler, die alle froh waren, nicht selbst dort vorne zu stehen. Der Lehrer betonte ihre Unfähigkeit und schien ihre Ohnmacht geradezu zu genießen. Er gab ihr noch eine Aufgabe und spöttelte, ob sie denn wohl ihr Gehirn irgendwo vergessen habe, sie sei doch gar nicht blond! Sie war eigentlich wütend, weil sie die Aufgaben zu Hause noch gekonnt hatte. Aber sie steckte ihre Wut weg.

Jedes Mal wenn es im späteren Leben um das Rechnen ging, fuhr Karin diese Ohnmacht in die Knochen. Selbst als ihre eigenen Kinder ihre Unterstützung bei den Hausaufgaben brauchten, konnte sie ihre innere Ohnmacht nicht überwinden und wurde stattdessen sehr ungehalten und wütend.

Aus diesem Grund kam sie zu mir. Wir lösten die energetischen Ohnmachten auf, und ihr fielen alle alten Geschichten aus der Schule ein, aber auch noch andere Ohnmachten, die sie in ihrer Ehe und Ausbildung mit Männern erlebt hatte. Jedes Mal fiel nach einer gelösten Ohnmacht eine riesige Last von ihren Schultern.

Sie berichtete später, dass sie mühelos ihren Kindern bei den Hausaufgaben helfen und ihre Wut, die sie vorher verspürt hatte, nur noch belächeln konnte.

Karins Ohnmacht, die sie wieder zu den alten Gefühlen von Ohnmacht und Wut aus ihrer eigenen Kindheit brachte, wurde durch ihre Kinder angeregt. Wie in diesem Beispiel beinhalten die Strukturen, die sich im Laufe des Lebens ansammeln, immer das entsprechende Ereignis, das einen belastet hat, und die gesamte damals gestaute Energie.

Der Körper ist für uns Menschen nur der materielle Ausdruck unseres Energiefelds. Alles, was in der Aura energetisch schwingt und dort als Emotion aus der Biografie gespeichert ist, wird zur Ursache eines materiellen Problems. Hierdurch bekommen wir die Möglichkeit, uns zu entwickeln, denn über den Schmerz unseres Körpers oder ein Problem im Leben können wir uns auf die Spurensuche nach dem energetischen Hintergrund begeben und ihn lösen. Die Lösung ist sehr befreiend, und die gebundene Energie wird wieder frei und steht der Aura als Energiepotenzial zur Verfügung.

Das Energiefeld nimmt durch die Bewusstwerdung an Energie zu und kann sich entwickeln; es wird wieder belebt und bewusster, und man kommt in Fluss. Dadurch, dass wir uns mit dem Thema der Strukturen beschäftigen und unser Feld an Kraft gewinnt, reifen wir in unserer Persönlichkeit. Wir bearbeiten mit jedem Bewusstwerden den Mangel, den wir an unserem Herzen veranlagt haben und gehen jedes Mal einen Schritt in Richtung Heilung, im Sinne von Erinnerung an das Ganzsein, um endlich »heilig« zu werden.

(Übung zum Lösen von Ohnmachten Seite 259)

Kollektive Ohnmacht – oder was das alles mit der Occupy-Bewegung zu tun hat

Die Ohnmacht ist ein wichtiger gesellschaftlicher Zustand. Mit abnehmender Eigenverantwortung in den persönlichen Lebensbereichen steigt die kollektive Ohnmachtshaltung. Ein ohnmächtiger Mensch ist angepasster und besser zu regieren als ein selbstbewusster Mensch, der seine eigene Kraft lebt. Damit ist die Ohnmacht von weitgreifendem Ausmaß.

Stell dir die heutige gesellschaftliche Situation mit allen Krisen und Bedrohungen vor. Schau dir eine Nachrichtensendung an, höre einem Politiker zu, wenn er über die Finanzkrise spricht, oder verfolge eine Diskussionsrunde zur Altersvorsorge im Fernsehen.

Wir können uns beständig in Ohnmacht befinden, da wir überfordert sind, alle Bereiche des Lebens zu überblicken. Das ist ein überaus bequemer Zustand. Fast unser gesamtes Leben wird für uns von sogenannten Vertrauenspersonen erledigt, entschieden und gemanagt, denen wir die Macht über uns gegeben haben, ohne uns ihrer Kompetenz sicher zu sein.

Wenn wir selbst uns nicht entscheiden, wird über uns entschieden, aber nicht so, wie es für uns und in unserem Sinne gesund oder richtig wäre. Es ist eine kollektive Ohnmacht, die es der Regierung leichtmacht, zu agieren.

Die gesellschaftlichen Ohnmachten betreffen größere Menschengruppen. Unsere Finanzkrise ist zum Beispiel eine solche kollektive Ohnmacht. Niemand weiß wirklich, was mit unserem Geldmarkt geschehen ist. Selbst Fachleute können keine Transparenz in die Situation bringen. Einige wenige Machthaber, Makler und Börsenhaie bestimmen über unermesslich hohe Summen von Geld, die keinerlei Deckung in der Realität haben. Tatsächlich spricht man ja auch von Blasen, die da entstanden sind und vor deren Platzen man große Angst hat.

Da sich die energetische Situation der Menschheit gerade verändert und das Bewusstsein der Menschen zunimmt, sind die Ohnmachten kurz davor, sich aufzulösen. Viele Länder haben bereits einen Befreiungsschlag aus ihren kollektiven Ohnmachten vollzogen, in Europa und Amerika ist die Occupy-Bewegung ein deutlicher Schritt in die selbstbestimmte Richtung. Jede Ohnmacht können wir lösen, ob individuell oder kollektiv. Wir erinnern uns an die Erläuterung zum Energiebarometer. Der Ausstieg aus der Ohnmacht ist die Entscheidung. Die Entscheidung bringt Kraft und bringt die eigene Entwicklung wieder in Gang. Man kann und sollte sich der Kraft der eigenen Entscheidung bewusst werden. Hierfür ist es sinnvoll, sich mit den eigenen Gefühlen und damit den Ursachen der persönlichen Ohnmacht zu beschäftigen.

In meine Beratungen kommen Menschen mit den unterschiedlichsten Problemen und Themenstellungen. Da es sich bei der Heilenergetik um eine Lebensphilosophie handelt, die die energetischen Grundsätze des gesamten Lebens erklärt, ist sie ausnahmslos auf alle Lebensbereiche übertragbar. So wie ein Apfel immer vom Baum fällt, ganz gleich, ob es ein Boskop oder ein Granny Smith ist oder ob der Baum in Deutschland oder Afrika steht, gelten energetische Spielregeln, egal, ob es sich um ein Thema wie die Finanzkrise oder ein Problem mit dem eigenen Körper handelt. Das Leben wird durch das Verständnis einiger weniger Grundgesetze leicht und einfach überschaubar (in Kapitel 6 sind die grundlegenden Gesetze noch einmal zusammengefasst).

Trauer und Wut

Das Gefühl innerhalb der Ohnmacht kennen wir in verschiedenen Gefühlsvarianten im alltäglichen Erleben. Das Gefühl von Trauer ist ebenfalls eine solche Ohnmachtsblase. Bei dem Gefühl von Trauer ziehen wir uns emotional zurück und sind für unsere Umwelt nicht mehr erreichbar. Bei Trauer können wir den Verlust eines geliebten Menschen oder eines Tieres als schmerzhaften Zustand am Herzen fühlen. Kommt der Tod oder die Nachricht über den Tod sehr plötzlich, ist man energetisch ohnmächtig. Natürlich denken wir an das Wesen, den Menschen, der rein körperlich von uns gegangen ist, aber grundsätzlich trauern wir um uns selbst. Es ist die eigene Ohnmacht vor dem Tod, die die Trauer ausmacht.

Was wir mit Sicherheit von Beginn des Lebens an wissen: Jeder von uns wird sterben. Da wir uns jedoch abgetrennt haben von unserem höheren Bewusstsein, verursacht uns der Übergang in diese Bewusstseinsebene, die der Tod ist, eine große Ohnmacht. Wir wissen schließlich nicht, was uns nach dem Tod erwartet. Aber jedes Mal, wenn wir den Tod erleben, erleben wir unsere riesige Ohnmacht davor als bedrohliche Trauer.

Trauer entsteht ebenfalls, wenn wir als Kind mit unseren Bedürfnissen nicht ernst genommen werden.

Stell dir vor, du hast ein besonders schönes Bild für deine Mutter gemalt. Sie sieht es und legt es wortlos, mit einem abwertenden Grinsen, zum Altpapier. Du befindest dich sofort in einer Ohnmacht. Das Gefühl dazu ist Enttäuschung, aber auch Wut und Trauer. Du ziehst dich zurück und bist endlos traurig über ihre Reaktion. Sie hat dich nicht wahrgenommen, dich, in deinem innersten Kern. Das tut weh! Diese Ohnmacht als Trauer in deiner Aura kann die Grundlage sein für alle traurigen Empfindungen in deinem späteren Leben.

Man beherrscht die Menschen mit dem Kopf:
Mit einem guten Herzen spielt man nicht Schach.

Sebastién Chamfort

Ein Beispiel:
Du wirst von deiner Chefin getadelt. Die alte Struktur wird angeregt, und du fühlst das alte Gefühl von Trauer oder im besten Fall von Wut. Wut macht es dir leichter, für dich einzustehen und die Ohnmacht zu sprengen. Trauer hat etwas Resignatives, du ziehst dich zurück, schweigst in der Trauer und leidest. Die gesamte Lebensenergie des Augenblicks wird abgespalten und fehlt dir zur kraftvollen Lebensgestaltung. Es ist auch möglich, dass du die damals weggesteckte Wut fühlst und jetzt ausdrücken kannst. Du bekommst Krach mit deiner Chefin und willst dich rechtfertigen. Aber du hängst in deinem alten Gefühl fest. Die Chefin ist stärker und steht in diesem Augenblick für deine Mutter. Wahrscheinlich packst du auch dieses Mal deine Wut resigniert ein und wartest auf eine neue Gelegenheit oder den nächsten Menschen, um dieses Gefühl wieder und wieder zu erleben. Erst wenn dir die Ursache klar ist, kannst du die Struktur lösen und brauchst die Menschen in deiner Umgebung nicht mehr als Auslöser.

Scham und Trotz
Bleiben wir bei dem Beispiel, dann sind Scham und Trotz leichter zu verstehen. Vielleicht nimmst du dir vor, nie wieder ein Bild für deine Mutter zu malen, verschränkst deine Arme und

drehst dich innerlich tobend weg. Die Ohnmachtsstruktur wird dichter. Die Blase wird zu einer festen Kugel und bleibt ebenfalls in der Aura erhalten. Wenn du ein Kind warst, dass viel getrotzt hat, bist du sicherlich auch heute oft trotzig.

Viele erwachsene Menschen sind bis ins hohe Alter in Trotz gefangen, weil sie als Kind nie nach ihren Bedürfnissen entscheiden und leben durften. Jedes Mal, wenn von außen eine Anforderung gestellt wird, kommt die alte Struktur in Resonanz, und man bringt viel Energie dafür auf, aus Trotz zu handeln.

Oft wird mir berichtet, dass jemand es durch Trotz in seinem Leben schon weit gebracht hat. Das mag tatsächlich sein, denn gerade diese Struktur birgt ein großes Kraftpotenzial. Aber man handelt dennoch, wenn man im Trotz ist, nicht aus seiner Mitte und aus dem freien Willen heraus, sondern ist die fremdgesteuerte Marionette der Umstände, nämlich seiner eigenen Gefühle aus frühen Kindertagen.

Glaubenssätze

Einen nächsten großen Bereich der Ohnmachten stellen die Glaubenssätze dar. Immer wenn wir eine Meinung, gewollt oder nicht gewollt, von anderen Menschen übernehmen, ohne diese selbst zu hinterfragen, befinden wir uns in einer energetischen Ohnmacht. Das ist natürlich unglaublich häufig der Fall, und entsprechend ist die Anzahl der Glaubenssätze in der Aura unermesslich groß. Oft überdauern die weitergereichten Glaubenssätze viele Generationen von Familien.

Gibt es zum Beispiel den Glaubenssatz »Lieber arm und gesund als reich und krank«, wird es schwierig werden, jemals wirklich angemessen Geld zu verdienen, weil immer die Drohung der Krankheit im Hintergrund wirkt.

Jeder forsche einmal in seinem Leben nach entsprechenden »Familiensätzen« und mache sich ihre Auswirkungen deutlich. Diese Sätze wirken ausgesprochen unterschwellig. Wir spüren immer nur ihre direkten Auswirkungen im Alltag und wissen gar nicht mehr, dass wir sie verinnerlicht haben und woher oder von wem sie stammen.

Im Folgenden sind einige Glaubenssätze aufgezählt, vielleicht findest du darunter auch welche, die dein Leben prägen:

- Morgenstund' hat Gold im Mund.
- Geld allein macht nicht glücklich.
- Brotlose Kunst!
- Was Hänschen nicht lernt, lernt Hans nimmermehr.
- Der frühe Vogel fängt den Wurm.
- Ein voller Bauch studiert nicht gern.
- Was man nicht im Kopf hat, muss man in den Beinen haben.
- Vorsicht ist die Mutter der Porzellankiste.
- Papier ist geduldig.
- Sich regen bringt Segen.
- Lerne leiden, ohne zu klagen.
- Eine Ohrfeige hat noch keinem geschadet.
- Müßiggang ist aller Laster Anfang.
- Trau, schau, wem!
- Wie der Herr, so's Gescherr.
- Wie man in den Wald ruft, so schallt es heraus.
- Gottes Mühlen mahlen stetig/langsam.
- Undank ist der Welten Lohn.
- Ohne Fleiß kein Preis.
- Erst die Arbeit, dann das Spiel.
- Es ist nicht alles Gold, was glänzt.

- Man ist, was man isst.
- Lieber den Spatz in der Hand als die Taube auf dem Dach.
- Wenn man den Esel nennt, kommt er gerennt.
- Es ist noch kein Meister vom Himmel gefallen.
- Ehrlich währt am längsten.
- Wo gehobelt wird, fallen Späne.
- Ordnung ist das halbe Leben.
- Reden ist Silber, Schweigen ist Gold.
- Der Apfel fällt nicht weit vom Stamm.
- Wes Brot ich ess, des Lied ich sing.
- Viele Köche verderben den Brei.
- Eine Krähe hackt der anderen kein Auge aus.
- Stille Wasser sind tief.
- Lehrjahre sind keine Herrenjahre.
- Pünktlichkeit ist die Höflichkeit der Könige.
- Geschwindigkeit ist keine Hexerei.
- Sei brav, sonst kommst du in die Hölle.
- Der liebe Gott/der Weihnachtsmann sieht alles.
- Wenn du nicht brav bist, kommt der schwarze Mann.

Darüber hinaus gibt es natürlich unzählige individuelle Glaubenssätze, die wir im Laufe der Kindheit von unseren Eltern und Familienangehörigen zu spüren bekommen, die bereits vorher im Text kurz Erwähnung fanden: Du bist zu ... Immer machst du ... Das kannst du nicht. Das ist nichts für ein Mädchen/einen Jungen. Du bist wie die Mama/der Papa. Was kann man von dir schon anderes erwarten? Das schaffst du nie. Nimm dir mal ein Beispiel an ... Er/Sie kommt ganz nach ... Wenn du weiterhin ... machst, bekommst du nie einen Mann. Und so weiter und so weiter ...

Ebenso kennen wir wirksame Glaubenssätze aus allen aktuellen Lebensbereichen: der Medizin, der Pädagogik, der Mode, des Alltags usw. So ist zum Beispiel ein solcher Glaube, dass Altwerden und Krankwerden zusammengehören oder dass man eine Krankheit genetisch vererbt bekommt oder dass manche Krankheiten nicht zu heilen seien oder dass die Alten immer recht haben oder dass zu viel Fernsehen dumm macht, dass man dünn sein muss, dass man lernen muss, dass man brav sein muss, dass man ruhig sein muss, dass man sich anpassen muss ...

Auch diese Reihe wäre endlos zu ergänzen und sie zeigt uns deutlich, wie wenig wir uns in unserer Eigenverantwortung befinden und wie sehr wir mit solchen alten Bewertungen durch das Leben geschleust werden.

Alle Glaubenssätze sind aber tatsächlich energetische Ohnmachten, die im Unbewussten wirken und deren Wirkung wir durch bewusstes Auflösen aufheben können. Auch wenn sie aus anderen Familiengenerationen stammen oder in unserem eigenen Leben viele Jahre zurückliegen.

Angst

Angst ist eine andere Form der Blockade in der Aura. Angst ist archaisch gesehen ein Schutzmechanismus des Körpers. Aber Angst hat sich im Laufe unserer menschlichen Kulturentwicklung verändert. Unsere Seele kennt keine Angst, weil sie sich ihrer Verbindung zum »Höheren Sein« bewusst ist und mit allem im Einklang steht. Der Körper hingegen fühlt Angst, wenn man ihn abgespalten von seiner Aura oder seinem Energiefeld nur als rein materiellen Körper erlebt.

Die Angst hat in unserem zivilisierten Leben viel Platz eingenommen. Solange die Menschen vor dem wilden Tiger flüchten mussten, um ihr Leben zu retten, war Angst angebracht und führte zur sofortigen Schutzreaktion: zur Flucht oder zum Kampf.

Wenn du Angst vor dem Zahnarzt, vor dem cholerischen Chef oder vor dem Flug nach New York hast, malst du dir in Gedanken alle möglichen Szenarien aus. Innerlich stellt der Körper seine Hormone und Muskelanspannungen auf Flucht ein, wie beim Tiger, aber du zwingst dich zur Ruhe und nimmst die unangenehme Situation in Kauf. Deine Gedanken verzerren die Situation und beruhigen die aufgewühlten Gefühle. Kein Wunder, dass dein Körper verspannt ist und deine Hormone verrücktspielen. Denn du bist nicht, wie es dein Körper gebraucht hätte und signalisiert hat, geflüchtet!

Die Angst ist sinnvoll, wenn wir sie als hilfreiche Orientierung und zum Schutz unseres Körpers nutzen. Sie ist nur problematisch, wenn zwischen den Auslöser und die darauffolgende Handlung unsere Gedanken treten. Die Gedanken blockieren die spontane Reaktion auf die Angst und erzeugen in der Vorstellung Ablaufszenarien, die nur in unserem Kopf stattfinden.

Ängste entstehen in den eigenen Vorstellungen und Fantasien. Sie sind jeweils nur für dich allein gültig. Kein anderer Mensch kann deine Angst so fühlen wie du selbst. Kein anderer hat vor den gleichen Dingen Angst. Wenn man sagt, man habe vor etwas Angst, wird man oft nicht verstanden, weil Ängste ausschließlich den eigenen gemachten Lebenserfahrungen entsprechen, den dazu entwickelten Gedanken und Fantasien und der eigenen zu geringen Kraft im Energiefeld.

Beispiele:
- Man sieht einen neuartigen Parkautomaten. Man kennt die Technik nicht. Man scheut sich, zu experimentieren und auszuprobieren. Man traut sich die Benutzung nicht zu und hat deshalb Angst, in Zukunft ein Parkhaus zu benutzen.
- Man stelle sich ein Kind vor, das auf einer Mauer balancieren will. Der Wunsch des Kindes allein ist ausreichend, dass sich das Kind das Balancieren zutraut. Es sieht die Mauer, die Höhe, die Breite und stellt sich selbst vor die Aufgabe, die es bewältigen will. Wenn es die Mauer nicht schaffen könnte, käme es nicht auf die Idee, das Balancieren auszuprobieren. Dieser normale Ablauf fällt unter den Begriff lernen. Die Erwachsenen jedoch, mit all ihren negativen und angstvollen Erfahrungen, machen dem Kind Angst, indem sie ihre eigenen Ängste an das Kind weitergeben und es dadurch davon abhalten, »über sich hinaus« zu wachsen und sich weiterzuentwickeln.

Viele von uns probieren nichts mehr aus, wir trauen uns nichts mehr zu. Das größte Problem ist, wir trauen uns selber die Entscheidung nicht mehr zu, was wir uns trauen können und was nicht. Wir haben die Selbsteinschätzung für unsere Möglichkeiten verlernt, wir vertrauen lieber auf andere mit scheinbar mehr, oft aber ebenso angstorientierter Erfahrung.

Wir haben Angst vor den seltsamsten Dingen, und wenn unsere Gedanken verrücktspielen, erschaffen sie eine riesige bedrohliche Welt, mit immer neuen Facetten – riesengroß und unüberwindlich. Wir sind Meister darin, unsere Ängste bis in die letzte Kleinigkeit auszuschmücken. Was wäre, wenn ...?

Danach entsteht die Angst vor der Angst und mit diesem

Problem ist man dann allein. Nicht, weil man der einzige Mensch mit Ängsten wäre, sondern weil alle Menschen Ängste haben, aber ungern daran erinnert werden wollen; so ist es fast unmöglich, darüber zu sprechen.

Archaisch betrachtet, hält uns Angst davon ab, Dinge zu tun, die unserem Körper schaden könnten. Aufgrund unseres Bewertungsschemas, das wir in der Zivilisation durch die Erziehung gelernt haben, hält uns die Angst jedoch davon ab, uns weiterzuentwickeln. Dabei ist sie doch nur ein Scheinriese!

Was tut man mit einem Scheinriesen? Wer noch die Augsburger Puppenkiste kennt, weiß es. Aus der Entfernung sieht er groß und beängstigend aus, aber wenn man näher kommt, wird er klein, und man kann mit ihm reden. Mit der Angst geht man genauso um (siehe Übungen auf Seite 259).

Das Schwierigste im Leben ist es, Herz und Kopf dazu
zu bringen, zusammenzuarbeiten. In meinem Fall
verkehren sie noch nicht einmal auf freundschaftlicher Basis.

Woody Allen

Angst aus energetischer Sicht

Angst im Energiefeld hat die Form einer Röhre. Diese Struktur wird von den Eltern bzw. anderen Bezugspersonen in früher Kindheit in das eigene Aurafeld übernommen. Das Übernehmen von solchen Angststrukturen aus dem Umfeld geschieht unbewusst. Ein Kind, das in angstvoller Umgebung aufwächst, wird sich selbst angstvoll entwickeln.

Wir können uns das so vorstellen: Wenn wir uns von einer Person oder einer Situation überfordert fühlen, wird die Angststruktur, die wir in der Aura konserviert haben, angeregt. Die Energie fließt wie durch eine Röhre aus dem Energiefeld ab. Wir fühlen die Angst, und sie wird durch die Ausschmückung unserer eigenen Gedanken immer größer und unüberschaubarer. Alle Themen des Alltags können uns Angst machen. Das persönliche Thema, vor dem wir Angst haben, ist immer subjektiv. Wenn wir eine entsprechende Angströhre in unserem Energiefeld haben, kann diese beispielsweise schon durch das Klingeln des Telefons, durch einen Brief ohne Absenderangabe, durch eine Gewitterwolke oder durch eine Katze im Garten aktiviert werden.

Das auslösende Ereignis stellt jedoch nicht die Ursache der Angst dar. Es ist deshalb auch keine Lösung, das angstmachende Ereignis zu bekämpfen, denn jedes beliebige andere Ereignis kann ebenfalls die Angströhre aktivieren. Ganz im Gegenteil, je mehr wir kämpfen und uns gedanklich in die Angst hineinsteigern, desto mehr Energie fließt aus der Aura und umso stärker wird entsprechend das Angstgefühl.

Angst ist immer ein Zeichen für ein schwaches, kraftloses Energiefeld. Angstvolle Menschen sind desorientiert und oft nahezu lebensunfähig. Da durch die extrem niedrige Energie in der Aura viele Chakren geschlossen sind, fehlt oftmals die komplette Fremd- und Eigenwahrnehmung. Die gesamte Welt dreht sich nur um einen selbst – und die Angst natürlich. Das Wirkungsfeld eines Angstklienten reduziert sich mehr und mehr, und am Ende traut er sich unter Umständen nicht mehr vor die Tür. Die einzige Möglichkeit, eine Angst endgültig zu lösen, ist die energetische Bearbeitung der Ursache!

Fallbeispiel:
Maria brachte ihre zehnjährige Tochter Jasmin zu einer Beratung. Sie besuchte die vierte Klasse der Grundschule. In der Schule wurde sie gemobbt und sie hatte große Angst, im nächsten Jahr nicht aufs Gymnasium gehen zu können. Jeden Morgen hatte sie direkt nach dem Aufstehen starke Magenschmerzen, und es brauchte viel Überredungskunst, sie dazu zu bringen, dennoch in die Schule zu gehen. Maria hatte bereits mit den Lehrern gesprochen, und alle waren bemüht, Jasmin zu helfen.

Bei unserem Gespräch erzählte Maria, dass sie selbst viel Angst um ihre Tochter habe. Wenn sie nicht zum Gymnasium käme, habe sie später keine Chance auf einen anständigen Beruf – so wie es ihr selbst ergangen sei. Sie berichtete, dass ihr ihre bisher sichere und gut bezahlte Arbeitsstelle wahrscheinlich gekündigt würde. Sie bekam kaum Unterhalt von Jasmins Vater und hatte Angst, in Zukunft finanziell nicht mehr zurechtzukommen. Aber zu Hause bei Jasmin ließ sie es sich nicht anmerken. Sie lag nur jeden Abend stundenlang wach in ihrem Bett und weinte. In ihren Gedanken sah sie sich mit Jasmin schon in einem Obdachlosenasyl.

Wir sprachen in der Beratung über ihre eigenen Ängste, die sie schon aus ihrer Kindheit kannte. Ihre Eltern hatten sich getrennt, und sie war in ärmlichen Verhältnissen bei der Mutter aufgewachsen. Nie hatte das Geld gereicht, und sie hatte sich fest vorgenommen, dass es ihren Kindern einmal besser gehen sollte. Bisher hatte es auch geklappt, aber seit ihrer Trennung ging alles schief. Und jetzt auch noch das »Theater« mit Jasmin.

Wir konnten in einer Aufstellung (ohne Jasmins Anwesenheit) Marias vielschichtige Ängste lösen. Danach fühlte sie sich wie neu geboren und konnte endlich wieder durchatmen. Kurz darauf rief sie mich an und berichtete, dass Jasmin jetzt am Gymnasium sei und dort viele neue Freundinnen habe. Sie war wie umgewandelt.

(Übung zum Auflösen von Angst auf Seite 259)

Lüge

Die Lüge ist die Folge von Angst. Denn immer dann, wenn wir dem Gefühl »Angst« aus dem Weg gehen wollen, erschaffen wir eine Lüge. Das wird an folgenden einfachen Beispielen sehr deutlich:

- Du hast die Schokolade deiner Schwester aufgegessen. Als du gefragt wirst, ob du es warst, leugnest du es aus Angst vor den Folgen.
- Du warst mit einer Frau verabredet, sie kam aber nicht. Als dein Freund dich nach dem Ablauf des Rendezvous fragt, erfindest du eine Geschichte, weil du Angst hast, ausgelacht zu werden.
- Du hast einen mündlichen Kaufvertrag geschlossen. Als es zur Lieferung kommen soll, behauptest du, nie etwas bestellt zu haben, weil du inzwischen Angst vor den Kosten hast.
- Du besuchst deine Mutter an Weihnachten nicht, weil du lieber mit Freunden feiern willst. Deiner Mutter gegenüber erfindest du eine gewichtige Ausrede, eine Lüge, weil du die Trauer und das Jammern der alten Dame fürchtest.
- Du kommst mit dem Automaten im Parkhaus nicht zurecht und parkst deshalb weit außerhalb. Da dir klar war, dass dein Partner dich auslachen würde, wenn du die Wahrheit gesagt hättest, erzählst du, dass das Parkhaus bis auf den

letzten Platz besetzt gewesen sei und du deshalb sehr weit zu Fuß gehen musstest.

- Du fühlst dich schmerzlich allein, aber du traust dich nicht, dich wieder auf einen Mann einzulassen. Du legst dir einen Hund zu und redest dir ein, ohne Partner besser leben zu können.

Die Situation, die Angst macht, wird sozusagen verdreht. Wir stellen unsere Realität anders dar, als sie ist. Es geht beim Lügen um die bewusste Verdrehung der eigenen Realität, weil wir Angst vor den eigenen Gefühlen haben.

Im Alltag nutzen wir diese Verdrehungen andauernd. Wir verdrehen den Ablauf, um bei anderen besser dazustehen, um einen finanziellen Vorteil zu haben, um einen Mitbewerber zu übertreffen, um Erfolg zu erzielen oder um uns vor Angriffen und Beurteilungen anderer zu schützen. Dabei belügen wir uns selbst. Manche Sachverhalte wollen wir selbst anders wahrnehmen und verdrehen sie daher, damit sie besser in das Bild unserer Selbsteinschätzung passen.

Lügen sind immer Selbstlügen in der Verknüpfung mit anderen Menschen. Der Auslöser jeder Selbstlüge ist immer die Angst vor dem Vergleich mit anderen oder das Urteil anderer. Sonst wäre die Lüge nicht nötig.

Der Mensch, der an unserer Lüge teilhat oder über den wir Lügen erzählen, ist energetisch in die Lüge mit verwickelt. Dies gilt selbst dann, wenn der andere von dieser Lüge nichts weiß!

Die Lüge hat ungeahnte Auswirkungen. Sie zieht andere Lügen nach sich. Hat man einmal gelogen, ist der Ausstieg nicht einfach. Meist muss die erste Lüge von neuen Lügen untermauert werden. In unserem Parkhausbeispiel kann es passieren, dass ein Freund vorbeikommt und erzählt, er habe in dem betreffenden Parkplatz geparkt. Es entspinnt sich eine Diskussion, wer genau zu welcher Zeit dort war. Im Notfall kann immer noch die Anzeigetafel defekt gewesen sein. So kann sich aus der einfachen Angst vor dem Parkautomaten in kurzer Zeit ein großes Lügengespinst ergeben.

In unserer Zivilisation ist Lügen alltäglich und wird nicht bewusst als Abhängigkeit erlebt. Man wird sich womöglich kaum vorstellen können, weshalb ein Mensch in ein Lügengefüge eingebunden sein soll, der nichts von dieser Lüge weiß. Energetisch ist diese Einbindung jedoch überaus wirksam. Durch diese Art der Verknüpfung werden die Betroffenen unfrei. Jeder, der wissend oder unwissend in eine Lüge verwickelt ist, ist energetisch berührt. Der Lügende selbst macht sich zum Sklaven seiner eigenen Realität.

Ich verwende gerne den Begriff »Lügender« anstatt »Lügner«. Lügner ist ein belasteter Begriff, in dem all die bekannten gesellschaftlichen Bewertungen und Strukturen mitschwingen.

Eine Lüge im energetischen Sinne ist dagegen wertfrei und nicht mit den materiell gebundenen Definitionen aus Moral und Gesetz zu betrachten. Lügen sind also nicht moralisch verwerflich, sie sind und gehören zu unserer Entwicklung. Eine Lüge ist eine Struktur im Energiefeld, die sich aus den Abläufen des Alltags ergeben hat. Die Struktur bindet Energie, und wenn dieser Vorgang verstanden wird, kann die gebundene Energie wieder frei fließen.

Häufig sieht sich ein Mensch durch einen anderen Menschen oder durch die Verhältnisse geradezu gezwungen zu lügen. Auch dies kann energetisch betrachtet werden, ohne zu werten:

116

- Der Sohn erzählt der ängstlichen Mutter, er verbringe seinen Urlaub bei Freunden im Nachbarort. Er will vermeiden, dass sie Angst hat, weil er nach Australien fliegt.
- Der zu spät gekommene Angestellte erzählt dem Chef, die Bundesbahn habe Verspätung gehabt, weil er den Wutanfall des cholerischen Vorgesetzten fürchtet.
- Die untreue Ehefrau erzählt dem Ehemann, sie sei mit einer Freundin im Kino gewesen, weil sie fürchtet, der Ehemann reiche die Scheidung ein.
- Der Patient versichert dem Zahnarzt, täglich zweimal die Zähne geputzt zu haben …
- Der Schüler erzählt, das Heft verloren zu haben, weil er nicht zugeben will, dass er die Hausaufgaben nicht gemacht hat.

Allerdings ist es immer die Angst vor den eigenen Gefühlen, die einen lügen lässt. Denn wenn man nicht bereit ist, sich mit den Reaktionen der anderen zu beschäftigen, lügt man, um diese zu verhindern.

Oft gibt es in Familien schwerwiegende Lügen, wie zum Beispiel verheimlichte Schwangerschaften, frühere Partner, die eines gewaltsamen Todes gestorben sind, Abtreibungen, Geschwister, die weggegeben wurden, oder Kinder, die früh gestorben sind. Wurde in den Familien über solche Vorfälle nicht gesprochen, hält die Lüge die Familie energetisch zusammen. Dies kann lange Zeiträume überdauern, Generationen übergreifen und zu eigenartigen Verhaltensweisen führen, die mit der Lüge nicht mehr in Zusammenhang gebracht werden.

Auch das Zurückkommen des Täters zum Tatort beispielsweise ist Auswirkung einer Lügenstruktur und zeigt, wie stark die energetische Bindung auf der materiellen Ebene wirkt. In sinnanalytischen Aufstellungen können solche Zusammenhänge erkannt und bearbeitet werden.

Lüge aus energetischer Sicht

Die Lüge bildet sich aus einer Angströhre und sieht wie ein zusammengedrehtes Handtuch aus. Diese Verdrehung ist Ausdruck der verdrehten Realität und der verdrehten Gedanken des Menschen. Jeder, der mit der Lüge verbunden ist, wird mit in die energetische Struktur »eingedreht«. Bei den beschriebenen Familienlügen umfasst die verdrehte Struktur viele Familienmitglieder, auch wenn diese sogar bereits verstorben sind. Wer in eine Lügenstruktur eingebunden ist, kommt nicht in ein eigenverantwortliches Handeln und nicht in eine eigenverantwortliche Lebensgestaltung. Die Lüge fixiert energetisch die Personen, die mit ihr in Verbindung stehen. Bei der energetischen Auflösung einer Lüge kann es zu körperlichen Reaktionen wie Schwindel oder Übelkeit kommen.

Sinnanalytische Aufstellungen (ausführlich auf Seite 237) sind eine geniale Möglichkeit mit Leichtigkeit tief sitzende Blockaden zu erkennen und zu lösen. Oftmals hängen die Probleme im Leben mit sehr alten Familienlügen zusammen, und es ist für das gesamte Familiengefüge eine Befreiung, wenn die Lüge gelöst werden kann, wie im folgenden Beispiel:

Fallbeispiel:

Esther war 32 Jahre alt, hatte zwei gesunde Kinder im Alter von 13 und 8 Jahren und einen sehr netten und aufgeschlossenen Mann, der sie zu unserem Gespräch begleitete.

Sie war seit sechs Jahren kraftlos und zog sich immer mehr

aus dem Familienleben zurück. Medizinisch gab es keine Befunde, und so kam sie zu mir. Es war schnell klar, dass die Hintergründe ihres Zustands aus dem Familiengefüge stammten. Wir entschlossen uns zu einer Aufstellung.

Die Stellvertreter ihrer jetzigen Familienmitglieder zeigten keine besonderen Emotionen. Wir stellten die Mutter von Esther hinzu, und die Stellvertreterin von Esther bekam spontan kaum noch Luft. Sie konnte die Anwesenheit der Mutter kaum ertragen und musste sich umdrehen. Die Stellvertreterin der Mutter war sehr überrascht und konnte sich die Reaktion nicht erklären. Es wurde eiskalt im Aufstellungsfeld, und die Stellvertreterinnen von Esther und einem ihrer Kinder wurden sehr traurig. Es wurde ein Stellvertreter für ein bereits verstorbenes Kind dazugeholt, und die Stellvertreterin von Esther begann laut zu weinen, was in ein immer lauter werdendes Geschrei überging.

Esther selbst, die bisher von außen zugeschaut hatte, war sehr erschrocken und erzählte unter Tränen, dass ihre Eltern, als sie 17 Jahre alt war, sie zu einer Abtreibung gezwungen hatten und sie zu einem Arzt gebracht wurde, der die Abtreibung vollzogen hat. Sie und ihr jetziger Mann waren nicht lange gefragt worden.

Nie wieder war dieses Lügenthema in der Familie besprochen worden. Aber jetzt brachen der ganze Schmerz und die weggepackte Wut wieder auf.

Als sich die Lügenstruktur auflöste, wurde den Stellvertretern im Feld schwindlig. Der »Mutter« von Esther wurde übel, und sie musste sich hinsetzen. Alle stellvertretenden Familienmitglieder waren traurig und mussten sich einer nach dem anderen von dem abgetriebenen Kind verabschieden. Die

Stellvertreterin von Esther musste ihrem Mann verzeihen, dass er sie nicht hatte schützen können. Nach mehreren Prozessen der Lösung hatten sich die belastenden Gefühle gelöst. Das Feld war wie befreit, die Temperatur im Raum deutlich höher, und Esther konnte ihrer Mutter zögerlich verzeihen. Esther hat nach dieser ergreifenden Aufstellung und einigen Nachgesprächen den Anschluss an ihr Leben wiedergefunden.

Sucht

Wir sammeln während unseres gesamten Lebens durch die Erziehung und die Anpassung an unsere Gesellschaft Strukturen in der Aura, die bestimmte Gefühle oder Verhaltensweisen im Alltag mit sich bringen. So wie bei den Löchern und Kabeln die Gefühle »Pflicht« oder »Sorge« sowie die Erwartungen den Alltag prägen, kommt es bei einer Ansammlung von Ängsten, Ohnmachten und Lügen zu Suchtverhalten. Wenn die Aura geschwächt ist und man sich selbst und die Lebenssituation nicht mehr fühlen mag, sucht man nach Möglichkeiten und Mitteln, die bei der Lebensbewältigung helfen könnten, und landet dabei unter Umständen in einer Sucht.

Der Begriff »Sucht« kommt von »Suchen«. Wir suchen nach uns, nach unserem Sinn, nach unserer Bestimmung und werden auf diesem Weg fündig. Zunächst jedoch leider nicht durch wirkliche Erfüllung, sondern durch Ersatzstoffe oder Ersatzverhaltensweisen. Der Mangel am Herzen macht sich auf diese Weise sehr schmerzhaft bemerkbar und die Sucht ist die klassische Methode, den Mangel – mit dem falschen Mittel – nicht mehr fühlen zu müssen.

Alles, was wir an materiellen Stoffen, Verhaltensweisen

und zwischenmenschlichen Beziehungen kennen, kann zu einer Sucht werden. Die Sucht definiert sich darüber, dass wir meinen, ohne dieses Verhalten oder diesen »Stoff« nicht mehr leben zu können. Hier bieten sich Rauschmittel wie Alkohol, Nikotin, Drogen und Medikamente, z. B. Schlafmittel und Antidepressiva, an. Wenn wir der Sucht nachgeben, geben wir die Eigenverantwortung ab an den »Stoff« oder das Verhalten.

Eine andere Maßnahme ist, sich in Arbeit und Aktivität zu verlieren. Um sich selbst nicht mehr wahrzunehmen, suchen wir nach Möglichkeiten, anderen um jeden Preis zu helfen. Man hat ein Helfersyndrom oder wird zum Workaholic.

Können wir mit uns selbst nichts anfangen und wissen nicht, wer wir wirklich sind, dann wollen wir ständig auf uns aufmerksam machen und werden vielleicht zum Stalker. Oder wir verharren süchtig in einer längst beendeten Beziehung. Oder wir werden ständig krank, um Zuwendung und Aufmerksamkeit zu bekommen.

Löcher, Ohnmachten, Ängste und Lügen sind die Grundlagen in der Aura als Ursache für eine Sucht, die folgende Zusammenhänge haben kann:

• Wir erfüllen ständig die Erwartungen anderer oder versagen. Wir haben Erwartungen, die nicht erfüllt werden – das sind die spürbaren Kabelverbindungen und Löcher.

• Wir trauen uns selbst nichts zu, wir trauen anderen nichts zu – so fühlt sich die Ohnmacht an.

• Wir können nicht auf unsere eigene Entscheidungsfähigkeit vertrauen, wir lassen von anderen entscheiden – das Energieniveau der Aura sinkt unter 50 %.

- Wir spüren unsere eigenen Bedürfnisse nicht und orientieren uns an anderen – der Energiepegel sinkt weiter, die Ohnmacht bleibt.
- Wir verlieren uns selbst hinter allen Anpassungen an die Umgebung; wir werden den Ansprüchen, die an uns gestellt werden, nicht gerecht – das sind Auswirkungen einer Angströhre.
- Wir verhalten uns nach außen taff und jeder Situation gewachsen – so wirkt die Lüge.

Wir finden eine Sucht, die vermeintlich alle unangenehmen Gefühle nimmt oder nicht fühlen lässt. Wir brauchen die Sucht, weil die Gefühle immer wiederkommen und immer stärker werden. Möglichkeiten der Sucht gibt es so viele, wie es Menschen gibt, und keine der Süchte ist besser oder schlechter.

Kinder werden oft schon in jungen Jahren mit Sucht bekannt gemacht. Da sie in ihrer Welt nicht gut zurechtkommen, beschäftigen sie sich mit Computerspielen. Sie vertiefen sich so sehr in die virtuelle Welt, dass sie sich selbst nicht mehr spüren müssen – Workaholics im Kleinformat.

Ein weiteres Problemthema von Sucht im Kindesalter sind die Beruhigungsmittel, die verhaltensauffälligen Kindern gegeben werden (Ritalin u. a.). Die medizinischen Hintergründe stehen hier nicht zur Debatte. Energetisch betrachtet, wirken diese Mittel schwingungshemmend. Das Energiefeld wird von außen verlangsamt, die Kinder bekommen sehr früh vermittelt, dass sie so, wie sie sind, falsch sind für die Gesellschaft. Die Grundlage für späteres Suchtverhalten ist damit gelegt. Bei einer Sucht werden alle unangenehmen Emotionen, die sich angesammelt haben, weggedrückt. Die Verantwortung für das eigene Leben,

Fühlen und Handeln wird abgegeben an einen Suchtstoff. Der Schmerz am Herzen wird geleugnet, nicht behoben! Man fühlt sich nicht »gesehen«; egal, was man tut, es ist falsch.

Fallbeispiel:
Es gibt viele Arten von Sucht, die wir nicht auf Anhieb als solche einschätzen würden, aber eines Tages hatte ich eine sehr interessante Beratung mit Ute:

Sie war Anfang 50, hübsch, schlank, sehr gut geschminkt und sehr erfolgreich in ihrem Beruf als Chefsekretärin in einem großen Pharmaunternehmen. Sie verdiente viel Geld und lebte in einer großen Wohnung mit ihren zwei Katzen.

Ihr größtes und bisher niemandem bekanntes Thema war ihre Kaufsucht. Sie kaufte für ihr Leben gerne ein, vor allem Dinge, die sie eigentlich nicht brauchte. Oft packte sie die Sachen zu Hause nicht einmal mehr aus. Sie verschwanden in einem ihrer riesengroßen Wandschränke, die zum Bersten gefüllt waren. Langsam waren ihre Konten und Kreditkarten leergeräumt, und sie nahm schon Kredite auf für den alltäglichen Luxus des Rauschgefühls. Der finanzielle Ruin war greifbar nahe.

Niemand hätte diese Geschichte hinter der gekonnten Fassade von Ute auch nur vermutet.

Ich fragte, seit wann sie diesem Rausch nachging, und sie erzählte, dass sie früher schon mit ihrem Papa am Wochenende lange Einkaufstage genossen hatte. Er erfüllte ihr damals jeden Wunsch, sodass ihre Mutter immer ganz eifersüchtig war. Die Mutter versuchte, die Einkäufe des Vaters noch zu übertrumpfen. Die Eltern trennten sich, als Ute 14 Jahre alt war, und was blieb, waren die schönen Gefühle, von Papa und von Mama alles zu bekommen, was sie nur wollte. Sie gaben sehr viel Geld für sie aus – nur für sie!

Sie konnten sie nicht in den Arm nehmen oder mit ihr kuscheln, der Vater half ihr nicht bei den Hausaufgaben und las ihr keine Geschichten vor, die Mutter erzählte nur von ihren Freundinnen und den neuesten Kleidern. Beide kauften sich von Ute frei.

Ute hätte so gerne einen zärtlichen Partner gehabt. Aber diese Art von Nähe hatte sie nie kennengelernt. Sie war sehr einsam, und später machte sie sich das schöne Gefühl, das sie von ihrem Papa her kannte, einfach selbst. In ein Geschäft zu gehen und sich jeden Wunsch erfüllen zu können war großartig. Sie fühlte sich in diesem Augenblick wahrgenommen und sehr wohl. Allerdings war dieses Gefühl auch sehr schnell vorbei. Es ging tatsächlich nur um den Augenblick des Kaufens, die Gegenstände selbst waren uninteressant.

Wir suchten ihre Blockaden, die zu diesem Verhalten geführt hatten, und konnten viele davon sofort lösen. Als Erstes kamen wir an ihre Ohnmacht, nichts wert zu sein. Sie selbst fühlte sich nicht wahrgenommen, ihre Bedürfnisse nach Liebe und Zuwendung wurden vom Vater und auch von der Mutter nie gesehen. Sie war ein Modepüppchen, das jede Woche mit neuen Sachen daherkam und das alle bewunderten. Sie hatte große Not, alle Erwartungen zu erfüllen: schön zu sein, brav zu sein, sich anständig zu benehmen. Sie selbst stellte natürlich die Erwartungen an ihre Eltern dagegen, immer alles zu bekommen, was sie wollte. Aber ihre Sehnsucht nach Liebe war dadurch immer größer geworden. Sie hatte Angst, bei ihren Freunden nichts mehr zu gelten, wenn sie einmal nicht das neueste Kleid trug. Vor lauter Ängsten konnte sie kaum noch schlafen. So entstand von Beginn ihres Lebens an eine riesige Lüge zwischen dem inneren Sein und dem äußeren Schein – aufrechterhalten durch Kredite. All diese Strukturen ließen sie nicht mehr entkommen. Immer wieder musste sie sich das Gefühl erkaufen, etwas wert zu sein, und es allen Leuten nach außen zeigen.

Es dauerte einige Zeit, bis wir die Ursachen bis auf den Grund geklärt hatten. Zu ihrer letzten Sitzung kam Ute in einer einfachen Jeans, sie hatte bereits einige Kredite abbezahlt und einen netten Mann kennengelernt, der sie einfach nur liebte, auch ohne teure Klamotten.

Pflicht, Sorge, Schuld und Erwartungen

Ein grundlegendes Gefühl, das unser Leben auf der Welt als Mensch bestimmt, ist das Empfinden »zu wenig« zu haben. Im materiellen Leben erleben wir dies deutlich an allen Ecken. Wir versorgen uns meist mehr als nötig mit Lebensmitteln und Kleidung, legen Vorräte an, sparen aus Angst vor schlechten Zeiten und sind hauptsächlich darauf bedacht, dass es uns und unserem engeren Familienumfeld gut geht. Dieser Mangel und das egozentrische »Versorgen« haben riesige politische und soziale Auswirkungen. Umweltzerstörungen und das unbegrenzte Ausnutzen von Ressourcen fallen global gesehen ebenfalls in diesen Themenbereich.

In der Aura finden wir entsprechende Strukturen, die die Basis für eine stabile Vernetzung auf der Grundlage von Mangel bilden. Leider führt dieses Prinzip zu einem immer größer werdenden Gefühl von Mangel und immer verrückteren Konsumideen, mit dem Wunsch, diese Löcher zu stopfen. Was natürlich nicht funktionieren kann.

Einzig und allein die Erkenntnis, dass es einen Mangel nicht geben kann, da die Schöpfung nur aus Energie besteht, die jedem unendlich zur Verfügung steht, kann uns aus dieser Beschränkung befreien. Energie ist immer und überall; wir selbst gestalten ein »Zuviel« oder »Zuwenig« durch unsere eigenen Blockaden und die Beschränkung unseres Bewusstseins.

Die Aura ist ein dynamisches Feld, das Blockaden und Störungen durch Einwirkung, aber auch einfach durch das Erleben in der Umgebung aufnehmen kann. Auf diese Weise bilden sich sehr einfache, aber ausgesprochen wirksame Blockaden – energetische Löcher. Erdenergie und kosmische Energie schwingen in der Aura in einer bestimmten Richtung. Wird diese Schwingung unterbrochen, kommt es zur Bildung eines solchen Loches. In unserem Alltag bedeutet dies, wir fühlen die Gefühle »Pflicht«, »Sorge« oder »Schuld«. Diese Gefühle sind jedem Menschen in unserer Kultur gut bekannt.

Mit diesen »energetischen Löchern« kann sich ein anderer Mensch mit seinem eigenen energetischen Mangel »verbinden« und dadurch, wie durch ein Kabel, Energie abziehen. Jeder von uns steht mit seinem Energiefeld mit unendlich vielen anderen Energiefeldern auf diese Weise in Verbindung. Wir geben durch diesen Pakt Energie ab oder nehmen selbst Energie auf.[3]

Die Kabel können wir im Alltag als Erwartungen fühlen. Hat also jemand an uns eine Erwartung, gleich welcher Art, legt er ein Kabel zu dem in unserem Feld spezifischen energetischen Loch. Wir fühlen uns dann schuldig, machen uns Sorgen oder sehen uns verpflichtet und kommen dieser Erwartung

---

3 Mehr Information dazu in: Stefanie Menzel: »Heilenergetik«, Schirner Darmstadt 2009

nach. Das wiederum führt zum Abfließen von Energie. Jeder von uns lebt in diesen energetischen Verwicklungen und gibt Energie ab und nimmt sie in und aus allen Richtungen auf. So bilden wir ein riesiges von Mangel bestimmtes Gesellschaftssystem, in dem jeder um sein Überleben kämpft.

Fallbeispiel:
Franz war ein stattlicher Mann von 48 Jahren. Beruflich hatte er viel erreicht, aber obwohl sein Gehalt überdurchschnittlich war, klagte er über ein ständig leeres Bankkonto. Er lebte ca. 200 Kilometer von seiner Mutter entfernt, und diese hatte die Erwartung, dass er mehrfach in der Woche zu bestimmten Zeiten anrufen sollte, um ihre neuesten Geschichten aus der Nachbarschaft anzuhören. Es war ihm sehr lästig, und er schob die Anrufe hinaus, bis es nicht mehr ging. Er konnte die Anrufe aber auch nicht lassen, da ihn sonst die Sorgen und das Pflichtgefühl innerlich auffraßen und er keine ruhige Minute mehr hatte. Er wurde müde und trank gerne ein Bier mehr, um die Erwartungen nicht mehr spüren zu müssen.

Seine erste Frau, von der er seit über zehn Jahren geschieden war, wollte immer noch ihren Geburtstag mit ihm verbringen. Er konnte einfach nicht Nein sagen und traf sich mit ihr im Restaurant, in dem sie sich damals kennengelernt hatten.

Nach und nach hatte er sich zum Alkoholiker entwickelt und war kraftlos und ohne Perspektive.

So kam er in meine Beratung: Wir sprachen ausgiebig über die Beziehung zu seinen Frauen, trennten energetisch die Kabelverbindungen zu seiner Mutter und zu seiner Exfrau und schlossen die Löcher in seiner Aura.

Langsam ging es ihm besser, und er lernte, sich von den Erwartungen abzugrenzen. Es fiel ihm plötzlich leicht, auf den Alkohol zu verzichten, und schon bald hatte er wieder mehr Lebenskraft.

Die entsprechenden Löcher im Energiefeld haben wir früh in unserer Erziehung übernommen. Wir kennen im menschlichen Zusammenleben nur das Leben mit energetischen Löchern, also Erwartungen und deren Erfüllung; das ist ein klassisches Thema unserer Kultur. Ich erlebe es in meinen Seminaren immer wieder, dass wir uns ein Leben ohne solche Zusammenhänge meist nicht einmal mehr vorstellen können. Es ist doch selbstverständlich, Erwartungen zu erfüllen und etwas von den anderen zu erwarten! Nein, ist es nicht! Dahinter steht immer ein Mangelgefühl am Herzen.

Nehmen wir als Beispiel ein Geburtstagsfest. Solche Feste haben eine lange Tradition, und viele Erwartungen sind mit ihnen verknüpft. Eine davon ist, dass alle kommen. Eine andere vielleicht, dass alle Besucher etwas mitbringen. Die nächste, dass alle gut gelaunt sind. Viele weitere Erwartungen schwingen mit. Jeder Besucher hat Erwartungen an die Gastgeberin, sei es hinsichtlich des Essens oder der Dekoration und der Platzzuweisung, sei es an die anderen Gäste hinsichtlich des Verhaltens, der Aufmerksamkeit, der lustigen Unterhaltung oder des Wertes der mitgebrachten Geschenke.

Eine riesengroße Ansammlung von Erwartungen sitzt schließlich am Tisch, und alle Anwesenden sind energetisch durch ein Spinnennetz aus Kabeln miteinander verbunden. Mit dem einen versteht man sich besser, am anderen hat man etwas auszusetzen, den Dritten konnte man noch nie leiden, und heute liefert er wieder einen zusätzlichen Grund dafür.

Ein Teil der Gäste amüsiert sich bestens und kann sein Energiefeld auffüllen, ein anderer Teil langweilt sich und wird schlapp, weil er Energie verliert. Manche gehen früh, weil es ihnen nicht gefällt. Energetisch betrachtet, sind dies Gäste, denen Energie abgezogen wird. Andere bleiben lange, weil sie sich sehr wohl fühlen. Dies sind Gäste, die von den Energieströmen profitieren. Weshalb sollten sie also dieses Wohlgefühl frühzeitig aufgeben? Mit den Verwandten hat sich beim »Ineinanderschwingen« der Energiefelder jeweils eine Resonanz gebildet.

Nach einem solchen Fest sind die Teilnehmer häufig mehr oder weniger enttäuscht, und solche Feste hinterlassen oft ein Gefühl der Leere.

Beispiele für Erwartungen gibt es unendlich viele, aber wir wollen nur einige aufführen:

- Hatte die Mutter an dich die Erwartung, dass du ein braves Kind sein solltest?
- Solltest du ein guter Schüler sein?
- Solltest du der Tante die Hand oder Küsschen geben, auch wenn du es nicht wolltest?
- Erwartest du von dir eine aufgeräumte Wohnung?
- Erwartest du von deinem Partner Anerkennung, Blumen, Geschenke?
- Erwartest du von den Kindern gute Leistungen, ein anständiges Benehmen?
- Erwartest du von den Kollegen Höflichkeit, Lob, Achtung?

Schnell hat man als Kind die Erwartung gespürt und natürlich die Enttäuschung, wenn man die Erwartung nicht erfüllt hat. Man hat sich im Laufe des Lebens immer mehr den Erwartungen angepasst und oft gegen seine eigentlichen Gefühle entschieden. Jedes Mal ist ein energetisches Loch in der Aura hinzugekommen. Jetzt hat man zahlreiche solcher Löcher in seinem Energiefeld, an denen eine Erwartung von jemand anderem ansetzen kann. Das Ergebnis von Löchern und Kabeln im Alltag ist das weitverbreitete Burn-out-Syndrom: Man kann den vielen Erwartungen, die an einen gestellt werden, nicht mehr gerecht werden und fühlt sich wie ausgesaugt, leer, überfordert, ausgebrannt, am Ende. Burn-out ist eine Kulturkrankheit, aktueller denn je. In jeder Zeitung wird inzwischen über das Phänomen berichtet.

Ursprünglich waren wir, bevor wir den Weg als Mensch gewählt haben, geistige Wesen, die ausschließlich die Wahrnehmung von Fülle kannten. Kaum sind wir geboren, fühlen wir in unserem Herzen, dass es Mangel bedeutet, einen Körper zu haben.

Dieses für uns Menschen typische Gefühl des Fehlens von Energie veranlasst uns, anderen Menschen etwas nehmen zu wollen, um selbst genug zu haben.

So sind wir ständig in einem Energieaustausch, ohne je das Gefühl zu erreichen, an Energie richtig »satt« zu werden. Immer wenn jemand zu viel hat, muss es andere geben, die entsprechend weniger haben. All das ist ausschließlich Ausdruck der energetischen Zustände, die wir hier auf der materiellen Erde zum Lernen gewählt haben.

Zunächst denken wir, dass unsere Löcher gestopft werden können, wenn wir die Erwartungen von anderen erfüllt haben. Aber wie auf dem Familienfest merken wir oft sehr schnell, dass das Loch noch größer geworden ist. Fühlen wir uns nicht wahrgenommen und geschätzt, so können wir darauf sehr unterschiedlich reagieren; die Reaktion ist aber immer sinnlos. Die eine macht ein riesiges Theater und setzt ihrer Umgebung noch mehr Erwartungen vor. Der andere zieht sich enttäuscht zurück und frisst den Schmerz des »Nicht-gesehen-Werdens« in sich hinein. Im Grunde ist es der alte bohrende und immer schon bekannte Herzschmerz, den wir in solchen Augenblicken spüren.

> Die großen Gedanken kommen aus dem Herzen.
>
> *Oscar Wilde*

Dünkel und Selbstmitleid

Jeder kennt das Gefühl, anderen Menschen überlegen oder unterlegen zu sein.

Sich selbst besser oder schlechter als andere zu fühlen dient der Orientierung im Leben und der Selbsteinschätzung. Bin ich gut? Sehe ich attraktiv aus? Bin ich schlanker als die Tischnachbarin? Kann ich eine Aufgabe besser erledigen als mein Kollege oder Mitbewerber?

Diese Art sich zu orientieren kennen wir seit der eigenen Kindheit. Wir haben gelernt, uns von klein auf so zu verhalten, dass die Mutter sich freute und lächelte. Dies war bereits als Baby unser Hauptziel. Wir streben als Mensch immer danach, uns so an die Umgebung anzupassen, dass wir das Wohlwollen und die Achtung der anderen verdienen, damit wir den Schmerz an unseren Herzen nicht fühlen müssen. Es hat unserer Erfahrung nach nie ausgereicht, einfach nur so zu sein, wie wir geschaffen wurden. Wir mussten uns mehr und mehr anpassen, zurückstecken, uns umstellen, uns im Vergleich bewähren und lernen, unerwünschte Verhaltensweisen zu unterlassen. Nie haben wir lernen dürfen, uns selbst und unsere Gefühle wahr- und ernst zu nehmen, wir haben kein wirkliches Selbstwertgefühl entwickeln können. Der gefühlte Selbstwert beruht immer auf dem Vergleich mit anderen. Dieses Verhalten zieht sich durch das gesamte Leben und führt dazu, dass wir unser eigenes Wesen immer mehr verleugnen. Aber das ist kein kraftvoller und friedlicher Weg.

Wir fühlen uns natürlich überlegen, wenn wir bei einem Vergleich gut abschneiden. Wir fühlen uns entsprechend elend, wenn wir im Vergleich schlecht abschneiden, verlieren oder nicht beachtet werden. Dieses Wechselspiel der Gefühle heißt Dünkel und Selbstmitleid und tritt in unserem Leben in einem zeitlichen und inhaltlichen Zusammenhang auf.

Stellen wir uns im Dünkel über einen Menschen und fühlen uns als etwas Besseres, wirken wir auf den anderen überheblich, arrogant oder herablassend. Der andere fühlt sich entsprechend unterlegen und empfindet Selbstmitleid über sein eigenes Versagen. Fühlen wir den anderen Aspekt der Struktur, das Selbstmitleid, machen wir unsere eigene Qualität madig. Wir fühlen uns wertlos, elend, als Opfer, unglücklich, als Pechvogel und drücken dies nach außen meist durch ein resigniertes Seufzen aus.

Diese Art des Ausatmens hat mit einem Aushauchen von Lebenskraft zu tun. Während das kraftvolle Einatmen einen ins Leben gehen lässt, spricht das Seufzen eindeutig von verlassender Lebenskraft und Kapitulation.

Die Verbindungen der Menschen untereinander über das Spiel von Dünkel und Selbstmitleid ist im Alltag immerzu präsent. Es ist wie eine Triebfeder für die Entwicklung im Umgang miteinander. Schau dir die aktuellen Casting-Shows an. Hier werden Dünkel und Selbstmitleid auf die Spitze getrieben. Bin ich schöner oder hässlicher, kann ich singen oder bin ich ein Versager? Bin ich etwas Besonderes oder werde ich ausgebuht? Wenn ich gerade noch viel Lob erhalten habe und meinen Dünkel pflegen konnte, werde ich im nächsten Augenblick beschimpft und falle in totales Selbstmitleid.

Einige Beispiele:

- Gerade noch hat die Mutter gesagt, wie toll ich bin, wie gut ich in der Schule vorankomme, und ich bin so richtig stolz auf meine Leistung, schon kommt die Schwester, die in Mathe eine Eins geschrieben hat, und ich fühle mich hundeelend. Da ich mich jedoch körperlich stärker fühle, schubse ich sie gegen die Küchentür. Sie ruft die Mutter um Hilfe, die mich ausschimpft. Mein Selbstmitleid schwelt dann eine Weile, bis mir eine neue Situation begegnet, die ich zu meinen Gunsten nutzen kann.

- Gerade noch hat mein Mann mir Blumen geschenkt, und ich denke: »So gut hätte es meine Freundin auch gerne mal«, da dreht er sich schon nach der Nachbarin um und flötet ihr ein Kompliment zu. Ich weise sie dezent auf die Laufmasche an ihrem rechten Bein hin, worauf sie mich keines Blickes würdigt, sondern nur meinen Mann anlächelt.

- Gerade noch fühlte ich mich beim Unterrichten in meiner Klasse richtig gut, und die Schüler waren aufmerksam und nett. Während ich denke: »Ich bin der einzige Lehrer hier an der Schule, der einen modernen Unterricht abhalten kann«, kommt die Kollegin und macht eine giftige Bemerkung, wie schlecht sich meine Schüler bei ihr im Unterricht benehmen.

Das lasse ich nicht auf mir sitzen und zitiere den Volksmund: »Wie man in den Wald hineinruft, so schallt es heraus«.

Dünkel und Selbstmitleid aus energetischer Sicht

Wie alle Strukturen der Aura entstehen auch Dünkel und Selbstmitleid im Vergleich mit und in der Bewertung durch andere Menschen. Auch die Bewertungen dienen, wie alle Strukturen, dazu, uns Erfahrungen für unsere Seele zu vermitteln. Wenn wir über das alltägliche Leiden immer mehr Bewusstsein entwickeln – für den dahinterliegenden Schmerz in unserem Herzen – können wir uns nach und nach befreien.

Die energetische Struktur setzt sich aus vier Löchern und einer Ohnmacht in der Mitte zwischen den Löchern zusammen. So sieht die Struktur aus wie eine Sanduhr mit einer Kugel in der Mitte. Bei der Entstehung der Struktur geht es immer zunächst um den Inhalt der zentralen Ohnmacht. Man hat mir z. B. gesagt, dass ich zu klein bin, um Fahrrad zu fahren, und meine Schwester sowieso fitter ist als ich. Dann kommt meine Schwester mit dem Fahrrad, und ich sage zu ihr: »Du bist blöd, ich kann das auch!« (Selbstmitleid). Sie lässt sich die Situation gefallen, ist arrogant (Dünkel) und rutscht mit dem Fahrrad aus, sie stürzt und verletzt sich (Selbstmitleid), ich sage/denke: »Siehst du, du Blöde kannst es selbst nicht, ich hätte es viel besser gekonnt!« (Dünkel).

Im einen Teil der Struktur fühlen wir unser eigenes »Unwert-sein«. Immer wenn wir das fühlen, geht es uns richtig schlecht. Wir haben uns derartig verdreht für alle anderen und bekommen dennoch nicht die Bestätigung, in Ordnung zu sein. Das ist kaum auszuhalten!

Gibt es dann eine Begegnung, bei der wir uns auf irgendeine Weise überlegen fühlen können, kosten wir es in der Fantasie aus bis zur Neige.

Die Situationen können auch mit verschiedenen Personen erlebt werden. Ich hätte in der Situation mit meiner Schwester im Selbstmitleid sein und den Dünkel mit einer Freundin ausleben können. Meist stehen die Situationen allerdings in zeitlicher Aufeinanderfolge.

Fallbeispiel:
Karsten ist ein Beispiel, an dem sich die Gefühle von Selbstmitleid und Dünkel am besten erklären lassen:

Er ist bereits über 50 Jahre alt, als er zur Beratung zu mir kommt. Er hat schon seit längerer Zeit starken Haarausfall, was seinem Wohlgefühl immer größeren Abbruch tut. Die üblichen Behandlungsmethoden haben ihm nicht weitergeholfen.

Er berichtet, er habe einen Zwillingsbruder, und sie beide seien ein Leben lang immer sehr darauf bedacht gewesen, das gleiche Leben zu führen. Sie heirateten zur gleichen Zeit, bekamen Nachwuchs zur gleichen Zeit, hatten die gleichen Hobbys, ähnliche Jobs und verdienten ähnlich viel Geld. Sie wohnten im gleichen Ort und gingen in denselben Fußballclub.

Einige Zeit zuvor war die Frau seines Bruders plötzlich verstorben, und dadurch bekam das Leben auf einmal für alle Beteiligten eine neue Wende. Sein Bruder lernte eine sehr junge neue Partnerin kennen, verließ das Haus und begann ein neues Leben in einer anderen Stadt. Karsten und sein Bruder hatten kaum noch Kontakt.

Karsten hatte inzwischen die Pflege der alten Mutter übernommen und hatte oft Schwierigkeiten mit seiner Frau, die sich mit dem Leben überfordert fühlte. Er berichtete, dass er immer öfter ziemlich sauer auf seinen Bruder war. Der war »fein raus«: neue Frau, jung, agil, neues Leben, frischer Sex. Er war im alten Ort, hatte eine schlecht gelaunte Frau und fühlte sich sehr verlassen.

Er hatte mit seinem Bruder eine Dünkel-Selbstmitleid-Situation. Er fühlte sich selbst dem Bruder moralisch überlegen, zumal er die Mutter versorgte und die alten Formen aufrechterhielt. Er dachte oft abschätzig über seinen Bruder und wäre nie auf die Idee gekommen, ihn und seine neue Frau einzuladen. Wenn er in Ruhe über sich selbst nachdachte, überkam ihn ein gehöriges Selbstmitleid. Er fühlte sich alt, unattraktiv und minderwertig. Er musste sich darum kümmern, alles geregelt zu bekommen, die demente Mutter, die nörgelige Ehefrau, sein unzufriedenes Leben – und der Bruder haute einfach ab. Auch er hätte gerne ein neues Leben begonnen, aber alte Ketten hielten ihn fest.

Ich besprach mit ihm die Dünkel-Selbstmitleid-Situation und machte ihm deutlich, wie er lebenslang in diesem Zwiespalt gefangen gewesen war. Nur er selbst konnte die Situation ändern, niemand anders war hier »schuld«.

Er konnte die Situation mit seiner Frau klären und trennte sich. Seine Mutter konnte von einer Pflegekraft versorgt werden. Er lernte eine nette Frau bei seinem neuen Hobby, dem Tanzen, kennen. Und das Beste war, sein Haarausfall hörte auf, und schon bald wuchs ihm neues Haar nach. Er fühlte sich in seiner Haut wieder wohl, und die neue Frau gab ihm die Bestätigung als Mann, die er so noch nie kennengelernt hatte.

Rollen – Hauptblockaden des Lebens

Die Strukturen der Aura setzen sich in unserem Energiefeld zu immer komplexen Strukturen zusammen. Mehrere Strukturen bilden dann eine *Einheit* und werden durch eine Ohnmacht als äußerste Struktur fixiert. Eine solche Zusammenballung an Strukturen bildet eine *Rolle*, die man in seinem täglichen Leben spielt.

Wir haben bisher gesehen, wie sich die Gefühle zu den einzelnen Strukturen verhalten. Durch die zuletzt entstandene Ohnmacht entzieht sich dieses Gesamtgebilde der Rolle unserer persönlichen Wahrnehmung in der Aura. Das Rollenspiel, das sich durch die Strukturen, alle Emotionen, Erfahrungen und Eindrücke in unserem Leben definiert, haben wir vom Beginn des Lebens an kennengelernt und durch die aktive Erziehung, aber auch zu einem großen Teil nonverbal, von den vorigen Generationen übernommen.

Das Einnehmen der Rollen im Leben schränkt uns stark in unserer Individualität ein. Die Rollen bieten uns Sicherheit, jedoch auf Kosten einer authentischen Persönlichkeit und der Kraft unseres Wesens.

In unserem Energiefeld sind viele verschiedene Rollen gespeichert. Entsprechend dem sozialen Umfeld nimmt unser Bewusstsein eine dieser Rollen ein, und man lebt damit nach bestimmten Vorstellungen und einschränkenden Verhaltensmustern. Dieses Verhalten ist durch die in der Rolle enthaltenen bekannten Strukturen definiert. Jede dieser Rollen in unserem Leben bestimmt den Klang unserer Sprache, das Verhalten und alle Körpersignale, die wir nonverbal an unsere Umgebung senden.

Rollen binden sehr viel Energie!
Jeder kennt die Situation, als bereits erwachsener Mensch seine Eltern zu besuchen. Sofort beim Betreten des Hauses der Eltern fällt man in die Kindrolle, manchmal sogar mit der entsprechenden Veränderung der Sprache. Nicht nur man selbst verhält sich wie ein Kind, sondern die Eltern verhalten sich wie Eltern. Sie nehmen einen nicht ernst, kochen das Leibgericht und versorgen einen mit Essen. Sie wissen besser, was für einen richtig ist, und bemängeln Kleidung, Figur oder Haarschnitt. Das Alter der beteiligten Personen ist dabei nicht wichtig. Die Kindrolle ist eine fast nicht aufzulösende Rolle und enthält alle behandelten Strukturen.

Hier in kurzer Form einige der Strukturen und damit verbundene Emotionen oder Aussagen der Kindrolle. Dies ist nur ein kleiner Ausschnitt, wie eine Liste der Rollendefinition »Eltern/Kind« aussehen kann:

Kabel und Löcher:
Erwartungen deiner Eltern: Du sollst dich als Kind so verhalten, wie es den Eltern gefällt.
Deine Erwartungen an die Eltern: Sie sollen dir Wohnung, Nahrung und Kleidung geben und dich finanziell unterstützen.
Pflicht, Sorge, Schuld binden dich lebenslänglich an die Eltern, darüber bekommst und gibst du Energie

Ohnmachten:
Du fühlst, dass du, so wie du bist, nicht richtig bist.

Trotz, Wut, Trauer Scham:
Du sollst nicht gefühlsbetont reagieren, dich nicht auf ihre

138

Wahrnehmung verlassen und dich nicht widersetzen.
Deine Gefühle werden korrigiert: Sei artig! Schäm dich!

Moral und Glaubenssätze:
Früher war alles besser.
Man muss hart arbeiten.
Die anderen Kinder sind klüger.
Aus dir wird nie etwas.

Ängste:
Du schaffst das sowieso nicht, du bist zu schwach. Die Welt
ist gefährlich.
Alles, wovor die Eltern Angst haben, werten sie als schlecht
und erziehen die Kinder entsprechend.

Lüge und Sucht:
Lüge lieber, anstatt deine Angst einzugestehen.
Schau Fernsehen und lass die Eltern in Ruhe.
Nimm eine Tablette oder trink ein Bier, wenn du dich schlecht
fühlst.
Lass die Eltern mit deinen Gefühlen in Ruhe.

Dünkel und Selbstmitleid:
Ich mache es besser als die Eltern.
Ich brauche finanzielle Unterstützung von ihnen, ich schaffe es
nicht allein.
Ich werde mit meinen Kindern besser umgehen.
Ich brauche Oma und Opa als Babysitter.

Unser Bewusstsein reduziert sich im Alltag immer auf eine der Rollen, die wir spielen. Das ist abhängig davon, in welchem Umfeld wir uns befinden. Sind wir im Büro, erfüllen wir eine andere Rolle als zu Hause oder im Sportverein:

- Im Büro bist du vielleicht der selbstbewusste, knallharte Geschäftsmann Dr. Müller.
- Deinem Vater kannst du seit Lebtag nicht genügen und verhältst dich unterwürfig.
- Deine Ehefrau bestimmt, wie die Wohnung eingerichtet wird.
- Im Sportverein bist du der Hansi, der Tollpatsch, der immer lustig ist.

Die Aufspaltung des Energiefelds in Rollen macht den sozialen Umgang im Alltag berechenbar und vermittelt Sicherheit. Jemand, der sich in bestimmten Situationen berechenbar verhält, ist leicht zu handhaben. In den Rollen geht man immer zurück in alte Emotionen und in bewährte Handlungsmuster. Wenn man sich so oder so verhält, bekommt man die Anerkennung der Umgebung. Dass man dafür einen großen Teil seiner Persönlichkeit nicht lebt, nimmt man dafür in Kauf. Immer natürlich in der Hoffnung, dass man endlich anerkannt und geschätzt wird, so wie man ist. Allerdings wissen wir zu diesem Zeitpunkt schon lange selbst nicht mehr, wer wir eigentlich sind!

Jede jetzt bekannte Art der Struktur ist eine Beschränkung des eigenen Energiefelds. Energie wird gebunden und steht dem freien Fluss und der Kraft der eigenen Persönlichkeit nicht zur Verfügung. Eine Rolle ist eine Ansammlung von Strukturen, in der sehr viel Energie gebunden ist. Die Folge sind eine starke

Beschränkung der eigenen Wahrnehmung und eine Behinderung der eigenen Entwicklung.

Wir leben in Rollen nie unser volles Potenzial aus, sondern immer nur einen Ausschnitt von Lebenskraft. Das Erkennen der eigenen Rollen ist eine große Chance zu Selbsterkenntnis und Veränderung hin zum wahren Sein und zu einem authentischen Leben.

Um die Situation noch einmal zu verdeutlichen, sind hier einige der üblichen Rollen, die man in seinem Leben spielen kann, aufgelistet: Deutscher, Ausländer, Kind, Mutter, Frau, Vater, Mann, Schüler, Lehrer, Arbeitgeber, Arbeitnehmer, Partner, (jeder) Beruf, Hausfrau, Tochter, Sohn, Enkel, Oma, Opa, Pfarrer, Geliebte, Kranker, Autofahrer, Fernsehzuschauer, Freund/Freundin, Nachbar, Hausbesitzer, Urlauber etc.

Diese Liste wäre unendlich fortsetzbar.

Wenn wir es schaffen, unsere Rollen zu betrachten und infrage zu stellen, können wir immer mehr die Strukturen in unserem Energiefeld auflösen und zu einem authentischen Selbst werden.

Wir sind meistens stolz auf die Rollen, die wir spielen. Und wir sind froh, dass andere ebenfalls verlässliche Rollen in ihrem Leben spielen. Aber es stellen sich einige Fragen:

- Wer bin ich eigentlich wirklich?
- Wer werde ich sein, wenn ich in Rente gehe?
- Wer bin ich ohne meine Frau oder meinen Mann?
- Wie verhalte ich mich, wenn ich mein Rollengesicht verliere?

Es sind Glaubenssätze, dass wir nur in Rollen überleben können. Wenn unser Energiefeld wieder in Fluss kommt und wir die Freude und die Kraft des Lebens mehr und mehr spüren können, brauchen wir das klapprige Gerüst der Rollen nicht länger.

Unsere Rollen lösen können wir nur, wenn wir innerlich wirklich bereit für einen solchen Schritt sind und alte Gewohnheiten und Verhaltensweisen loslassen wollen. Das ist der erste wichtige Schritt zu einem authentischen und freien Selbst, das die Verletzung am eigenen Herzen erkennen und heilen kann.

5 Das Energiebarometer

Das Herz ist unsere zentrale energetische Quelle für alles, was wir sind und als Welt um uns herum erleben. Das höhere Bewusstsein, von dem unsere Seele ein Teil ist, ist ein unendlich dimensionaler Zustand des Seins. Um die Welt als Seele erleben zu können, werden Dimensionen energetisch eingerollt. Auf diese Weise entsteht eine vierdimensionale Welt, wie wir sie kennen.

Bis heute haben sich die energetischen Zustände so weit entwickelt und wir an Bewusstsein so viel hinzugewonnen, dass sich uns neue Dimensionen auftun. Es kommt zu einem Paradigmenwechsel und zu einer komplett neuen Sicht auf die Realität. Um dorthin zu gelangen, haben wir einen langen Zeitraum in blockierenden Strukturen gelebt, die sich gerade mehr und mehr auflösen. Wir stehen jetzt vor dem Wachstum unseres gesamten energetischen Systems und sind alle ein Teil des Veränderungsprozesses.

Eine energetische Entwicklung vollzieht sich immer nach einem grundlegenden Ablauf. Wenn einem dieser Ablauf des energetischen Barometers geläufig ist, kann man tatsächlich jeden Prozess des Lebens, ob kurz oder lang, ob klein oder groß, ob universell oder individuell, hier wiederfinden und das Barometer zur Orientierung des eigenen Standpunkts nutzen. Deshalb wird im folgenden Text zunächst deine persönliche Aura als Energiesystem zur Beschreibung gewählt.

Um deinen Körper herum und durch deinen Körper hindurch schwingt dein individuelles Energiefeld, die Aura. Stell dir nun vor, deine Aura ist wie ein großes Gefäß, das mit Energie gefüllt ist. Ist das Gefäß zur Hälfte gefüllt, hat dies entsprechende Auswirkungen auf deinen Alltag. Du wirst dich in deinem täglichen Leben mit großen oder kleinen Entscheidungen konfrontiert sehen.

Entscheidung

Ist das Energieniveau der Aura bei 50 %, so erleben wir unseren Alltag als einen Zustand, in dem wir ständig Entscheidungen fällen müssen. Wir finden uns in Situationen wieder, in denen wir gefordert sind, unsere Lebensabläufe bewusst zu gestalten.

Die Entscheidungssituationen sind so vielfältig wie das Leben selbst. Sei es, dass wir wegen eines Umzugs entscheiden müssen, welches Möbelstück, welche Kaffeetasse oder welche Bluse mitgenommen oder weggeworfen wird.

Sei es, dass wir uns beim Autokauf mit den verschiedenen Marken, Modellen, Karosserie- und Motorvarianten, der Innenausstattung und dem Sonderzubehör beschäftigen müssen.

Sei es die Wahl der weiterführenden Schule der Tochter oder des Fußballvereins des Sohnes, die Auswahl von Produkten im Supermarkt oder die Frage, mit welchem Abendessen der neue Freund verwöhnt werden soll.

Vor uns können bedeutungsvolle und weitreichende Entscheidungen stehen, oder es fordern uns die kleinen Alltagsentscheidungen.

Es gibt keine falschen Entscheidungen!
Bevor du das Energiediagramm kennenlerntest, sagtest du in solchen Fällen: »Diese anstrengende Zeit geht auch vorbei, und wenn das erst hinter mir liegt, habe ich wieder meine Ruhe.« Du wundertest dich über die Zufälle, die dir andauernd Entscheidungen abverlangten, oder ärgertest dich über deinen untätigen Ehemann, der dir alle Entscheidungen überließ. Möglicherweise warst du von den vielen Entscheidungsanforderungen genervt, zogst dich zurück und hast es anderen überlassen, die Entscheidungen zu treffen.

Ab heute kannst du anhand des Energiediagramms schnell erkennen, dass dein persönliches Energieniveau derzeit bei 50 % steht. Dies ist einfach eine Feststellung über deinen momentanen energetischen Zustand. Du hast deshalb keinen Grund, dich über die vielen Entscheidungsanforderungen zu wundern oder zu ärgern. Du hast es selbst in der Hand, deine Energie ansteigen zu lassen und den Bereich zu erreichen, in dem das Leben sich in fließender Leichtigkeit entwickelt.

Wenn du eine anstehende Entscheidung zielstrebig fällst, gibst du deine Kraft hinein und setzt eine Entwicklung in Gang, die für dich genau richtig ist.

Willst du dich nicht entscheiden, verläuft deine Energie im Sande, und du fühlst dich als Opfer in den verschiedenen Situationen.

Jede Entscheidung gibt dir Kraft und bringt dein Leben in Fluss. Und das Wichtigste: Es gibt keine falschen Entscheidungen!

Da du den Verlauf der anderen Entscheidungsmöglichkeiten nicht sehen kannst, ist die gefällte Entscheidung immer richtig. Es ist sinnvoll und entwicklungsorientierter, aus einer gefällten Entscheidung kraftvoll einen Weg zu gehen, als ohne Entscheidung die eigene Kraftlosigkeit und Ohnmacht zu spüren. Wichtig ist, dass du dich entscheidest! Denn dann steigt dein Energiepegel in der Aura von selbst weiter an. Über deinen Entscheidungsprozess gelangst du, sobald mehr Energie schwingt, in deine persönliche Entwicklung.

Entwicklung

»Im Fluss des Lebens sein« bedeutet, alles ist immer zur rechten Zeit für dich am rechten Platz. Das Leben läuft wie von selbst. Du hast Glück, du hast keine Warteschlangen an der Kasse, der Parkplatz, den du brauchst, steht dir zur Verfügung, die Menschen sind nett zu dir, und das Leben läuft leicht.

Du genießt die Fülle und erntest viel Wohlwollen aus deiner Umgebung. Die Energie steigt in dieser Phase der Entwicklung in der Aura von selbst weiter an.

In dieser Phase des Energiediagramms sind Entscheidungen nicht nötig und würden dich in deiner weiteren Entwicklung sogar behindern. Wenn du dich in der Phase der Entwicklung befindest, lässt dich eine verstandesorientierte Entscheidung zurückfallen unter das 50-%-Energieniveau.

Lass die Entwicklung laufen und freu dich herzlich darüber, dass für dich alles zur rechten Zeit am rechten Platz ist. Das mag zunächst ungewohnt für dich sein, aber genieße den reibungslosen Lauf deines Lebens.

Die Phase der Entwicklung ist geprägt vom reibungslosen Fließen der Lebensabläufe.

»Hüter der Schwelle« und die Prüfung

Steigt deine Energie in der Aura auf 100 %, stehst du vor einer Prüfung. Dies ist eine Alltagssituation, die mit Angst einhergeht und die natürliche Schwelle vor einer wirklichen Bewusstseinsentwicklung darstellt.

Die Frage an diesem Punkt im Leben heißt: »Willst du dich wirklich entwickeln?« Es geht bei der Prüfung in erster Linie darum, sich mit der Angst vor der Prüfung zu beschäftigen. Die Prüfung selbst ist zweitrangig und wird erfolgreich sein, wenn die Angst bewusst bearbeitet wurde.

In vielen Büchern wird seit alters her die Angstempfindung vor dieser Prüfungssituation als »Hüter der Schwelle« bezeichnet. Mögen sich auch viele sagenumwobene, geheimnisvolle oder spirituelle Geschichten um den »Hüter der Schwelle« gebildet haben, so ist er im Energiebarometer doch nur eine der Stationen für deine weitere Entwicklung. Es geht darum, die Bedeutung der einzelnen Stationen kennenzulernen und auf dein eigenes Leben wachstumsorientiert anzuwenden.

In deinem Leben hast du bestimmt schon viele Prüfungen absolviert und entsprechend viele Ängste ausgestanden. Du hast Techniken angewendet oder zu Medikamenten gegriffen, um deine Prüfungsängste zu unterdrücken. Unterdrücken, betäuben und nicht mehr spüren steht einer bewussten Bearbeitung allerdings entgegen.

Deine Prüfungen im Leben haben viele Gesichter. Das Abitur, die Fahrprüfung, eine schwere Erkrankung, ein Ortswechsel, ein Vorstellungsgespräch, ein neuer Job, das Angebot, in das Haus der Schwiegereltern einzuziehen, ein Zahnarztbesuch, der Beginn in einer weiterführenden Schule, eine große Rolle bei einem Theaterstück oder ein erstes Rendezvous.

Willst du dich wirklich entwickeln?
Viele Menschen resignieren vor dem »Hüter der Schwelle«. Sie wollen es vermeiden, ihren Ängsten ins Auge zu sehen, denn sie verstehen nicht, dass das wirkliche Wachstum im Leben aus der Überwindung dieser Angst entsteht.

Aber es gibt nichts im Leben, vor dem man wirklich Angst haben muss, es sei denn, der materielle Körper ist bedroht. Alle anderen Ängste kannst du dir anschauen und an Ihnen reifen (siehe Kapitel 4 auf Seite 108).

Die Angst als energetisches Phänomen hat die Tendenz, alle Energie dazu zu verwenden, Gefahren und Probleme überlebensgroß aufzuzeigen. Es entwickelt sich eine lebhafte Fantasie über alle möglichen Geschehnisse und Entwicklungen, die sich ereignen könnten. In dieser Fantasie entstehen Bilder von Versagen, nicht gut genug zu sein, ausgelacht zu werden. Diese Vorstellungen machen dich bewegungsunfähig und nehmen dir einen großen Teil deiner Kreativität und Kraft. Du schreckst vor jeder persönlichen Entwicklung zurück und bleibst beim Bekannten und Vertrauten. Dies ist energetisch ein Rückfall in den Bereich der Ohnmacht.

Erinnerst du dich an die Frage, die der »Hüter der Schwelle« stellt: Willst du dich wirklich entwickeln? Mit der folgenden Übung überwindest du mühelos den »Hüter der Schwelle« und wirst ein Stück mehr zum Gestalter deines Lebens.

Wenn du die Angst bewältigst, dich mit ihr beschäftigst und

sie annehmen kannst, löst sie sich auf und du bist einen großen Schritt in deiner Entwicklung weitergekommen. Die danach folgende Prüfung ist meist leicht und schnell erledigt.

Nach der bestandenen Prüfung fühlst du dich wohl, und dein Energieniveau steigt weiter an. Wenn du weiterhin von deiner Aura als einem flexiblen Gefäß ausgehst, wird sie jetzt mehr und mehr mit Energie fast zum Platzen aufgefüllt. Im Alltag bedeutet es, du willst wachsen, du schmiedest Pläne, willst dich »vergrößern«, machst eine neue Ausbildung, kaufst ein Auto, du hast auf jeden Fall so viel Energie, dass du sie nach außen abgeben möchtest.

Wachstum und Entfaltung

Hast du deine Angst bearbeitet und die Prüfung absolviert, kannst du dich energetisch entfalten. Deinem weiteren Wachstum steht nichts mehr im Wege, und dein Energieniveau steigt weiter an.

Jetzt ist der energetische Druck in deiner Aura so weit angestiegen, dass sich dein Energiefeld entfaltet. Du bist nun stark genug, deine Ideen und Kenntnisse an andere Menschen weiterzugeben.

Bei diesem hohen Energielevel *ent-wickelt* sich deine Aura im wahrsten Sinne des Wortes. Sie faltet sich in den Außenbereichen aus und wird räumlich weiter. Die erhöhte Energie gibst du auf deine persönliche Art an die Umgebung weiter. Nach diesem Wachstum zeigt sich nun vorübergehend das Phänomen des gefühlten Rückfalls in »alte Zeiten«. Du kennst sicherlich die Erfahrung, nach einem besonders schönen Erlebnis einen Rückschlag zu erleben. Eltern oder Verwandte haben dir seit früher Kindheit geraten, dich nicht allzu überschwänglich zu freuen, sondern auf dem Boden zu bleiben. »Wer hoch hinauswill, fällt tief«, solche und ähnliche Aussagen sind im Volksmund weitverbreitet. Der Abfall nach einer Hochphase ist ein allgemein bekanntes Ereignis.

Die jetzt zum Bersten gefüllte Aura entwickelt sich. Du kannst dich an die eingerollten Blätter/Dimensionen erinnern? Diese rollen sich aus, und du machst ein Wachstum durch – wortwörtlich genommen: die Ent-wicklung. Hierbei vergrößert sich dein »Auragefäß«, und das gleiche Energievolumen von vorher füllt die entwickelte Aura nur zu 50 % aus.

Nach deinem anstrengenden Wachstumsprozess fühlst du dich zunächst schwach, ohnmächtig und energetisch im Keller.

Deine Aura ist weiter geworden, damit haben sich auch deine Lebensmöglichkeiten erweitert. Schau auf das Energiediagramm, und du stellst fest, dass das Gefäß halb voll ist und darauf wartet, dass du die Entscheidungen triffst, die nötig sind, das weitere Entwickeln deines Lebens in Gang zu setzen.

Dein Energieniveau liegt nach der Entfaltung, wieder bei knapp unter 50 %. Hier beginnt der Ablauf von Entscheidung – Entwicklung – Prüfung – Wachstum – Entfaltung aufs Neue.

Diesen Zeitpunkt der Ohnmacht kannst du nun freudig als Erholungsphase nutzen, bevor du, per Entscheidung, die Ohnmacht auflösen und erneut den Kreislauf von Entwicklung, Wachstum und Ohnmacht erleben kannst.

Alternativ kannst du dich natürlich ewig lang in dieser ohnmächtigen Situation aufhalten und dir mehr und mehr leid tun. Dann sinkt das Energieniveau immer weiter ab. Dein Zustand wird schwächer und schwächer. Diese Ohnmachtssituation zeichnet sich dadurch aus, dass du dich als Opfer fühlst. Du suchst die Verantwortung für deinen Zustand bei den anderen oder den Umständen. Dein Körper neigt irgendwann zu einer fiebrigen Erkrankung – zwecks Regeneration –, da deine Energie und deine Kräfte immer mehr schwinden. Bis du dir bewusst machst, dass du aus diesem Zustand nur selbst durch eine Entscheidung aussteigen kannst, und es dann auch tust.

Das Leben von uns Menschen durchläuft stetig diese Phasen in einer aufwärts gerichteten Spirale. Ein Rückfall dieser Entwicklung findet nicht statt. Dir begegnen zwar manche Themen deines Lebens immer wieder, aber nach jedem Entwicklungszyklus befindest du dich auf einem höheren Energieniveau. Dieser Kreislauf findet so lange statt, bis deine Kraft groß genug ist, das Thema in dem für dich bestimmten Sinn zu begreifen und ein für alle Mal abzulegen.

Dein Leben ist ein Weg von Wachstum und Bewusstsein, mit dem Ziel, das Energiefeld möglichst weiterzuentwickeln. Mit dieser persönlichen Entwicklung trägst du zur Entwicklung der gesamten Menschheit bei, denn du stehst mit deiner individuellen Entwicklung in ständiger Interaktion zu allen Mitmenschen.

So sind alle energetischen Prozesse aufgebaut: Wir durchlaufen immer wiederkehrende Zyklen, die jedoch stets auf einem energetisch höheren Niveau stattfinden. Das Ganze passiert lebenslang, und wir nennen es Entwicklung.

Mach dir kurz ein paar Gedanken zu diesem Barometer. Übertrage das Barometer auf alle Lebensabläufe und verstehe so, wie alles in deinem Leben zusammenhängt. Du bist kein Versager, weil du ein Problem immer noch nicht bewältigt hast.

Es ist dir auf einem neuen Niveau neu begegnet, damit du daran wachsen kannst.

Du kannst das Barometer, egal, auf welchen Ablauf in deinem Leben, z.B. auf die Politik, deine Familie oder deine Arbeit beziehen; immer sind die grundlegenden Mechanismen die gleichen.

Es gibt keinen ewig glücklichen Zustand! Das würde sich sogar gar nicht gut anfühlen, weil wir uns sehr schnell an bestimmte Zustände gewöhnen. Wir empfinden Glück nur als Glück, wenn wir zwischendurch auch mal wieder unglücklich sein dürfen. Auch ist ein Ausruhen auf dem energetisch niedrigen Niveau, der Ohnmacht, wichtig für unsere Orientierung zu neuen Möglichkeiten. Das Wachstumsgefühl der Ausdehnung kann unser Körper nur kurze Zeit ertragen, sonst würde er krank. Alles unterliegt also einem Kommen und Gehen. Wenn wir dies für unser Leben verstanden haben, können wir uns entspannt in das ewige Auf und Ab des Lebens fallen lassen.

Abfall der Energie in die Ohnmacht

Nachdem nun die obere Hälfte des Energiediagramms, der Bereich von Entwicklung und Wachstum, aufgezeigt wurde, folgt die Erklärung der unteren Hälfte des Energiediagramms, der Bereich von Stillstand und Rückschritt.

Ist die zur Verfügung stehende Energie bis zu einem Prozentsatz von 50 % abgesunken, tritt ein Schutzmechanismus ein. Um einen schnellen, unkontrollierten Energieabfall zu verhindern, schottet sich das Energiefeld von der Umwelt weitgehend ab. Es bildet eine Energieblase, in der du mit deiner Wahrnehmung auf dich selbst reduziert bist. Du fühlst dich ohnmächtig in der Gestaltung deines Lebens, den Machenschaften anderer

Energiebarometer

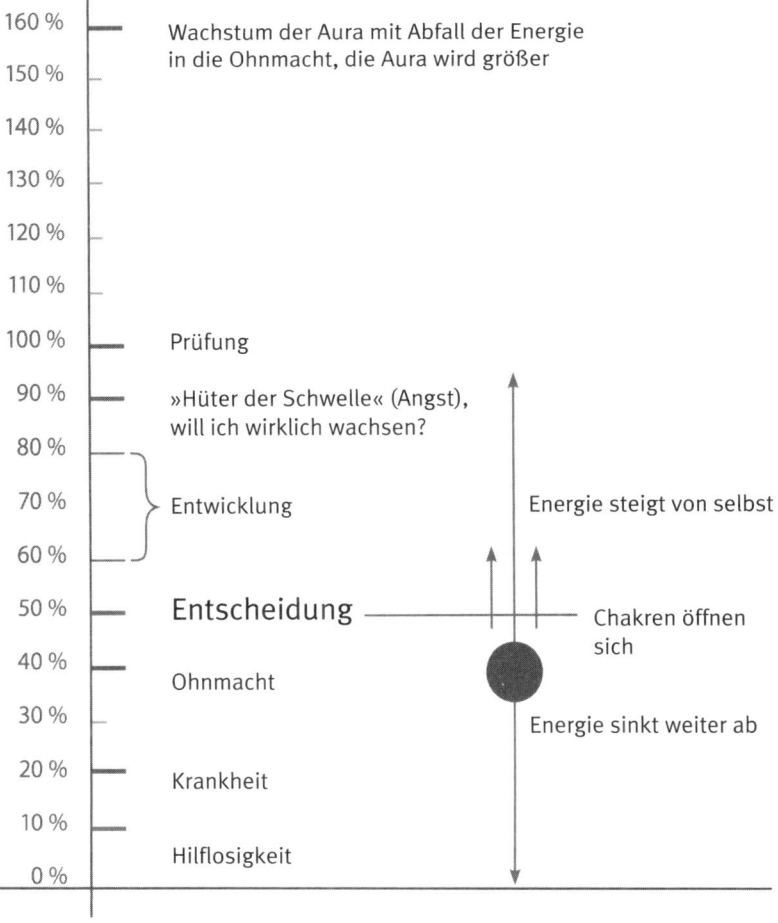

ausgeliefert, handlungsunfähig. Dieser niedrige Energiezustand wird in Kapitel 4 als Ohnmacht ausführlich beschrieben.

Im Zustand der Ohnmacht fühlst du dich als Opfer und projizierst alle Probleme und Schwierigkeiten des Alltags auf deine Umwelt. In dieser Phase ist das Leben schwer, nichts gelingt, trotz großer Mühe ist der Lohn karg. Deine Anstrengung wird von anderen nicht gesehen, du selbst wirst als individueller Mensch nicht wahrgenommen.

Innerhalb der Energieblase, in der du dich befindest, sinkt die Energie langsam, aber stetig weiter ab. Du bist von deiner Umgebung zunehmend genervt. Die anderen scheinen dir überlegen zu sein und dich übervorteilen zu wollen. Du projizierst all deine Frustrationen auf deine Mitmenschen und fühlst dich schwach und klein. Der Partner, die Kinder, die Mutter, der Chef, der Busfahrer, der Lehrer – alle sind sie schuld, dass es dir so schlecht geht.

Schuldzuweisung an andere für die eigene missliche Lage ist typisch für den energetischen Zustand der Ohnmacht. »Wer anderen die Schuld gibt, gibt ihnen die Macht«, lautet ein altes Sprichwort. Du gibst die Eigenverantwortung für dein Leben ab und findest nicht die Kraft, selbst für deine Gesunderhaltung, dein Glück und deine Lebensfreude zu sorgen.

Falls du in deiner Kindheit in einem familiären Umfeld lebtest, das von Ohnmacht geprägt war, lerntest du, das Leben aus dieser Sichtweise zu beurteilen. Für dich gilt dann als Tatsache, dass das Leben hart und ungerecht ist, dass du wenig beachtet wirst und nichts wert bist. Du verbringst dann, gerade so, wie du es gelernt hast, dein Leben im Bereich der Ohnmacht und lehrst deine dir nahestehenden Menschen ebenfalls, ihr Leben in Ohnmacht zu verbringen.

Wenn du es nicht schaffst, deine Energie durch Bewusstsein, Freude oder Aktion zu erhöhen, sinkt dein Energieniveau weiter ab. Nach und nach steht nicht mehr genügend Energie zur Verfügung, um den Körper ausreichend zu versorgen. Er reagiert auf das Sinken der Energie mit Krankheiten. Der Körper greift zum Selbstschutz und bekommt beispielsweise Fieber und Schmerzen. Er möchte dich aus dem normalen Ablauf des Alltags herausziehen, der dich sonst immer weiter nach unten ziehen würde.

Alle fiebrigen Erkrankungen finden bei einem Energieniveau von ca. 20 % statt. Du solltest jetzt auf deinen Körper vertrauen, ihm für diesen Hinweis dankbar sein und ihm die Zeit zur Regeneration lassen. Gelingt in dieser Phase keine energetische und körperliche Erholung, sinkt die Energie weiter ab. Aus Selbstmitleid wird schließlich Resignation, und die energetische Situation wird für den physischen Körper bedrohlich.

Bei nur noch 2 % Energie kann der Mensch sich selbst nicht mehr helfen und ist auf die sofortige intensive Hilfe von anderen angewiesen.

Wie kannst du dir helfen, wenn du in einem Zustand der Ohnmacht bist (siehe Kapitel 4 auf Seite 96)?

- Suche dir eine Beschäftigung, die dir Freude macht.
- Gönne dir etwas Gutes oder Schönes.
- Treffe bewusst kleine Entscheidungen in deinem aktuellen Alltag.

Gelingt es dir, dich selbst wieder zu spüren und nach und nach das Leben bewusst wahrzunehmen, dann bist du auf dem Weg, deine energetische Situation zu verbessern.

Überblick und Nutzen

Wenn du dich jetzt nach der Beschreibung der verschiedenen energetischen Zustände selbst betrachtest und dein Umfeld erlebst, stellst du fest, dass die meisten Menschen in unserer Kultur sich im Bereich der energetischen Ohnmacht befinden. Sie fühlen sich schwach, ausgenutzt, suchen die Schuld bei anderen, verhalten sich passiv, treffen keine bewussten Entscheidungen, hängen an alten Verhaltensweisen und Verhältnissen fest, jammern über die Zustände, ändern sie jedoch nicht.

Überdenke deine eigene Situation: Bist du krank, bist du im Selbstmitleid, beklagst du dich über andere, wirst du gemobbt, schimpfst du über den Partner, den Lehrer, die Kinder, über deinen Arbeitsplatz, über deine Schwiegermutter, über das Wetter, über die Banken, über den Staat?

Immer, wenn du dich selbst zum Opfer werden lässt, bist du in einer Ohnmacht und weit davon entfernt, dein Leben eigenverantwortlich zu gestalten. Diese Zusammenhänge deutlich und einfach erkennen zu können ist der erste Schritt, um aus einem energetischen Tief auszusteigen. Beobachte deine Gefühle und wirf einen Blick auf das Energiediagramm. Du erkennst sofort, auf welchem Energieniveau du dich befindest, und kannst entsprechend handeln. Du wirst dich künftig nur noch selten und nur für kurze Zeit in einem energetischen Tief aufhalten.

Du kannst mit deinem Partner, mit deiner Freundin oder deiner Nachbarin besser umgehen, wenn du die Wirkungsweise der energetischen Gesetze kennst. Befindet sich eine Freundin in einem Zustand der energetischen Ohnmacht, helfen alle gut gemeinten Ratschläge nicht. Sie kann in diesem Zustand auf die Argumente anderer nicht hören und reagiert verärgert. Jede Intensivierung der guten Ratschläge von außen verstärkt ihren Rückzug und ihren Ohnmachtszustand. Der verstehende Begleiter in einer solchen Situation ist still präsent und signalisiert Nähe und Herzenswärme.

Wie der legendäre Münchhausen,
der sich am eigenen Haarschopf aus dem Sumpf gezogen hat,
kannst du dich nur selbst
aus dem Zustand der Ohnmacht befreien.

Es sind die kleinen Entscheidungen, die deine Energie langsam ansteigen lassen. Durch die vielen kleinen, aber bewusst getroffenen Entscheidungen fallen dir auch bald große Entscheidungen leichter. So gelingt es dir nach und nach, wirkliche Eigenverantwortung für dein gesamtes Leben zu übernehmen.

Es gibt unzählige Möglichkeiten, bewusste Entscheidungen zu treffen. Der folgende Umgang mit dem Alltag wird dir schnell zu einer kraftvolleren Lebensperspektive verhelfen.

Immer wenn du spürst, dass du in der Energie absinkst und dich ausgeliefert fühlst, kannst du mit der folgenden Achtsamkeitsübung anfangen, dein Leben neu zu gestalten:

* Mit welchem Fuß verlasse ich mein Bett? Heute mache ich es anders als sonst.
* Mit welcher Hand putze ich meine Zähne? Heute nehme ich die andere.
* Trinke ich Kaffee oder Tee? Heute wähle ich bewusst.
* Welche Kleidung trage ich? Heute will ich mich wohlfühlen/ oder auffallen.

- Ich lese in der Tageszeitung die Artikel, die ich sonst nicht lese.
- Ich gehe früher ins Büro.
- Ich fahre einen anderen Weg zur Arbeit.
- Ich bin heute freundlicher zu den Kollegen.
- Usw.

Achte nach den Entscheidungen auf den weiteren Verlauf des Tages. Was hat sich geändert, wie begegnen dir die Menschen, wie kraftvoll fühlst du dich?

Das Energiebarometer im täglichen Leben

Das Energiebarometer ist das wichtigste Hilfsmittel, um deinen eigenen energetischen Zustand einzuschätzen. Es lässt sich auf unsere gesamte Biografie beziehen. Jeder Mensch durchläuft täglich mehrfach alle Phasen dieses Barometers. Jede Zeiteinheit, jede Woche, jeden Monat, jedes Lebensjahr kannst du unter dem energetischen Verlauf betrachten und darüber dich selbst kennenlernen. Auch einzelne Tage, wie z.B. den letzten Geburtstag vor zwei Monaten oder die Hochzeit vor einigen Jahren, kannst du anhand des Energiebarometers untersuchen. Selbst so manche Entwicklungen in deiner Umgebung erscheinen in einem neuen Licht.

Weshalb kann die Betrachtung einer Zeitspanne anhand des Energiebarometers interessante Ergebnisse bringen? In jeder Zeitspanne deines Lebens hattest du Erlebnisse, Erfahrungen und Begegnungen. Diese Vorgänge wirkten sich auf die Zeit danach aus, und womöglich bist du heute noch von den damals getroffenen oder versäumten Entscheidungen berührt.

Wenn du erkennst, unter welchen Bedingungen du damals die Welt betrachtet und deine Entscheidungen gefällt hast, wird dir vieles verständlich, und du kannst Veränderungen vornehmen.

Ein beispielhafter Tagesablauf:
6:00 Uhr: Der Wecker klingelt und reißt dich aus sanften Träumen. Ein Gefühl von Ohnmacht herrscht in dir. Du fühlst dich eingespannt in Abläufe und Vorgänge, denen du ausgeliefert bist. Verschlafen und missgelaunt stehst du auf. Du findest das Gesicht, das dir aus dem Spiegel entgegenblickt, grässlich und kannst kein gutes Haar an dir finden. Entsprechend begegnest du deiner Partnerin wortkarg und missmutig. Du bist in einer Ohnmacht.

7:00 Uhr: Du verlässt das Haus, ein Blick auf das Wetter trägt nicht zu einer Verbesserung deiner Laune bei. Die Straßenlandschaft ist trist und grau. Du gehst zum Bus und wartest an der Haltestelle. Der Bus hat Verspätung, deine Laune wird noch schlechter. Du bist noch immer in der Ohnmacht.

7:10 Uhr: Im Bus fällt einer Mitfahrerin die Handtasche um, und einige Dinge verstreuen sich im Gang. Du hilfst, die Teile aufzusammeln, und wechselst einige Worte. Deine Laune wird dadurch besser. Die Müdigkeit ist weg. Du hast dich entschieden, beim Aufsammeln der Gegenstände zu helfen, und bist aktiv geworden. Das hat Energie freigesetzt. Du kommst in Entwicklung.

Der Weg zum Büro ist danach entspannt, die Fußgängerampel schaltet in dem Moment auf Grün, als du ankommst. Du beobachtest eine Gruppe Kinder, die sich über die Hausaufgaben unterhalten, und lächelst in Gedanken an deine eigene

Schulzeit. Dieses Lächeln bemerkt der Portier am Werkstor und lächelt dich freundlich an. Du grüßt unwillkürlich diesen nett lächelnden Mann, den du sonst noch nie registriert hast. Du bist energetisch aufsteigend in Entwicklung.

8:00 Uhr: Termin beim Chef. Du sollst über das Ergebnis deiner Ausarbeitung berichten. Du bist aufgeregt und hoffst, die richtigen Worte zu finden. Eine erfolgreiche Präsentation könnte dein Ansehen in den Augen des Chefs beträchtlich steigern. Aber was kann dir schon passieren? Im schlechtesten Fall belächeln deine Kollegen dich, aber selbst dann weißt du, dass du deine Arbeit gut machst. Jetzt erlebst du die Prüfung mit der entsprechenden Angst vor der Prüfung. Die Überlegung: »Was kann mir schon passieren?« löst deine Angstblockade, und die Prüfung verläuft erfolgreich.

10:00 Uhr: Der Chef hat dich sehr gelobt. Das gibt dir ein so schönes Gefühl, dass du Bäume ausreißen könntest, und die Arbeit geht für den Rest des Vormittags wie von selbst. Du wächst, und deine Arbeit verläuft mit Leichtigkeit.

12:00 Uhr: Deine Partnerin ruft an und wirft dir vor, heute Morgen die Mülltonnen nicht hinausgestellt zu haben. Nun stehe der volle Mülleimer 14 Tage stinkend im Keller, bis die nächste Leerung stattfinde, schimpft sie. Vom Wachstum bist du nun zurück in der Ohnmacht.

12:05 Uhr: Deine Laune ist wieder auf einem Tiefpunkt angelangt. Nur gut, dass du inzwischen weißt, wie du dich schnell wieder aufbauen kannst: Entscheidungen treffen und den Alltag bewusst und aktiv gestalten. Du gehst jetzt erst mal einen Kaffee trinken, und den Müll bringst du heute Abend zum Wertstoffhof.

Jeder Tag, jede Woche, jeder Monat, jedes Jahr, jedes Leben hat Höhen und Tiefen. Wenn du die Hintergründe kennst, wirst du zum aktiven Lebensgestalter.

Positive Veränderung durch das Energiebarometer

Du wirst dir der Abläufe des Alltags und deiner angelernten Verhaltensweisen immer bewusster. Du kannst anhand des Energiebarometers ablesen, zu welchen Zeiten oder bei welchen Tätigkeiten du energielos bist und dich ohnmächtig fühlst. Durch die aufgezeigten Übungen kannst du gezielt deine Energie in diesen Situationen steigern und dadurch Arbeiten wesentlich besser und schneller erledigen. Du empfindest Freude am aktiven Gestalten und Tun, wo du bisher Opfer von Abläufen warst. Die Frustration über die immer wiederkehrenden Aufgaben des Alltags verwandelt sich in Freude über das gelungene Werk.

Fallbeispiel:
Silvia, eine meiner Kursteilnehmerinnen, arbeitet in einem Großraumbüro. Sie ist zuständig für die Erstellung von Pressemitteilungen. Die einzelnen Beiträge stellen vier Mitarbeiter und Mitarbeiterinnen für sie zusammen. Für gewöhnlich sind alle unter Zeitdruck, und sie muss ständig nachfragen, um die fertigen Manuskripte zu bekommen.

Tagtäglich ist sie Stress und Hetze ausgesetzt. Der Büroleiter macht sie für die termingerechte Fertigstellung der Mitteilungen verantwortlich. Sie gibt diesen Stress an ihre Mitarbeiter/-innen weiter und erhält von dort Ausreden und ärgerliche Bemerkungen. Bereits morgens beim Aufstehen denkt sie mit Sorge und Aufregung an den vor ihr liegenden Tag. Mit diesen schweren Gedanken fährt sie in die Firma. Gedankenversunken geht sie ins Büro, vorbei an vielen Mitarbeiter/-innen, die daran gewöhnt sind, sie mit ihrer Aktentasche vorbeihuschen zu sehen. Silvia ist vom Aufstehen bis zum Ende der Bürozeit in der Ohnmacht. Sie ist stets auf andere angewiesen, bekommt Druck von oben und unten und erntet selten ein Wort des Lobes und der Anerkennung für ihre Arbeit.

Silvia ist gegen viele Nahrungsmittel allergisch und bekommt häufig einen juckenden Hautausschlag. Sich auszukurieren will sie sich aufgrund ihrer Arbeitssituation nicht zugestehen. Einen richtigen Befreiungsschlag in Form einer langen, schönen Urlaubsreise kann sie sich finanziell nicht leisten.

Ich bin mit ihr das Energiebarometer durchgegangen, und sie hat sich Gedanken über ihr Leben gemacht. Das Ergebnis der Betrachtung zeigte eine seit Jahren andauernde Phase permanenter Ohnmacht auf.

Silvia hat schnell gelernt. Sie will ihre Situation verändern. Sie trifft bewusst viele kleine Entscheidungen und macht die energetischen Übungen hingebungsvoll.

Innerhalb weniger Tage stellte sie fest, dass sie mit anderer Aufmerksamkeit das Großraumbüro betritt. Die Kolleginnen und Kollegen registrieren diese Veränderung und nehmen sie anders wahr als vorher. Sie verwandelt sich in den Augen der anderen – unbewusst! – von der grauen Maus in die geachtete Silvia. Sie wird gegrüßt und erwartet. Sie bekommt ihre Manuskripte vorgelegt und bedankt sich mit offenem Herzen und klarem Blick dafür. Sie erntet lächelnde Gesichter und strahlende Augen. Es hat sich eine Aufwärtsspirale in Gang gesetzt, die die Arbeitsleistung der ganzen Gruppe verbessert.

Silvia freut sich jetzt morgens bereits auf der Fahrt zur Arbeit auf ihre Kolleginnen und Kollegen, und diese freuen sich, wenn Silvia das Büro betritt.

Merke:
- Nur du selbst kannst an deiner Situation etwas verändern.
- Nur du selbst kannst deine Ohnmacht auflösen und über bewusste Entscheidungen in die Entwicklung kommen.
- Nur du selbst kannst die Frage beantworten, ob du dich tatsächlich entwickeln möchtest.
- Nur du selbst kannst dein Leben eigenverantwortlich gestalten.
- Niemand ist Opfer von Abläufen, du selbst bist der Gestalter deines Lebens.

6 Chakren – Organe der Aura

Unsere Aura ist ein multidimensionales, energetisches Schwingungsgefüge.
Die beiden Energiearten kosmische Energie und Erdenergie bilden das Energiefeld.
Die Ein- und Ausströmungspunkte der Energiearten in unsere Aura sind das Basis- und das Scheitel-Chakra. Zwischen diesen beiden Zentralpunkten bildet sich die Hauptachse des Energiefeldes (Kundalini), die der Wirbelsäule auf der materiellen Ebene entspricht.
Durch das Ineinanderschwingen der Energiearten entstehen Knotenpunkte, die Hauptwahrnehmungspunkte der Aura – die Chakren. Chakra bedeutet Rad, und tatsächlich bilden die Chakren rechtsdrehende Wirbel, die sich von der Kundalini aus zur äußeren Auraschicht trichterförmig öffnen.

Chakren sind Energiegebilde – materiell nicht erfassbar.
Jedes der Chakren ist andersfarbig. Ist ein Chakra offen, sieht es von außen betrachtet aus wie ein lichtdurchwobenes Rad aus farbigen Schleiern, wie eine kleine Spirale oder wie eine wunderschöne Blüte.

Die Farbe des Chakra ist abhängig von der Schwingungsgeschwindigkeit der Energieströme, aus denen es sich bildet. Die Farben ändern sich von kräftigen Rottönen über Gelb- und Grüntöne bis zu Violett- und Blautönen.

Die Farben der Chakren fließen ineinander und wirken perlmuttartig. Die Chakren sind Energiegebilde und daher materiell nicht zu erfassen. Die Bilder von Chakren können nur eine Ahnung ihrer Schönheit vermitteln, und jeder hellsichtige Mensch nimmt die Chakren anders wahr.

Die Chakren öffnen sich bei einem Energiegehalt der Aura von mindestens 50 %. Liegt die Energie darunter, bleiben die Chakren geschlossen, und uns Menschen fehlt die eigene Wahrnehmung. Die Ausstrahlung und Wirkung auf andere Menschen ist energielos. Wir werden nicht wahrgenommen.

Entlang der Kundalini liegen zehn Chakrenpunkte, die jeweils mit Hormondrüsen des materiellen Körpers in Verbindung stehen.[4] Jeder der Chakrenpunkte kann im Energiefeld nach vorne und nach hinten geöffnet sein. Mit wachsender Entfaltung der Aura, wie es im Energiebarometer beschrieben wurde, können sich pro Chakrenpunkt bis zu 18 Öffnungen in alle Richtungen ergeben.

Die Zahl der Öffnungen zeigt unseren energetischen Reife- und Bewusstseinszustand. Je mehr Chakrenöffnungen eine Aura pro Chakrenebene hat, umso stärker und bewusster sind eigene Wahrnehmung und Ausstrahlung.

---

4   Menzel, Stefanie: Heilenergetik, Schirner, Darmstadt 2009

Das Energiefeld unseres Universums beschleunigt sich in seiner Schwingungsgeschwindigkeit. Die Schwingung unseres persönlichen Energiefelds steht in direktem Zusammenhang mit dem Erd- und dem kosmischen Energiefeld. Durch die Frequenzbeschleunigung in dem universellen Energiefeld haben sich die Entstehungsachsen der Chakrenpunkte verschoben.

Seit 1993 sind fünf Chakren in unserer persönlichen Aura durch diese Beschleunigung hinzugekommen.

Die Aura erfährt bei der Aufteilung der Chakren eine Weiterentwicklung. Für den Wandel in die fünfte Dimension kommen nicht noch weitere Chakrenpunkte hinzu, sondern alle Chakren verbinden sich zu einem großen Feld ohne Unterteilungen. Alle Themen, die wir als Menschen haben, werden sich erübrigen bzw. lösen, und dadurch wird ein Bewusstseinssprung auf eine hellere und leichtere Ebene möglich sein. Jeder Einzelne kann diesen Prozess selbst unterstützen durch seine Entwicklung und energetische Arbeit.

Durch die neuen Chakren und das Anheben auf die nächste Ebene bekommen wir Entwicklungsmöglichkeiten in bisher nicht bekannte Dimensionen hinein. Es macht viel Freude, sich mit diesem Thema zu beschäftigen und sich selbst darüber näher kennenzulernen.

Wir haben die Möglichkeit zur Entwicklung in unbekannte Dimensionen!

Das Nasen-Chakra, das Thymus-Chakra und das Sexus-Chakra bringen uns neue Erkenntnisse über uns selbst. Sie unterstützen unseren individuellen Weg ins Bewusstseinszeitalter. Das Nasen-Chakra gibt uns Orientierung über unsere Wesensentwicklung. Setzen wir unser Wesen durch? Spüren wir uns als

Individuum und können wir eine Verbindung zu unserem höheren Bewusstsein finden? Fragen, die bisher keine Rolle im Leben des Einzelnen spielten.

Das Thymus-Chakra unterstützt uns darin, unsere innere Stimme wahrzunehmen und unser Leben nach ihr auszurichten. Dies ist ebenfalls ein Thema, das für viele Menschen vollkommen neu in ihr Leben tritt und zunächst persönliche Krisen zur Folge haben kann.

Das ebenfalls neu entwickelte Sexus-Chakra sagt etwas über unsere Partnerfähigkeit aus. Nie zuvor gab es so viele Fragen und Schwierigkeiten im Bereich der Partnerschaften wie heute. Bisher waren diese Lebensfragen getragen von den jeweiligen Traditionen der Gesellschaft. Jetzt wird das Thema Partnerschaft aus den traditionellen Verhaltensweisen gelöst. Beziehungen halten nicht mehr einfach lebenslänglich, wie wir es gewohnt waren. Der Einzelne hat einen hohen Anspruch an den Partner bezüglich des »Gesehen-Werdens«. Das Individuum und seine Bedürfnisse stehen heute im Mittelpunkt.

Das Magen-Chakra hat sich ebenfalls neu entwickelt und hilft uns, zu der Ernährung zurückzufinden, die für uns richtig ist. Es gibt keinerlei Vorschriften und Einschränkungen mehr, welches Lebensmittel gesund und belastungsfrei ist. Wir entscheiden das bei geöffnetem Magen-Chakra tatsächlich nur noch nach unserem individuellen Bedarf. Da kann es dann schon einmal, auch ohne Schwangerschaft, den Rollmops mit Sahne zum Frühstück geben!

Das zuletzt entwickelte Zungen-Chakra bringt uns die Veränderung unserer Sprache. Mit der bisherigen Kommunikation sind wir in einem modernen Babel gelandet. Niemand versteht sich mehr wirklich, wir reden aneinander vorbei und hören nicht zu. Das macht sehr einsam. Durch das Zungen-Chakra wird sich eine neue Sprache entwickeln, die direkt vom Herzen kommt und ohne Umweg und Filter über die Gedanken »gesprochen« werden wird. Durch die Erweiterung des Chakren-Systems entsteht ein neues Bedürfnis, das eigene Leben besser verstehen zu können. Ein individuelles Suchen nach dem Sinn des Lebens ist festzustellen. Wo vorher universelle Antworten der Religionen oder der gesellschaftlichen Traditionen galten, wollen wir uns jetzt ganz neu an unserer eigenen Wahrnehmung orientieren. Auch unsere Gefühle sind dabei, sich an die energetische Entwicklung anzupassen.

Beispiele:
• Du hast manchmal das Gefühl, mit der Geschwindigkeit der Zeit nicht mehr mithalten zu können?
• Du verstehst die Veränderungen in den zwischenmenschlichen Beziehungen nicht?
• Du kannst die Beschleunigung in den technischen Errungenschaften nicht mehr nachvollziehen?
• Dir schmeckt nichts mehr?
• Deine persönlichen Beziehungen werden immer schwieriger?
• Du findest keinen Partner?
• Keiner versteht dich?

Dies sind die für dich bisher unübersehbaren, aber deutlich fühlbaren Folgen der Schwingungsbeschleunigung deiner persönlichen Aura.

Die eigene Entwicklung bewusst zu erleben ist die Aufgabe

des Einzelnen, um die Entwicklung der Menschheit im Bewusstseinszeitalter auf seine Art zu begleiten und mitzutragen.

Indigokinder werden uns Veränderung bringen.
Wenn in deinem Energiefeld das Bewusstsein durch die intensive Beschäftigung für die neuen Chakren erwacht ist, fällt es dir leichter, dich deiner individuellen körperlichen Entwicklung hinzugeben.

Betrachten wir die Veränderungen, die in der Kindererziehung und im Schulsystem nötig werden. Die seit 1993 geborenen Kinder bringen die neuen energetischen Bedingungen schon von Geburt an mit auf die Erde. Sie werden in einigen Büchern Indigokinder oder Sternenkinder genannt, weil ihre Energiefeldschwingung schneller ist und aus diesem Grund mehr blaue Lichtanteile enthält. Sie schwingen anders, schneller und bringen ihre Umgebung unweigerlich in die Veränderung, weil sie nicht erst ihre körperlichen und gesellschaftlichen Gewohnheiten überwinden müssen, in denen wir oft verhaftet bleiben.

Die Kinder verfügen bereits von Geburt an über die Schwingungsfrequenz der Zukunft. Momentan ist die Gesellschaft noch der Meinung, die neue Energie müsse gebremst werden. Dieser Versuch der Langsamen, die Schnellen anzupassen, wird dauerhaft nicht gelingen. Die Entwicklung der Menschheit braucht die schnelleren Energieformen, um die Veränderungen der neuen Welt in die neue Dimension mitzugestalten.

Die Bedeutung der Chakren

Stell dir vor, du lebst in einem Haus, in dem alle Fenster und Rollläden geschlossen sind.

- Wie fühlst du dich dort?
- Welchen Kontakt hast du zu deinen Mitmenschen und deine Mitmenschen zu dir?
- Was bekommst du von deinem Umfeld mit?
- Welche Jahreszeit ist momentan?
- Wie ist das Wetter?
- Wie riecht frische Luft?

Stell dir jetzt vor, du öffnest nach und nach die Rollläden und Fenster. Erst einen kleinen Spalt breit, am nächsten Tag etwas mehr, schließlich wieder ein Stück weiter ... Welche Freude und welches Glück kann die warme Frühlingssonne in das vorher so lange verdunkelte Zimmer zaubern!

Genauso wirken das Öffnen und die Arbeit mit den Chakren für dich als Mensch.

Du öffnest mit dieser Arbeit die Fenster und Türen der Aura und lässt frische Luft herein. Du siehst und hörst deine Umgebung neu, wirst frei und bewusst. Alte Gewohnheiten kannst du nun loslassen, und das Leben erscheint in einem neuen Licht.

Du lernst dich selbst neu kennen und kannst auf einmal verstehen, warum andere Menschen auf dich so reagieren, du kannst verstehen, wie du auf andere Menschen wirkst.

Der Zustand der Chakren gibt Auskunft über den Energiehaushalt des Aurafelds.

Ist die Aura kräftig und mit viel Energie versorgt, sind die Chakren geöffnet. Es steht dir dann die volle Wahrnehmung für den eigenen Körper, für die eigene Lebensgestaltung und für die Umgebung zur Verfügung. Blockaden im Energiefeld, also verkapselte Probleme und negative Erlebnisse, können die Energie des Aurafelds vermindern. Durch regelmäßige Beschäftigung mit deiner Aura steigt die Energie, die dir für deine Lebensgestaltung zur Verfügung steht, immer weiter an.

Nicht alle deine Chakren werden sich gleichzeitig öffnen. Dieser Vorgang hängt von deiner persönlichen Disposition ab. Jeder Mensch hat sich bestimmte Erfahrungen für sein Leben vorgenommen. Entsprechend hat er besondere Entwicklungsaufgaben und Problematiken. Daran angepasst, werden die Chakren sich nach und nach öffnen.

Mit ein wenig Übung kannst du selbst wahrnehmen, wann deine Chakren geöffnet sind. Dein Energiefeld, deine Wahrnehmungen und deine persönliche Ausstrahlung werden stark. Problematische Themen deines Lebens entfallen. Wenn die eigene Kraft fließt, hast du ein Grundgefühl der Fülle. Strukturen und Blockaden lösen sich mehr und mehr auf.

Damit erübrigt sich die Frage des Schutzes deiner Aura. Denn Bedarf nach Schutz hat nur der Mensch, der Mangel fühlt und Angst hat. Stimmt die persönliche Kraft und erkennst du das geniale Zusammenspiel von Spiegel, Bewusstsein und Entwicklung, kommst du nicht auf die Idee, dich schützen zu müssen, sondern du nutzt gerne jede Gelegenheit des Lebens zu deiner Entwicklung.

Die Wirkung geöffneter Chakren

Die Chakren, mit Ausnahme des Scheitel- und des Basis-Chakras, haben im Normalzustand auf den Körper bezogen jeweils eine Öffnung nach vorne und eine Öffnung nach hinten. Menschen, die bereits einen Erkenntnisweg zurückgelegt und mehrere Entfaltungsphasen erlebt haben, können, wie schon erwähnt, bis zu 18 Öffnungen bei jedem Chakra aufweisen. Solch strahlende Persönlichkeiten verfügen über unvorstellbare Wahrnehmungsfähigkeiten und sind frei von materiellen Beschränkungen.

Im vorliegenden Kapitel beschäftigen wir uns mit dem derzeitigen »Normalzustand« der Menschen unserer westlichen Zivilisation, und damit: der Öffnung der Chakren nach vorne und nach hinten.

Über die nach vorne gerichteten Chakren nimmt man sich selbst wahr. Die vorderen Chakren geben Auskunft über den eigenen Körper, über die Gefühle und Verhaltensweisen. Da die Chakren mit den Hormondrüsen des Körpers in Verbindung stehen, besteht eine direkte Wechselwirkung zwischen den Chakren und der hormonellen Steuerung des Körpers.

Der Öffnungsgrad der Chakren und die Hormonversorgung des Körpers sind Ausdruck ein und derselben Ursache, nämlich des Zustands des Energiefelds. Ein starkes Energiefeld hat geöffnete Chakren und eine optimale Versorgung des Körpers. Gleichzeitig bewirkt ein starkes Energiefeld eine innere Kraft und ein Grundvertrauen in das Leben und damit ein gutes Gefühl für sich selbst und für die Mitmenschen.

Über die nach hinten gerichteten Chakren nimmt man seine Umgebung wahr. Die hinteren Chakren geben Auskunft über die eigene Position im Zusammenleben mit anderen Menschen, über die Kommunikationsmöglichkeiten und das Ansehen bei anderen. Über die hinteren Chakren steht man mit seiner Umgebung wechselseitig in direktem Austausch.

Über die hinteren Chakren nimmst du deine Umwelt als Spiegel wahr. Vereinfacht ausgedrückt, sind die hinteren Chakren die Kommunikationsorgane der Aura mit anderen Menschen.

Das » Wissen« des Energiefelds lässt sich nicht überlisten!

Fallbeispiel:
Uschi ist eine Frau von 35 Jahren. Sie ist beruflich erfolgreich und kennt viele Leute. Sie ist stets schick gekleidet – eine gepflegte und attraktive Erscheinung. Leider hat sie noch nie den Mann kennengelernt, der mit ihr eine Familie gründen möchte. Sie sehnt sich sehr danach.

Eine Betrachtung ihrer Chakren ergibt, dass das Sexus-Chakra vorne und hinten geschlossen ist. Das zeigt auf einen Blick die Problematik, die Uschi mit ihrer Sexualität hat. Über die Chakren-Kommunikation mit ihren Mitmenschen »wissen« die möglichen Partner von dieser Problematik und fühlen sich zu Uschi sexuell nicht hingezogen. Kumpelhafte und kollegiale Freundschaft: ja, Partnerschaft und gemeinsamer Nachwuchs: nein.

Dieses »Wissen« geschieht auf der unbewussten Ebene. Es ist kein »Wissen« des Verstands sondern ein »Wissen« des Energiefelds. Das »Wissen« des Energiefelds ist dabei dem »Wissen« des Verstands hoch überlegen und lässt sich nicht überlisten.

Uschi kann geholfen werden: Durch energetische Maßnahmen lässt sich die Problematik bearbeiten, die für die Blockade des Sexus-Chakra sorgt.

Uschi hatte ein traumatisches Erlebnis, das sie im Energiefeld abkapselte. Damit zusammen wurde die zugehörige Energie abgekapselt, die nun fehlt, um das Sexus-Chakra zu öffnen.

Ist das traumatische Erlebnis aufgearbeitet, kann die Energie wieder fließen, und das Öffnen des Sexus-Chakra ist die energetische Folge.

In diesem Kapitel »Chakren« sollen Zusammenhänge dargestellt werden. Durch einen bewussten Umgang mit dem Energiefeld wird die Funktion der Chakren fühlbar, und die Möglichkeiten zur Veränderung der eigenen Situation werden deutlich. Wir selbst haben es in der Hand, bewusst und »offen« durch die Welt zu gehen.

Uns allen steht alle Energie zur Verfügung!

Die Aussage der Chakren

Nachfolgend werden die Aussagen beschrieben, die sich aus dem Zusammenspiel von geöffneten und geschlossenen Chakren ergeben.

Zunächst einige Hinweise:
Das Scheitel- und das Basis-Chakra sind zu Lebzeiten des Menschen immer offen. Durch sie strömen die kosmische und die Erdenergie in den Körper und geben dem Menschen Leben. Die anderen Chakren können unterschiedliche vordere und hintere Öffnungszustände aufweisen. Die Öffnungszustände können je nach energetischer Situation und Tageszeit oder Jahreszeit unterschiedlich sein.

Fallbeispiele:
Bei Uwe ist das für Kommunikation zuständige Kehlkopf-Chakra nach vorne offen, jedoch nach hinten geschlossen. Im beruflichen Umfeld kann er seine Meinung nicht äußern und frei reden, obwohl er sich mit sich selbst intensiv auseinandersetzt und mit sich im Gespräch ist. Es ärgert ihn immer wieder, dass er auf diese Art unterschätzt wird.

Rita ist im Verein beliebt, und die Vereinskolleginnen trauen ihr alles zu. Sie selbst hält sich oft für unfähig und inkompetent. Ihr hinteres Solarplexus-Chakra ist geöffnet, vorne ist es geschlossen, was zu dieser gegensätzlichen Wahrnehmung führt.

Sowohl bei Uwe als auch bei Rita ergeben sich durch den Blick auf die Chakren die Gründe für die Schwierigkeiten in verschiedenen Lebensbereichen. Die grundlegende energetische Aufbauarbeit der Chakren hat beiden weiterhelfen können.

Mit der Chakren-Arbeit werden uns die Zusammenhänge in unserem Leben bewusst, und wir selbst können durch einfache Energiesteigerung eine Veränderung zum Positiven erlangen. Wenn du dich jetzt mit der Öffnung der hinteren Chakren beschäftigst, können dir folgende Fragen sehr hilfreich sein:
- Interessiert mich meine Vergangenheit, und kann ich sie annehmen?
- Ist meine Umgebung mit mir im Einklang?
- Kann ich gut zuhören und verstehe ich den anderen?
- Fällt es mir leicht, mit anderen zu sprechen?
- Ist mir meine innere Stimme bewusst?
- Fühle ich mich geliebt und geachtet?
- Weiß ich immer genau, welche Nahrung für mich richtig ist?
- Traut man mir etwas zu?
- Bin ich vital und gesund, stehe ich gesund in der Welt?
- Lebe ich in einer glücklichen Partnerschaft?

Wenn du dich mit den vorderen Chakren beschäftigst, können dir folgende Fragen hilfreich sein:
- Habe ich Vertrauen in die Zukunft?
- Lebe ich mein Wesen?

- Ist meine Wortwahl liebevoll und verständlich?
- Bin ich mit mir im Gespräch?
- Höre ich auf meine innere Stimme?
- Nehme ich mich an, wie ich bin; liebe ich mich?
- Weiß ich immer genau, welche sozialen Kontakte gut für mich sind?
- Habe ich Selbstvertrauen?
- Weiß ich, was mein Körper benötigt?
- Ist meine Sexualität in Ordnung?

Bei der Chakren-Interpretation geht es darum, sich selbst über die Aussagen der einzelnen Chakren besser kennenzulernen und durch Energiesteigerung und sogenannte »Mudras« gezielt am eigenen Bewusstsein und damit an der eigenen Entwicklung zu arbeiten.

Bedeutung und Aussage der einzelnen Chakren

Scheitel-Chakra:
Energetische Aufgabe: Verbindung zur kosmischen Energie
Farbe: Blau
Öffnung: immer offen, solange der Mensch lebt

Stirn-Chakra:
Energetische Aufgabe: Steuerung der höheren geistigen Fähigkeiten
Farbe: Violett

1. Vorne offen
- Ich bin nach vorne orientiert.

- Ich bin offen für die Zukunft und habe Ideen zur Zukunftsgestaltung.
- Die Gestaltung meines Alltags und Planungen für die Zukunft machen Freude.
- Ich bin pünktlich.

2. *Vorne geschlossen*
- Ich habe keine Orientierung in der Zeit und komme zu früh oder zu spät zu meinen Terminen.
- Ich schlafe gern in den Tag hinein.
- Die Zukunft macht mir Angst.
- Ich kann meine Möglichkeiten der Lebensgestaltung nicht erkennen.

3. *Hinten offen*
- Ich kann aus den Erfahrungen der Vergangenheit lernen.
- Die Dinge der Vergangenheit berühren mich.
- Ich bin vertrauenswürdig.
- Ich kann die Vergangenheit integrieren und loslassen.

4. *Hinten geschlossen*
- Ich habe keine Orientierung im Raum.
- Ich verfahre oder verlaufe mich.
- Die Vergangenheit ist mir egal.
- Ich kann meine Vergangenheit nicht mit meinem jetzigen Leben in Verbindung bringen.

5. *Vorne und hinten offen*
- Ich orientiere mich bei meiner Lebensgestaltung an den Chancen und Möglichkeiten der Veränderungen.

- Ich integriere die Vergangenheit und nutze die Kraft für die Gegenwart.

6. *Vorne und hinten geschlossen*
- Ich habe keine Lebensfreude.
- Ich bin orientierungslos in Zeit und Raum.
- Ich komme immer zur falschen Zeit an und verfahre mich bei jeder Gelegenheit.
- Andere vertrauen mir nicht.

Zungen-Chakra:

Energetische Aufgabe:	liebevolle, verständliche Sprache; zuhören und integrieren können
Farbe:	Türkis

1. *Vorne offen*
- Ich spreche einfühlsam.
- Die Lautstärke meiner Sprache ist angenehm,
- und meine Sprache kommt immer aus dem Herzen.

2. *Vorne geschlossen*
- Ich spreche, kann aber den anderen nicht erreichen.
- Wir reden aneinander vorbei.
- Ich habe gesundheitliche Probleme mit der Mundschleimhaut oder dem Zahnfleisch.

3. *Hinten offen*
- Ich bin ein aufmerksamer Zuhörer und gehe liebevoll in Resonanz.

- Die anderen sprechen gerne mit mir und fühlen sich angenommen.

4. *Hinten geschlossen*
- Ich falle dem anderen ins Wort und weiß schon vorher, was
er sagen will.
- Die Leute ziehen sich im Gespräch von mir zurück.

5. *Vorne und hinten offen*
- Ich spreche eine herzliche Sprache
- und bin ein liebevoller Zuhörer.

6. *Vorne und hinten geschlossen*
- Ich rede viel von mir, fühle mich dennoch einsam und un-
verstanden.
- Ich höre nicht zu und weiß immer schon im Voraus, wie ein
Gespräch endet.
- Ich bin einsam.

Nasen-Chakra:

Energetische Aufgabe:	Integration des vegetativen Nerven-systems, Biochemie, motorisches Nervensystem
Farbe:	Grün

1. *Vorne offen*
- Mein Wesen setzt sich durch.
- Ich nehme meine Veränderungen an und lebe den Alltag
spontan.
- Ich entscheide meine Lebensgestaltung so, dass ich in allen
Bereichen selbstverständlich mein Wesen lebe.

2. Vorne geschlossen
- Es ist immer mit Anstrengung verbunden, meinen Willen durchzusetzen.
- Ich komme nicht zum Zuge und werde übersehen.
- Ich kann mich selbst nicht riechen.
- Ich will mich nicht verändern.

3. Hinten offen
- Die Umstände, in denen ich lebe, entsprechen mir.
- Die Welt um mich herum entspricht mir.

4. Hinten geschlossen
- Die Umgebung entspricht mir nicht.
- Ich bin im falschen Film.
- Ich mache Dinge, wie z.B. den Job, obwohl sie mir nicht entsprechen.
- Meine Lebensumstände gefallen mir nicht.
- Mein Leben besteht aus Gewohnheiten.
- Ich bin oft entrüstet.
- Meine Nebenhöhlen sind anfällig.

5. Vorne und hinten offen
- Die Welt um mich herum entspricht mir.
- Ich komme mit mir und den Veränderungen in meinem Leben klar.

6. Vorne und hinten geschlossen
- Mein Leben ist Schicksal.
- Ich bin nicht Herr der Lage und habe keine Möglichkeit zur Veränderung meiner Situation.

- Ich habe zu dem, was mir passiert, keine Meinung und keinen Einfluss.

Kehlkopf-Chakra:
Energetische Aufgabe: Kommunikation
Farbe: Blau/Grün

1. *Vorne offen*
- Ich habe Kontakt zu mir selbst und kann über mich selbst sprechen.
- Ich habe eine Meinung und kann sie vertreten.
- Ich stehe positiv im Mittelpunkt.

2. *Vorne geschlossen*
- Ich habe keinen Kontakt zu mir.
- Es ist unangenehm, allein zu sein.
- Ich brauche ständig Abwechslung.
- Mir fällt die Decke auf den Kopf.

3. *Hinten offen*
- Ich kann mit anderen kommunizieren.
- Gespräche fallen mir leicht.
- Mir fällt zu allen Themen etwas ein.
- Ich finde immer die richtigen Worte zur richtigen Zeit.

4. *Hinten geschlossen*
- Ich kann nicht mit anderen kommunizieren.
- Ich bin nicht am Gespräch beteiligt.
- Bei den meisten Themen fehlen mir die Worte.
- Die anderen sind immer schneller im Gespräch.

5. *Vorne und hinten offen*
- Ich bin immer und überall gerne gesehen.
- Meine Beiträge sind intelligent und werden wahrgenommen.

6. *Vorne und hinten geschlossen*
- Ich kenne mich selbst nicht und kann nicht kommunizieren.
- Ich trete in alle Fettnäpfchen.
- Ich bin spleenig, Workaholic, Eigenbrötler, Tüftler ...
- Ich bin gehetzt, ungern allein, aber auch ungern in Gruppen.

Thymus-Chakra:
Energetische Aufgabe: Selbstorientierung im Leben
Farbe: Grün/Rosa

1. Vorne offen
- Ich höre meine innere Stimme und weiß in jeder Lage, was für mich richtig ist.
- Mir ist es egal, was andere von mir denken.

2. Vorne geschlossen
- Mir ist nicht bewusst, dass es eine innere Stimme gibt.
- Ich nehme die innere Stimme nicht wahr.

3. Hinten offen
- Ich bin mir meiner Zusammenhänge im Leben bewusst.
- Ich weiß, dass ich im Zusammenhang mit meiner Vergangenheit und Zukunft stehe.
- Ich bin in meiner Mitte.

4. *Hinten geschlossen*
- Ich übernehme keine Verantwortung für mein Handeln.
- Ich erkenne nicht den Zusammenhang von mir und meinem Leben.
- Ich fühle mich abgetrennt und einsam.

5. *Vorne und hinten offen*
- Meine innere Stimme ist die wichtigste Orientierung.
- Ich erkenne mein Leben in Eigenverantwortung und Zusammenhängen.

6. *Vorne und hinten geschlossen*
- Ich lehne Verantwortung für mein Handeln ab
- und hadere mit dem Schicksal.

Herz-Chakra:

Energetische Aufgabe:	Akzeptanz des eigenen Lebens, Bearbeitung von Seelenthemen
Farbe:	Rosa

1. *Vorne offen*
- Ich liebe mich selbst.
- Mein Leben ist mir vertraut.
- Ich weiß alle meine Eigenarten zu schätzen.
- Ich weiß, dass ich ein geistiges Wesen bin und so, wie ich bin, die idealen Voraussetzungen habe, alle Erfahrungen zu machen, die wichtig sind.

2. *Vorne geschlossen*
- Ich liebe mich selbst nicht

- und habe feste Vorurteile und Glaubenssätze über mich.
- Ich mag meine Schwächen nicht.
- Ich würde mich gerne ständig verändern, kann es aber nicht.

3. *Hinten offen*
- Ich fühle mich angenommen und geliebt.
- Jeder Mensch, der mir begegnet, ist offen und weiß meine Art zu schätzen.
- Ich strahle Sympathie aus.

4. *Hinten geschlossen*
- Ich fühle mich ungeliebt, auch wenn ich lauter liebe Leute um mich habe.
- Ich strahle das nach außen, und jeder bestätigt es mir durch sein Verhalten.
- Ich habe feste Vorurteile gegenüber der Umgebung.
- Die meisten Menschen finde ich unerträglich, und niemand mag mich.

5. *Vorne und hinten offen*
- Ich bin beliebt
- und ein herzlicher Mensch.

6. *Vorne und hinten geschlossen*
Alle anderen Chakren sind energetisch unterversorgt, wenn das Herz-Chakra geschlossen ist.
- Ich liebe mich nicht und fühle mich nicht geliebt und angenommen.
- Ich merke meine eigene emotionale Situation nicht wirklich.

- Ich bin permanent unzufrieden und nörgelig.
- Niemand kann mir etwas recht machen.

Magen-Chakra:

Energetische Aufgabe: Nahrungswahl, Auswahl der
                           sozialen Umgebung
Farbe: Lachsfarben

1. *Vorne offen*
- Ich weiß immer genau, welches Essen wann für mich richtig ist.
- Ich bin in meiner Ernährung unabhängig und nicht traditionell.

2. *Vorne geschlossen*
- Ich esse nach alten Gewohnheiten.
- Ich bin oft aufgebläht und habe ein Völlegefühl.
- Ich weiß nicht, was mir schmeckt.

3. *Hinten offen*
- Ich bin sicher in der Wahl meiner Freunde.
- Ich kann gut zwischen Freund und Feind unterscheiden.
- Ich verhalte mich konsequent und passe mich nicht an.

4. *Hinten geschlossen*
- Jeder wird schnell mein Freund.
- Ich weiß nie, wer wirklich ein Freund ist.
- Ich stehe nicht zu mir.
- Freundschaften sind mir gleichgültig.

5. *Vorne und hinten offen*
- Ich weiß genau, was mir körperlich und seelisch guttut.
- Ich lebe konsequent nach meinem sicheren Gefühl.
6. *Vorne und hinten geschlossen*
- Ich esse traditionell und leide oft an einem verstimmten Magen.
- Ich weiß nicht, was mir schmeckt.
- Ich bin jedermanns Freund und kann nicht zwischen Freund und Feind unterscheiden.

Solarplexus-Chakra:
Energetische Aufgabe: motorische Kontrolle
Farbe: Gelb

1. Vorne offen
- Ich vertraue mir selbst und kann mich gut einschätzen.
- Ich traue mir etwas zu und weiß genau, was ich kann.
- Ich kenne meinen Körper und meine motorischen Fähigkeiten.

2. Vorne geschlossen
- Ich habe kein Selbstvertrauen und traue mir nichts zu.
- Ich bewege mich ungern und nur vorsichtig.
- Ich kann meine Fähigkeiten nicht einschätzen.
- Ich bin unbeholfen und tollpatschig.

3. Hinten offen
- Andere trauen mir etwas zu und vertrauen mir.
- Sie wissen meine Fähigkeiten und Leistungen zu schätzen.
- Sie verlassen sich auf mich.
- Ich bin Zugpferd bei jeder Unternehmung.

4. *Hinten geschlossen*
- Andere haben kein Zutrauen und denken, ich schaffe es nicht.
- Niemand verlässt sich auf mich.
- Keiner denkt, dass ich etwas schaffen kann.
- Niemand glaubt an mich.

5. *Vorne und hinten offen*
- Mein Selbstvertrauen ist gesund.
- Alle trauen mir zu, alles, was ich anpacke, zu schaffen.

6. *Vorne und hinten geschlossen*
- Ich traue mir selbst nichts zu und die anderen auch nicht.
- Andere misstrauen mir.
- Immer wenn ich etwas tue, wird es schwierig.
- Es gibt viele Hindernisse zu überwinden.
- Ich habe kein Vertrauen in die Welt und die eigene Kraft.

Nabel-Chakra:
Energetische Aufgabe:	Beweglichkeit (auch geistig), Verdauung, Vitalität, Sexualität
Farbe:	Orange

1. *Vorne offen*
- Alle meine vitalen Funktionen sind in Ordnung.
- Meine Verdauung und mein Bewegungsapparat funktionieren ohne Einschränkung.
- Ich bewege mich gerne und sicher.
- Ich fühle mich wohl in meinem Körper.

2. *Vorne geschlossen*
- Meine Beweglichkeit oder meine Verdauung sind gestört.
- Leisten, Knie innen, Bänder, Knöchel innen, großer Zeh können beeinträchtigt sein.
- Ich neige zu Verstopfung.
- Ich habe kleine »Wehwehchen« und »Zipperlein«.
- Ich bin ein Hypochonder.

3. *Hinten offen*
- Ich bin angstfrei.
- Ich fühle mich verbunden mit und sicher in meinem Körper.
- Mein Körper ist mir bewusst.

4. *Hinten geschlossen*
- Ich habe Angst; ich ziehe den Schwanz ein (Strammstehen).
- Ich stehe nicht zu mir.
- Ischias, Knie außen, Knöchel außen können beeinträchtigt sein.
- Ich fühle mich bedroht und habe eine gesteigerte Herzfrequenz, ich werde schnell rot oder blass.
- Ich leide unter Verfolgungsangst und anderen Ängsten.

5. *Vorne und hinten offen*
- Ich bin voll vital, gesund und habe keine Ängste.

6. *Vorne und hinten geschlossen*
- Meine Energieversorgung der Beine ist schlecht, ich habe kalte Füße und Beine und neige zu Verletzungen an den Beinen. Ich habe O-Beine.

- Ich habe Beschwerden wie Pilzinfektionen, Kreuzschmerzen, Ischiasprobleme, Burn-out-Syndrom, Ängste, Schlappheit usw.

Sexus-Chakra:
Energetische Aufgabe: Partnerorientierung, Sexualität
Farbe: Pink

1. *Vorne offen*
- Ich lebe und genieße meine Sexualität.

2. *Vorne geschlossen*
- Meine Sexualität ist gestört.

3. *Hinten offen*
- Ich finde/habe den richtigen Partner.

4. *Hinten geschlossen*
- Ich finde keinen Partner.

5. *Vorne und hinten offen*
- Ich bin zeugungsfähig mit dem richtigen Partner zusammen.

6. *Vorne und hinten geschlossen*
- Ich habe sexuelle Schwierigkeiten und finde/habe keinen Partner.
- Ich habe Probleme wie Pilzinfektionen, Verkrampfungen, Erektionsstörungen, Frigidität.

Basis-Chakra:

Energetische Aufgabe:	Verbindung zur Erdenergie,
	Eintrittspunkt der Erdenergie
Öffnung:	immer offen, solange der Mensch lebt
Farbe:	Rot

Chakren sind überlebenswichtige Wahrnehmungsorgane der Aura. Sie dienen der Spiegelung und damit der persönlichen Entwicklung. Die Arbeit mit den Chakren ist grundlegend für eine kraftvolle energetische Arbeit. Sie wirkt unterstützend und ergänzend zu jeder heilenden Arbeit.

Die Interpretation der Chakren ist ein sehr geeignetes Mittel zur Selbstwahrnehmung. Nach dem Gesetz der Resonanz nimmt man bei anderen Menschen ausschließlich das wahr, was bei einem selbst im Energiefeld passiert. Nimmt man also geschlossene Chakren wahr, kann man davon ausgehen, dass dies der eigene »Spiegel« ist.

Es ist möglich, die Chakren in deinem Energiefeld gezielt zu öffnen. Das geschieht, wenn du dich mit den entsprechenden Themen der einzelnen Chakren beschäftigst. Du erkennst deine Problematik, klärst sie und steigerst hierüber deine Kraft.

Du kannst umgekehrt mit einer entspannenden Meditation, ergänzt durch »Mudras« deine Energie steigern. Mudras sind parallele Handhaltungen, durch die die Energie an einen bestimmten Punkt in der Aura gelenkt und dort konzentriert wird. Durch die Kraftsteigerung lösen sich leichte Blockaden im Energiefeld wie von selbst. Bei regelmäßiger Anwendung wird die Aura stabiler, und du kommst in deine persönliche Weiterentwicklung.[5]

Chakren sollten immer alle geöffnet sein. Es gibt keinen Grund, sich energetisch zu reduzieren, um Chakren zu schließen.

Eine Schutzhaltung ist ein Bedürfnis aus der Angst heraus, die man nicht mehr hat, wenn alle Chakren geöffnet sind.

5 Hilfreich hierzu das Buch »Chakren kompakt« oder die CD »Chakrenmedi-
   tation« von Stefanie Menzel, Schirner, Darmstadt 2010

7 Wesen und Ego

Was haben in meinen Lebenszusammenhängen das Ego und das Wesen für eine Bedeutung für mich, und welche Aufgabe erfüllen sie? Was verstehst du unter deinem Ego? Was betrachtest du als dein Wesen?

Das Ego hat leider immer einen etwas schlechten Ruf, da es meist mit egoistisch oder egozentrisch in Verbindung gebracht wird, und es ist daher nicht sonderlich angesehen, ein Ego zu haben. Auch ist ein starkes Ego für die Mitmenschen nicht bequem, daher ist man darauf bedacht, es möglichst loszuwerden und es besonders nicht nach außen darzustellen. Das Wesen hat da schon mehr Existenzberechtigung. Es ist gesellschaftlich anerkannt, es zu finden und sich entwickeln zu lassen.

Alles hat mit dir zu tun!
Bei der energetischen Arbeit geht es aber nicht um die Auflösung und die Bewertung von schlecht oder gut. Es geht um die Erkenntnis, wie das Leben und speziell mein Leben abläuft und nach welchen energetischen Grundlagen. Es geht auch darum, zu erkennen, dass *nichts*, was dir begegnet, *nicht* zu dir gehört. Oder anders gesagt: *Alles* hat auch mit dir zu tun!

Alle Störungen beruhen auf fehlender Integration. Wenn man nicht sein eigentliches Potenzial lebt, wird man durch Ereignisse oder Krankheiten an dieses Potenzial erinnert.

Ego und Wesen gemeinsam gestalten die Persönlichkeit und das Umfeld, das man erlebt und in dem man lebt. Dein Wesen definiert das, als was du aus deinem Ursprung her gedacht warst: All deine Fähigkeiten, Talente, Anlagen und Möglichkeiten, die dir gegeben wurden, um dein Leben zu kreieren. Dein Ego schafft die Auswahl der Möglichkeiten. Es definiert die Wahl und schafft ein Energiefeld – mit allen Blockaden und Lernangeboten.

Wir leben im Alltag ausschließlich egogesteuert. Was uns unsere Sinnkrisen verschafft, ist das Wesen. Das Wesen lässt uns gelegentlich an uns selbst zweifeln. Es sucht nach Sinn und Hintergrund. Dem Ego dagegen genügt es, wenn es einzig und allein Beachtung findet. Es lenkt gerne ab und findet zahllose Möglichkeiten, damit wir das Wesen nicht zu sehr beachten.

So haben wir wohl immer »Zwei Seelen, ach in unsrer Brust!« Man sieht: Es ist ganz offensichtlich kein neues Thema. Aber wie kann man die beiden unterscheiden und wie mit ihnen umgehen?

Das Ego ist all das, was wir in Zeit und Raum erleben: Unsere gesamte Vergangenheit und Zukunft, alle Gedanken und Vorstellungen entspringen dem Ego und sind als Strukturen im Energiefeld vorhanden.

Das, was den Augenblick ausmacht, ist das Wesen. Das Wesen ist nur im Moment spürbar, nur in der Stille, nur in dir selbst.

Das Ego schafft dir Zeit, Raum, Realität und Wahrheitsausschnitt. All das, damit du letztendlich dein Wesen erkennst.

Das Ego bietet die Fußballmannschaft, dein Wesen ist der Ball. Der Ball ist schlicht, rund und im Hier und Jetzt. Die Mannschaft ist veränderbar: Man kann auswechseln, man kann sich verletzen und man hat Emotionen. Der einzelne Spieler ist darauf bedacht, möglichst gesehen zu werden. Ein Zusammenspiel ist gut, aber jeder einzelne Spieler muss dafür fit sein.

Der Ball ist da – in jedem Moment und immer am Mann! An diesem Beispiel wird sehr schön deutlich, dass es für die Mannschaft ohne den Ball recht langweilig wäre. Aber auch der Ball hätte ohne Mannschaft nichts zu tun. Erst im Zusammenspiel liegen der Reiz – zu spielen und Tore zu schießen – und die Sinnhaftigkeit.

Führen wir uns noch einmal das Bild von Wesen und Ego vor Augen:

• Das Ego breitet sich aus in Raum und Zeit, entlang einer Längsachse.
• Das Wesen ist ohne Zeit und Raum nur im Augenblick da.
• Beider Berührungspunkt sind die Gefühle; nicht die Emotionen der Vergangenheit, sondern die Gefühle des Augenblicks.
• Wie fühle ich mich jetzt gerade? Frei von Bewertungen, frei von Erinnerungen oder Erfahrungen?
• Ich, jetzt, hier ...

Das ist dein Wesen in Verbindung mit deinem Ego.

Das Wesen kann immer intensiver mit dem Ego zusammenkommen. Es kann das Ego nutzen, um wirklich alle Möglichkeiten zu leben, die es haben kann. Das Ego wiederum kann spüren, wie gut es sich anfühlt, mit dem Wesen in Einklang zu sein; es braucht die Bewertung und den Erfolg. Erst gemeinsam sind sie stark!

Wesen	*Ego*
Das Wesen braucht nichts.	Das Ego braucht alles.
Das Wesen ist aus sich heraus.	Das Ego ist intellektuell und will Erklärungen.
Das Wesen fühlt, ist im Hier und Jetzt.	Das Ego denkt und handelt in Vergangenheit und Zukunft.

Wesen und Ego in Kombination bringen den Menschen zu einem sinnerfüllten Leben.

Wir können es uns vielleicht als Wellenbewegung vorstellen: Zu Beginn des Lebens ist das Wesen groß, im Laufe des Lebens wächst das Ego auf Kosten des Wesens; das Wesen wird klein und ist fast nicht mehr wahrnehmbar. Vom zweiten Lebensdrittel an kann das Ego wieder kleiner werden und dem Wesen wieder mehr Platz einräumen – mit allen gemachten und verarbeiteten Erfahrungen des Lebens. Die Erfahrungen und Gedanken in den Augenblick zu bringen, um kraftvoll aus dem Hier und Jetzt zu handeln – das ist die Verbindung von Wesen und Ego.

Herz- oder Bauchentscheidung?
Aber warum das alles? Ist das nicht furchtbar anstrengend?

Wir haben ja schon gesehen, dass wir grundsätzlich Energiewesen sind, die hier auf der Erde einen materiellen Körper zum

Erleben geschaffen haben. Da gibt es zum einen das Wesen, das sich als Teil des höheren Bewusstseins entschieden hat, als Mensch den Körper zu gestalten und sich selbst erfahren zu wollen, und das immer mit dem höheren Bewusstsein in Kontakt steht.

Und zum anderen gibt es die gestaltenden Strukturen und Blockaden, die unser Ego sind. Man könnte es auch so beschreiben: Alles, was sich in den aktuellen Dimensionen von Zeit und Raum erstreckt, ist unser Ego, alles, was nur den Augenblick kennt, ist unser Wesen.

Dieses Wesen ist eine ursprüngliche Energie in uns; es weiß genau, was für uns richtig und was falsch ist, und hat in der Mitte des Herzens seinen Sitz. Wir erleben dieses Wesen bei Entscheidungen als Bauch- oder Herzentscheidung. Wenn du, was auch immer, in deinem Leben entscheiden willst, hat dein Wesen aus dem Herzen heraus zielsicher und schnell die richtige Antwort. Nur haben wir verlernt, darauf zu hören. Wir warten zumeist, bis das Ego antwortet, und sind dann zwar gesellschaftlich konform, aber menschlich und wesentlich auf dem Holzweg.

All das gehört zum Sinn des »Auf-der-Erde-Seins« dazu. Am Lebensanfang, als Baby sind wir noch voll in unserer Kraft und sind guter Dinge. Je mehr wir erzogen und an unsere Kultur angepasst werden, umso mehr verlieren wir den natürlichen Zugang zu unserer Spiritualität und unserem Ursprung aus dem Licht oder dem höheren Bewusstsein. Spiritualität ist in diesem Sinne die Verbindung zum höheren Bewusstsein zu spüren und sich mit ihm verbunden zu fühlen. Je tiefer wir in der Zivilisation stecken, umso weniger ist uns unsere feinstoffliche Ebene bewusst und umso weniger Kontakt haben wir noch zu unserem eigentlichen Sein als Mensch. Wir haben eine menschenunwürdige Welt geschaffen, die sich an materiellen Gütern, Geld und Macht orientiert.

Das bedeutet nicht, dass wir unsere Kultur zurückschrauben sollten. Im Gegenteil, wir könnten heute gerade durch die Weiterentwicklung unseres Bewusstseins neue Wege beschreiten. Wir könnten aus all unseren Erfahrungen tatsächlich lernen; nicht im intellektuellen Sinne, sondern in der Lebensintelligenz. Jetzt braucht es neue Wege, die aus den weitläufigen Krisen in allen Lebensbereichen herausführen. Dies wird mit den herkömmlichen Methoden nicht funktionieren, wir brauchen stattdessen neue Ansätze aus einem entwickelten Bewusstsein heraus, das jetzt in der Lage ist, neue Dimensionen zu erkennen und dem Herzen die Bedeutung zurückzugeben, die ihm gebührt. Das Herz weiß, was für uns richtig ist! Wir müssen nur wieder lernen, darauf zu hören, ja es zunächst einfach wahrzunehmen. Im Herzen fühlen wir sowohl unser Wesen als auch unser Ego. Die Heilung, also die Vereinigung beider, ist das Ziel.

Im Sinn-Verstehen liegt Entspannung

Meist fehlt uns die genaue Vorstellung, was wir als Mensch sind. Wir spüren unseren Körper mit seinen »Wehwehchen«. Wenn wir uns genau beobachten, fühlen wir, dass wir nicht nur materielle Wesen sind, sondern dass wir ein Bewusstsein in einem Körper sind, das sich z.B. im Schlaf oder im Tod zurückziehen kann. Wir haben ein reges und wichtiges Gefühlsleben, fühlen uns manchmal gut und manchmal als Versager. Wir haben viele Fragen an das Leben, die uns auf der Erde nie jemand so recht beantworten kann.

Die Frage nach dem persönlichen Sinn kann sich jeder nur selbst beantworten. Jeder selbst kann spüren, wenn er in sich hineinhorcht, was seine Aufgabe und sein Weg als Mensch ist.

Wir gehen im Alltag immer nur von außen an unser Leben heran und versuchen, es aus der eigenen Lebenslogik und den überlieferten Traditionen, nach all den gegebenen Möglichkeiten und Ansätzen zu interpretieren.

Mit der energetischen Bewusstseinsarbeit haben wir uns auf einen Weg gemacht, die Zusammenhänge möglichst komplex und möglichst nach ihrem Sinn zu begreifen und den eigenen Weg danach bewusster zu gehen.

Die Dinge und Lebensumstände nicht von ihren Inhalten her zu bewerten, sondern zu sehen, welchen Sinn sie auf höherer Ebene erfüllen, und die Zusammenhänge zu erkennen, ist hierbei der Schwerpunkt. Dieser Weg, den wir gehen, wird dadurch nicht besser oder schlechter, nicht einfacher oder gesünder. Man kommt an in sich selbst, mit allen Gefühlen, die dazugehören.

Der erste Schritt hierzu ist, das eigene bisherige Leben zu betrachten und in seinem Zusammenhang zu begreifen.

Jeder lebt seinen eigenen Wahrheitsausschnitt, seine eigene Welt der Erfahrungen und Bewertungen. Niemand anders kann das eigene Leben nachfühlen oder gar verstehen. Jeder andere außer mir selbst kann mein Leben nur von außen und aus meinen Erzählungen sehen. Niemand kann meine Gefühle fühlen und niemand kann mir deshalb helfen, mein Leben zu leben.

Diese Klärung und Erkenntnis kann ich nur für mich selbst erfahren: Tief in mir, in meinem Herzen, dürfen Ego und Wesen verschmelzen zur Heilung.

Wenn ich einen solchen Weg gehe, kann es sein, dass ich erst jetzt beginne, wirklich zu leben. Es kann sein, dass ich alles, was ich bisher getan und erlebt habe, als Herumirren im Nebel erkenne. Es hat sicher auch Spaß gemacht, war beschwerlich, hat krank oder einsam gemacht. Aber all das kann ich jetzt verstehen und verändern, wenn ich will. Aber wenn ich es verstanden habe und durch meine authentischen Gefühle Zugang zu mir selbst gefunden habe, brauche ich es noch nicht einmal zu ändern – allein das Erkennen und Annehmen heilen.

Stell dir vor, du gehst über einen großen, gut besuchten Jahrmarkt. Du bist mitten im Getümmel der Menschen, als du Durst bekommst. Du suchst nach einer Bude die Getränke verkauft, gehst fünf Minuten nach links, fragst einige Menschen, aber alle schütteln den Kopf und zucken mit den Achseln. Du gehst fünf Minuten nach rechts – das Gleiche. Niemand kann dir eine Antwort geben, und dein Durst wird immer größer. Dann kommt dir die gute Idee, dich auf eine Treppe zu stellen, an der du gerade vorbeikommst. Jetzt siehst du den ganzen Jahrmarkt von oben und kannst dich orientieren. Gar nicht weit weg gibt es einen Stand mit kühlen Getränken. Du kennst jetzt genau die Richtung, steigst von den Stufen und erreichst dein Ziel in wenigen Schritten. Du kannst sogar, wenn du es willst, noch vielen Menschen auf deinem Weg bei ihrer Suche helfen.

Erkenntnis kann nur jeder für sich selbst erlangen!

8 Die Welt als Spiegel

Die Welt soll unser Spiegel sein? Manchmal stimmt das ja vielleicht, aber wie kann das funktionieren?

Unser Leben ist absolut subjektiv. Alles, was wir erleben, erleben wir, weil wir eine bestimmte Blockade abgespeichert haben, die nur bestimmte Eindrücke zulässt – wie ein Spiegel.

Jedem Menschen, dem wir begegnen, begegnen wir, weil wir in unserer Aura die entsprechenden Blockaden gesammelt haben, die uns an jedem Menschen nur die entsprechenden Eigenschaften wahrnehmen lassen – wie ein Spiegel.

Nicht nur den Körper schaffen wir auf der Grundlage unserer Aura. Unser gesamtes Leben gestaltet sich nach dem Fluss und den Blockaden des Feldes. So wie Heisenberg es in der Physik erklärt, findet Materialisation dort statt, wo unsere Aufmerksamkeit ist. Die Aura ist unser Bewusstseinsfeld. Mit ihren Frequenzen nehmen wir das Leben an sich wahr; in der Umgebung nehmen wir aufgrund der Blockaden das wahr, was wir bereits kennen und was in uns die Blockaden anregt. Jeder von uns schafft sich auf diese Weise eine individuelle Welt, weil er seine Aufmerksamkeit an den eigenen Blockaden, dem Strickmuster an Erfahrungen, Gefühlen und Bedürfnissen, orientiert.

Ein Mensch, den wir mögen z. B., wird von uns nur wahrgenommen, weil er Verhaltensmuster aufweist, mit denen wir in Resonanz gehen. Ebenso ist es mit den Unsympathischen: Sie rühren in uns alte Negativmuster an, die wir aus der Kindheit kennen. Die Gefühle, die wir empfinden, sind immer »alt«! Und so schaffen wir um uns herum ein Spielfeld des Lebens, auf dem wir uns mit dem Leben konfrontieren – immer mit der großen Chance, uns zu entwickeln.

Bei jeder Begegnung haben wir die Chance, unsere Blockaden zu erkennen. Wir können alte Beschränkungen durch Bewusstsein lösen und die alte, blockierte Energie ins Fließen bringen. So wie es keine »schlechten« Krankheitserreger oder Einflüsse geben kann, so gibt es auch keine schlechten Erfahrungen oder gar eine schlechte Welt. Wir erleben die Welt genau nach unserem inneren Gestalter und beurteilen alles nach den uns bekannten Mustern.

> Das Problem ist heute nicht die Atomenergie,
> sondern das Herz der Menschen.
>
> *Albert Einstein*

An jedem unserer Mitmenschen können wir selektiv nur die Anteile erleben, die uns emotional berühren. Wir haben die Chance, den Menschen abzulehnen oder aber uns selbst wie in einem Spiegel zu erkennen, uns mit dem berührenden Thema zu beschäftigen und unsere gespeicherten Emotionen und damit die Vergangenheit zu integrieren.

Wir können uns mit anderen Menschen unterhalten, aber hören werden wir immer nur das, was in uns damit in Resonanz steht.

Wir können uns gemeinsam einen Film anschauen, aber jeder wird im Film immer nur das erleben, was bei ihm selbst anklingt. Unter Umständen ist es, als ob wir verschiedene Filme gesehen hätten. Wir haben den gleichen Inhalt erlebt, aber der Sinn ist für jeden ein anderer.

Wenn du vor einem Spiegel stehst, erkennst du vielleicht auch, dass deine Haare nicht ordentlich liegen. Du würdest niemals die Spiegelscheibe verrutschen, um deine Haare zu richten, sondern sicher die Korrektur an dir persönlich durchführen. Und siehe da – das Spiegelbild ändert sich wie von Zauberhand.

Ebenso gelingt dir die Veränderung deiner Umgebung oder die Veränderung der Menschen deiner Umgebung oder die Veränderung der Welt, wenn du deine eigenen Blockaden erkennst und löst. Deine Wahrnehmung verändert sich sofort und damit die Welt.

Es gibt nur dich. Alle anderen Menschen, Dinge, Wesen sind immer nur Schauspieler auf deiner Bühne, die dir die Gelegenheit bieten, dich selbst zu erkennen, zu lieben und endlich bei dir selbst im Herzen anzukommen.

Es gibt nur dich, und die gesamte Welt ist dein Spiegel!

9 Gesundheit und Krankheit

Unser Leben durchläuft verschiedene Stadien der Entwicklung. Zu Beginn des Lebens, als Baby, haben wir ein durchaus kraftvolles Energiefeld, wir schlafen viel und sind noch sehr verbunden mit der Welt des höheren Bewusstseins. Nach und nach lernen wir durch die Kontakte mit anderen Menschen, dass wir aus dem Paradies geworfen sind.

Wir werden erzogen und verlernen das Gefühl für unsere Bedürfnisse und unseren Körper. Wir müssen bestimmte Dinge essen, zu bestimmten Zeiten schlafen und die Kleider anziehen, die nach dem Wärme- oder Kälteempfinden der Großen angemessen sein sollen. Wir tun das sogar gerne, weil wir beständig das Ziel verfolgen, anerkannt zu werden.

Die Frage ist, gibt es nicht irgendjemanden, der mich so annehmen kann, wie ich bin? Es funktioniert nur, wenn ich brav bin, wenn ich mich in der Schule anstrenge, wenn ich gute Noten schreibe, wenn ich keine Widerworte gebe, wenn ich hübsch aussehe, wenn, wenn, wenn ... Aber es passiert nie *richtig!*

Die Beschränkungen, die wir von den Eltern, der Familie, den Erziehern erfahren, werden immer enger, und wir passen uns mehr und mehr an. Das heißt, tagtäglich sammeln wir in der Aura endlos viele Blockaden, die die Erziehung und die Erfahrungen des Lebens mit sich bringen. Das Energiefeld wird dadurch geschwächt.

Im Alltag bedeutet das: Wir sind jetzt etwa 20 Jahre alt, wissen uns zu benehmen, haben viel, nicht unbedingt Brauchbares, in der Schule gelernt, kennen uns selbst nicht mehr und müssen alles Mögliche anstellen, um überhaupt noch irgendetwas zu fühlen. Wir rauchen, trinken und brauchen immer stärkere »Kicks«, um das Leben wahrzunehmen. Es fällt schwer, Lebensfreude, Glück oder Lebendigkeit zu fühlen.

Jetzt steigen wir erst richtig ein: Wir suchen uns einen Beruf aus, wollen möglichst viel Geld verdienen, um »gut« leben zu können, und gründen eine Familie, um die eigenen Erfahrungen weiterzugeben. Unsere eigentlichen Bedürfnisse spüren wir schon lange nicht mehr. Wir ignorieren die Gefühle und lenken uns ab mit Fernsehen, Alkohol oder irgendwelchen Süchten, die uns die Suche nach dem Wirklichen und Wahren versperren.

Der Partner liebt mich nicht, der Job füllt mich nicht aus, die Kinder nerven, und auch das Haus füllt nicht die Leere, die sich immer wieder bemerkbar macht. Ab und zu gibt es eine Sehnsucht tief im Herzen, aber wir sind es gewohnt, sie mit irgendwelchen Oberflächlichkeiten zuzudecken.

Jede Art von Gefühl im Leben dient unserem Schutz, sei es körperlich oder seelisch. Stellen wir die Gefühle ab oder ignorieren sie immer wieder, verläuft das Leben orientierungslos. Die Aura ist nicht nur Bewusstsein, sondern auch der Bauplan des Körpers, und jede vorhandene Struktur im Energiefeld setzt sich irgendwann auf die materielle Ebene des Körpers um. Ist die Aura durch viele Blockaden geschwächt, wird auch das Bewusstsein schwächer. Dadurch werden wir auch körperlich geschwächt: Es kann zu Depressionen oder Burn-out kommen, und viele Belastungen des täglichen Lebens werden unerträglich. Man wird anfällig für Mobbing, geomantische Störungen (räumliche/örtliche Störzone) oder Smogbelastungen.

Einer körperlichen Erkrankung, gleich welcher Art, geht immer ein schwaches und belastetes Energiefeld voraus. Wo und wie sich eine Blockade als Krankheit bemerkbar macht, ist individuell verschieden. Der Körper weist uns im Falle einer Krankheit durch Schmerzen und Beeinträchtigungen auf seinen energetischen Mangel hin, und darauf, dass man über längere Zeit die eigenen Wahrnehmungen und Gefühle nicht beachtet hat.

Alles ist eins!
Wenn wir Erkrankungen auf diese Weise betrachten, kann man zu neuen Ansätzen in der therapeutischen Arbeit gelangen. Solange nämlich die wirkliche Ursache, also die Blockade, nicht beachtet wird, wird es nicht zu einer Heilung kommen. Beschäftigen wir uns mit dem energetischen Hintergrund der Krankheit und klären die Blockaden, können sich die Symptome auf der Körperebene auflösen. Dabei ist zu beachten: Je älter die Blockaden sind, umso nachhaltiger ist die körperliche Erscheinung.

Eine Erkrankung ist also nie ein willkürlicher Prozess unseres Körpers oder gar nur die Wirkung schlechter Bedingungen von außen. Immer ist Krankheit der Ausdruck der Gesamtheit eines Menschen, seiner individuellen Emotionen und seiner Biografie. Bei einfachen Störungen ist das bereits für jeden von uns selbstverständlich. Viele kennen bei einer Erkältung die übliche laienpsychologische Frage: »Wovon hast du denn die Nase voll?«

Aber im Grunde ist die Fragestellung, egal wie schwerwiegend die Erkrankung ist, immer die gleiche: nämlich die Frage, nach der ersten spürbaren Einschränkung. Was kann ich mit der Krankheit jetzt körperlich nicht mehr tun? Diesem Hinweis sollten wir folgen und uns dem Thema intensiver widmen.

Eine Krankheit ist immer ein Aufruf zur Entwicklung. Im Laufe des Lebens haben wir durch unsere Lebensweise, die Erziehung und die Vorbilder unsere eigene Aura immer weiter reduziert. Wir haben unsere Gefühle ignoriert und zur Orientierung auf andere Menschen gehört – immer mit dem Wunsch, anerkannt und geliebt zu werden. Das Aufgeben der eigenen Kraft und des eigenen Wesens, um diese Anerkennung zu erlangen, ist ein Lebensmotor unserer Gesellschaft. Wir verleugnen uns selbst, unser Bewusstsein und unsere Abstammung, um auf der materiellen Ebene »gesehen« und anerkannt zu werden, was uns auf diese Weise lebenslänglich nicht gelingen wird.

Eine Krankheit macht auf diese Zusammenhänge aufmerksam. Wenn wir lediglich die Symptome einer Krankheit beheben, was ja durchaus häufig vorkommt, nehmen wir uns die Entwicklungschancen.

Erkennen wir stattdessen die Hintergründe, lösen die Blockaden und nehmen das Leben auf andere Weise an, so geht die in den Strukturen gebundene Energie in die Aura über – das Feld wird kraftvoll, stark und bewusst. Das Bewusstsein erweitert sich, und die Persönlichkeit reift, bis die höchste Stufe der Selbsterkenntnis erklommen und man endlich angekommen ist, dort, wo die Götter den Schatz versteckt haben. Man sucht nach dem Sinn für das eigene Ich und arbeitet immer wieder am Ursprung: dem Schmerz am Herzen. Man erkennt, dass es keine Abtrennung gibt, sondern alles eins ist; man kann es nicht nur erkennen, man kann es fühlen!

Jede einzelne Struktur in der Aura ist sinnvoll. Denn alles, was geschieht, ist nicht negativ oder so schlimm, wie man es empfindet, sondern dient tatsächlich einem höheren Ziel, das es zu erreichen gilt. Blockaden sind nicht vermeidbar, und man kann jede von ihnen dankbar annehmen, denn sie schaffen die Grundlage für eine Weiterentwicklung im eigenen Leben.

10 Geboren, um zu leiden?

Leid macht einen großen Teil unseres Lebens aus und entspringt dem Mangel am Herzen. Wir haben das Leid in unserer christlichen Kultur fest verankert. Um das Leid loslassen zu können, bedarf es eines großen Bewusstseinsschritts in die wirkliche Eigenverantwortung des einzelnen Menschen. Sich aus dem Kollektiv, einer Religion oder einer Gesellschaft zu lösen setzt Bewusstsein und Kraft voraus.

Aber was ist Leid eigentlich? Es ist ein großer Unterschied, ob wir Schmerzen haben – das ist ein augenblicklicher Prozess, um den Körper wieder auf die richtige Spur zu bringen – oder ob wir leiden – das ist ein gedanklicher Prozess, bei dem wir in eine Dünkel-Selbstmitleid-Struktur mit Gott treten.

Zum einen wissen wir noch, meist unbewusst, aus dem Biologieunterricht, wir seien die Krone der Schöpfung, zum anderen sehen wir uns als Opfer des strafenden Gottes, dem wir nicht gefallen haben, der uns krank werden lässt, zu wenig Geld gibt und uns nie wirklich etwas zutraut. Um die Grundblockade am Herzen heilen und dadurch wirklich heil werden zu können, müssen wir dieses uralte Gedankenmuster lösen.

In den letzten 50 Jahren haben wir uns immer weiter in die Veränderung der Weltanschauung hineinbewegt. Die alte Welt war geprägt von Macht und Ohnmacht, von Dualität und Polarisierung. Nicht nur die Physik beweist uns die neuen Möglichkeiten, die Welt zu betrachten. Auch unser eigenes Bewusstsein lässt ein immer freieres Denken und eine freie Entwicklung der Persönlichkeit zu.

Da, wo vorher engstirnige Religionen und politische Herrscher die Macht hatten, kommt langsam Bewusstsein für die eigene Kraft und Verantwortung auf. Wir sind nicht weiter abhängig von Meistern oder anderen Machthabern. Jeder darf selbst entscheiden, sein Bewusstsein zu ungeahnten Höhen zu entwickeln. Das bremsende Leid dürfen wir endlich hinter uns lassen, ohne Ablass zahlen zu müssen.

Leid war schon immer ein effektives Machtinstrument!
Nicht die Welt wird neu, sondern wir verändern unsere Sicht auf die Welt und das Menschsein. Wir können uns als freies und eigenverantwortliches Bewusstsein erleben, und jeder von uns hat die Kraft und die Erlaubnis, sein eigenes Leben zu gestalten.

Leid war zur Bewusstseinsentwicklung ein wichtiges Machtinstrument. Ein Mensch, der leidet, befindet sich in einer Opferrolle und gibt die Eigenverantwortung für sein Dasein und Tun ab. Das hat der alten Welt ihr Gesicht verliehen. Die Menschheit ist immer tiefer in die Polarität gerutscht, was sich überall und in allen Lebensbereichen gezeigt hat. Sowohl die Finanzkrise als auch die verheerenden politischen und Umweltkatastrophen zeugen davon.

Wir haben nie ein wirkliches Gefühl für das große Ganze

gehabt, sondern haben das gesamte Leben aufgrund beschriebener Sachverhalte unterteilt, bewertet und abgegrenzt. Immer deutlicher haben sich Täter und Opfer polarisiert. Aber jetzt ist die Zeit des Aufbruchs.

Auch in unserem privaten Umfeld und im Umgang mit unserem Körper ist diese deutliche Abtrennung zu beobachten. Durch die zahlreichen Blockaden in unserem Energiefeld erleben und fühlen wir unseren Körper als Abtrennung. Wenn wir krank werden, haben wir zu der Krankheit keinen Bezug. Wir denken, irgendetwas von außen ist schuld an unserer Krankheit. Wenn die Welt nicht so schlecht wäre, bräuchten wir nicht so zu leiden. Dabei entscheidet sich jeder jeden Morgen neu für sein ganz privates Leid.

Die Verantwortung für die Gestaltung des eigenen Lebens geht hinter der Leidensbereitschaft verloren. Leiden wir, dann gibt es Mitleid, wir bekommen Energie von der Umgebung, jeder kümmert sich und geht auf einmal netter mit uns um. Das Leid können wir sehr genießen und nehmen eine Krankheit dafür gerne in Kauf.

Hinter jedem Leid steckt immer die Aussage: Ich übernehme keine Verantwortung für mein Leben und ich will mich nicht verändern!

Fallbeispiel:
Doris ist eine Frau von 55 Jahren. Sie kam in meine Beratung, angestrengt, mit hängenden Schultern und Mundwinkeln. Ihre Sorgen hatten bereits tiefe Falten auf der Stirn hinterlassen, und ihre Haut sah müde und grau aus.

Seufzend setzte sie sich auf den Sessel und schaute zu Boden. Um sie aufzulockern, versuchte ich es mit einem leichten Smalltalk und fragte, ob sie Probleme hatte, meine Praxis zu finden, und ob vor dem Haus ein Parkplatz für sie frei war ...

Ja, ja, alles gut, Nebel auf der ganzen Fahrt und ein Stau, sie hatte fast zwei Stunden gebraucht für die 60 Kilometer, aber sie hatte sich extra den ganzen Tag freigenommen.

Ich fragte, was ich für sie tun könne, und sie begann leise zu erzählen:

»Genau kann ich es Ihnen nicht sagen. Ich habe schon sehr lange Herzrhythmusstörungen, eigentlich schon fast 14 Jahre. Das macht mir immer wieder Angst, und ich leide sehr darunter. Die Mediziner nehmen meine Symptome schon lange nicht mehr ernst, und die Kur hat auch nichts gebracht. Jetzt will meine Tochter heiraten, und ich soll ihr helfen, und da ging es schlimmer los mit den Störungen denn je.«

Ich fragte genauer nach, und wir stellten fest, dass die Herzstörungen eigentlich schon begonnen hatten, als ihre Tochter geboren wurde. Sie konnte sich noch genau an alles erinnern. Ihr Mann hatte während der Geburt der Tochter einen Geschäftstermin und kam erst, als alles schon vorüber war, mit dem Kommentar: »Kinder werden doch andauernd geboren, dann wirst du es ja wohl auch schaffen!«

Damals, vor 32 Jahren, war dieser Satz wie ein Stich in ihrem Herzen, und diesen tiefen alten Schmerz fühlte sie jedes Mal, wenn sie ihre Tochter betrachtete. Sie hat diese Verletzung niemals überwunden und ihrem Mann immer innerlich Vorwürfe gemacht. Bis sie sich dann nach 18 Jahren trennten. Was blieb, waren die Herzrhythmusstörung, der Schmerz und die Angst vor dem Tod.

Jetzt lebte sie schon 15 Jahre allein. Vor einigen Jahren hatte sie die Diagnose Krebs bekommen. Sie ließ die OP über sich ergehen und die ganzen Nachbehandlungen. Jetzt gab es Metastasen, und sie war sehr niedergeschlagen. Oft sah sie sich die alten Fotos aus der Kindheit an und wurde traurig. Sie wollte eigentlich nicht allein leben, aber sie hatte Angst vor Männern und den Verletzungen. Und sie hatte Angst um ihre Tochter: Sie befürchtete, dass es ihr genauso ergehen würde wie ihr.

Wir sprachen über die alten Verletzungen und den Schmerz. Doris atmete mehrmals tief durch und hatte sich jetzt etwas aufgerichtet. Sie weinte ein wenig, während sie mir von ihrer Familie erzählte. Es war alles ein großes Leid! Gleichzeitig war sie merklich wacher geworden, und ihr Blick schweifte umher.

So sieht Leid aus und so fühlt sich Leid an

So wie Doris geht es vielen von uns. Wir leben unser Leben so dahin und werden auf einmal krank. Das Leben läuft aus den gewohnten Bahnen, und man weiß gar nicht, was los ist. Man sucht sich Hilfe, mit dem Wunsch, den unangenehmen Schmerz loszuwerden, der einem Angst einjagt. Wenn das nicht auf Anhieb klappt, leiden wir. Wir denken nach, wer für unser Leid der beste Fachmann sein könnte, hadern mit unserem Schicksal nach dem Motto »Warum immer ich?« und fühlen uns unwert.

Dass der Körper erkrankt und uns ein dringliches Signal gibt, ist eigentlich eine freundliche Aufforderung, doch etwas achtsamer mit sich selbst zu sein. Einen körperlichen Schmerz, gleich welcher Art, zu fühlen, ist immer die Bremse, die den normalen Alltagsfluss behindert.

Wir können nicht mehr so weitermachen wie vorher, weil der Schmerz uns abhält. Wir verstehen aber die Sprache unseres Körpers nicht, weil wir es nicht gewöhnt sind und es niemals lernen durften. Krankwerden ist lästig, schmerzhaft, oft aber die letzte Chance, unserem Leben eine neue Richtung zu geben, um doch noch den Sinn des Lebens zu erkennen und erfüllt zu leben.

Wenn wir diese Sprache unseres Körpers nicht mehr verstehen, machen wir uns Gedanken und rutschen ab ins Leid! Leiden ist nichts, was uns Menschen irgendeinen Nutzen an Entwicklung oder Kraft bringen würde. Es drückt nur aus, dass wir lange Zeit nicht gehört haben, was uns der Körper sagen will, und uns selbst nicht ernst nehmen und auch nicht weiterhelfen können.

Der Mensch hat das Leid zum Kulturgut erhoben!
Das Leiden hat in unserer Kultur eine lange religiöse Geschichte. Wir haben verinnerlicht, dass wir zum Leiden auf der Welt sind und uns aus misslichen Lagen im Leben nicht selbst befreien können/dürfen und es jetzt auch tatsächlich nicht mehr können.

Wären wir in Einheit mit unserem Körper, kämen wir nicht auf die Idee, zu leiden.

Leid entsteht immer dann, wenn wir den Blick für den Zusammenhang verloren haben, denn im Fühlen von Leid, wird uns jedes Mal unser Abgetrenntsein deutlich. Wir leiden, weil wir nicht mehr fühlen können, dass wir göttlichen Ursprungs sind.

Leid entsteht im Kopf durch unsere Gedanken und gehört nicht zum eigentlichen Sein als Mensch. Das Leid wird uns zum Verhängnis. Da wir es zu einem Kulturgut erhoben haben, finden wir keinen Ausweg aus unserem Leid. Wir fühlen uns wohl im Leiden und verlieren mehr und mehr an Lebenskraft. Meistens suchen wir die Ursache für unser Leid in unserem Umfeld.

Die Partner, die Kinder, die Haustiere, die Banken, die Chefs, die Kollegen, die Freunde oder die Eltern – alle sind schuld an unserem Leid! Nicht die Welt wird neu, sondern wir verändern unsere Sicht auf die Welt und das Menschsein. Wir können uns als freies und eigenverantwortliches Bewusstsein erleben, und jeder von uns hat die Kraft und die Erlaubnis, sein eigenes Leben zu gestalten.

> Nicht die Welt wird neu, sondern wir verändern
> unsere Sicht auf die Welt!

Reifen oder altern?

Unter dem Altwerden verstehen wir in unserer Kultur hauptsächlich die Bedrohung durch die Vergänglichkeit des Körpers. Daraus hat sich ein Jugendlichkeitswahn entwickelt, aus dem heraus ganze Wirtschaftszweige wachsen konnten. Sport, Wellness, Freizeit und Urlaub sind Lebensbereiche unserer Gesellschaft, die gegen das Alter ankämpfen.

So wie es heute aussieht, soll unser Körper seine jugendliche Leistungsfähigkeit möglichst bis ins hohe Alter beibehalten. Dafür zahlen wir jeden Preis. Der Körper wird gestrafft, gedehnt, trainiert, gepuscht, und mit Nahrungsergänzungsmitteln werden die Stoffe zugeführt, die eigentlich nur ein jugendlicher Hochleistungssportler braucht.

Der Qualität eines bewussten und mit Würde getragenen Alterungsprozesses geben wir keinen Raum.

Wir leben in einer schnellen und radikalen Welt, zu der unsere Schulmedizin ihren Teil beiträgt. In den letzten Jahren ist uns immer stärker aus allen Richtungen der Gesellschaft vermittelt worden, dass wir nur materielle Wesen sind, mit fast beliebig austauschbaren Bauteilen. Die Errungenschaften der modernen Medizin scheinen unbegrenzt, und es wird vor nichts mehr haltgemacht. Organe können von einem Menschen in den anderen transplantiert werden, Knochen und viele andere Teile des Körpers können wir durch mechanische Ersatzteile austauschen. Die Augen werden durch Hilfsmittel und operative Eingriffe optimiert, ebenso können wir auch das faltige körperliche Erscheinungsbild des reifen Körpers durch Straffung und »Lähmung« rein optisch verbessern, damit der Welt und uns selbst im Spiegel der Anblick erspart bleibt. Leider bleiben bei diesem Prozess das Bewusstsein und unsere Würde auf der Strecke. Für ein würdevolles, bewusstes Leben reicht es eben nicht aus, nur Ersatzteile in den Körper einzubringen.

Immer wieder setzen wir uns als Menschen über die sinnvollen und gesunden Prozesse des Lebens hinweg. Jedem Apfel und jedem Pfirsich gestehen wir den Reifeprozess zu, aber da wir den Sinn nicht erkennen können, sprechen wir uns selbst die Reifung als Mensch mit all ihrer Qualität ab. Da wir wie gewohnt nur die Körperlichkeit und damit den materiellen Verfallsprozess erleben, setzen wir alle Mittel ein, die uns die Forschung zur Verfügung stellt, um diesem Prozess Einhalt zu gebieten.

Betrachten wir Alterung als Reifeprozess im Zusammenspiel von Körper, Geist und Seele, können wir ein ganz neues und erfüllendes Lebensgefühl erlangen.

Wir wollen uns einmal ausgiebig den Lebensprozess betrachten, um hier einen freundlicheren Ansatz zum sinnvollen

Altwerden zu finden: Das Leben hier auf der Welt beginnt mit der Zeugung. Von diesem Augenblick an vollzieht jeder von uns die gesamte Entwicklungsgeschichte der Menschheit im Zeitraffer. Wir durchleben das Stadium des Einzellers, des Mehrzellers, des Reptils, des Säugetiers, und mit unserer Geburt beginnt die Phase der Menschheitsentwicklung zu dem, was uns als Mensch tatsächlich ausmacht.

Hier, bei der Geburt, verbinden sich Bewusstsein und Körper, um »gemeinsam« Erfahrungen zu machen und sich zu entwickeln. Das Baby ist zunächst noch unbewusst und mit seinem Körper und dem Energiefeld im Einklang. So können wir uns die frühen Formen der Menschen vorstellen, die noch als Menschengruppe in vollkommener Einheit mit sich und der Natur lebten.

Beim Kleinkind beobachten wir eine einschneidende Veränderung, wenn es im Alter von ca. drei Jahren spürt, dass es nicht mehr mit der Umgebung verschmolzen ist, sondern eine eigenständige Person, die von den anderen Menschen abgegrenzt ist und die über einen individuellen Erfahrungshorizont verfügt. Wir kennen dies als das Trotzalter, wenn das Kind diesen »Erkenntnisprozess«, wenn auch immer noch unbewusst, durchläuft. Menschheitsgeschichtlich betrachtet, bedeutet dies, dass wir Menschen uns nicht mehr als die *Gruppe* »Mensch« sehen, sondern dass sich jeder von uns von da an immer stärker als Individualität erleben konnte.

Die Entwicklung des Kleinkinds durch das Krabbelalter bis hin zum aufrechten Gang und weiter bis hin zum Erwachsenenalter finden wir in der Geschichte der Menschheit gespiegelt. Einigen Theorien zufolge, stammen wir ursprünglich vom Affen ab, der sich auf allen vieren bewegte. Erst die Ent-

wicklung unseres Energiefelds machte den Entwicklungs-
schritt zum Homo sapiens, der Aufrichtung zum heutigen
Menschen, möglich. Damit einher geht die Entfaltung komplexer Gedankenformen und einer Sprache, die diese Fähigkeiten ausdrücken kann.

Als Kind machen wir diese Entwicklungsschritte ungefähr
bis zum Eintritt ins Schulalter. Erst zu diesem Zeitpunkt sind
wir als kleine Menschen fähig, intellektuelle Lernaufgaben zu
bewältigen.

Es ist sehr interessant, diese Stationen der Entwicklung der
Menschheit in der eigenen Biografie nachzuvollziehen. Wie hat
es sich angefühlt, zu krabbeln, mich selbst zu entdecken als
Persönlichkeit? Wie war es, zum ersten Mal aufrecht zu gehen?
Wie war es, zu sprechen? Wie hat sich bei mir die Sprachfähig-
keit entwickelt? Wann konnte ich eigene Ideen entwickeln?

Vielleicht kannst du so selbst noch einmal nachfühlen, wie
sich die Menschen im jeweiligen Entwicklungszyklus gefühlt
haben.

Auch die bereits beschriebene Veränderung der räumlichen
Wahrnehmung erleben wir als Kinder, was sich deutlich in Kin-
derbildern ausdrückt. Ein Kind kann bis zum Alter von ca.
sechs Jahren keine räumliche Tiefe wahrnehmen und in einem
Bild wiedergeben.

Erinnerst du dich noch an deine Kinderbilder? Sie sind meistens sehr »platt«, die Perspektive kam erst viel später in dein
Leben. Auch ein Empfinden für die Zeit kann sich beim Kind
erst entwickeln, wenn das Bewusstsein die entsprechenden
Möglichkeiten hat, diese Dimension wahrzunehmen. Es hilft
einem Kind z.B. nicht, wenn die Mutter sagt: »Ich bin in einer
Stunde zurück.« Für das kleine Kind gibt es nur: Die Mutter ist

weg oder sie ist da. Zeit existiert nicht und ist kein Trost, wenn ich als Kind den Schmerz der Verlassenheit fühle.

Erreichen wir dann das Alter von 18 bis 20 Jahren, sind wir mit unserem Bewusstsein parallel zur Menschheitsentwicklung in der Neuzeit angekommen. Wir könnten also sagen, bis hierhin haben wir die Menschheitsentwicklung für uns persönlich »eingesammelt« und einen Fundus, das Leben in Richtung Zukunft zu gestalten. Wir sind im »Jetzt« angekommen und tragen mit jeder unserer Handlungen und den Gedanken dazu bei, dass sich – jeden Tag neu – eine Welt stabilisiert.

Hier ist der Schnittpunkt, an dem die Vergangenheit endet und meine ganz persönliche Lebensgestaltung beginnen kann, auf dem stabilen Erfahrungsschatz der gesamten Menschheit. Ich bin erwachsen. Erst jetzt beginnt die Freiheit der Eigenverantwortung, und ich kann tatsächlich zur Veränderung und Entwicklung der Welt beitragen.

Das Alter gehört Herz und Seele, die Jugend dem Körper?

Was bedeutet Entwicklung? Ein junger Mensch, der die Menschheitsentwicklung im Schnelldurchlauf integriert hat, kann die mitgetragenen alten Strukturen und Blockaden, die die gesamte Menschheit ihm als »Päckchen« mitgegeben hat, infrage stellen und verändern. Er kann durch sein Bewusstsein erkennen, dass er nicht nur ein materieller Körper ist, sondern dass er das spirituelle Bedürfnis hat, sein Bewusstsein weiterzuentwickeln. Lösen, Entwickeln und Neugestalten sind jetzt in der Lebensmitte gefragt. Die Evolution der Gedanken eröffnet uns eine Welt der Metagedanken, die – über die rein materiellen, praktischen Vorstellungen hinaus – uns den Zugang zu höherem Bewusstsein verschaffen können. Wir können uns nach dem Sinn des Lebens fragen. Wir können unsere Seele und ihre Aufgabe und Bedeutung auf der Erde erkennen und nach und nach das Alte und »Mitgebrachte« verarbeiten. Dies ist ein Reifungs- und Erkenntnisprozess, der zum Altwerden gehört, wie die Falten im Gesicht. Diese können Ausdruck einer solchen Reife sein und führen zu einer Altersschönheit, deren Wert wir bisher unterschätzen.

Die bereits beschriebenen Stammzellen in der Mitte unseres Herzens, die die Information über unsere Ausstattung als individueller Mensch beinhalten und die über die Regenerationskräfte verfügen, um den Körper immer wieder zu heilen und den Bedingungen der Umgebung anzupassen, sterben im Alter von ca. 40 bis 45 Jahren ab. Dann beginnt der offensichtliche Alterungsprozess unseres Körpers, vor dem wir so viel Angst haben. Die Zellen haben keinen Informationspool im Herzen mehr, aus dem sie die alten Körperformen stabil halten können.

In diesem Alter trifft das Bewusstsein die Entscheidung, in den Reifungsprozess oder in den Verfallsprozess zu gehen.

Betrachtet man seinen Körper nur als eine Maschine, die möglichst immer so bleiben sollte, wie sie in der Jungend war, beginnt nun der Verfall. Wie bei einer alten Kaffeemaschine kann schon mal das Mahlwerk kaputtgehen, der Motor blockieren oder das Wasser nicht mehr richtig fließen.

Nimmt man den Körper als Sitz seines Bewusstseins wahr, das sich den menschlichen Erkenntnisprozessen stellen will, dann beginnt nun das Alter der Reife. Man kann die Vergangenheit integrieren, man ist bereit, die Zusammenhänge des Lebens zu erkennen, man versteht, wie das Leben gemeint ist, und sucht die Erfüllung in der Ruhe und der Entspannung.

Man ist auf dem Weg in die eigene Mitte und findet dort die Antwort auf alle Fragen des Lebens.

Die Suche im »Außen« verliert sich, und man kommt nicht mehr auf die Idee, Antworten beim Spinning, Mountainbiking oder im Lifting zu suchen. Auf diesem Wege haben wir die Möglichkeit, den von Beginn des Lebens an mitgebrachten Mangel am Herzen zu heilen. Dann haben wir den Schlüssel zu uns selbst und zur Liebe gefunden.

Die alten Traditionen der eigenen Kultur nehmen wir auf unserem Lebensweg mit in die persönliche Lebensgestaltung. Grundsätzlich dient aber das Leben dazu, die gemachten Fehler im kleinen und im großen Geschehen der Welt zu erkennen und in neue und hoffentlich bessere Bahnen zu lenken. So tragen wir zur Entwicklung der gesamten Kultur und Menschheit bei.

In der Herausbildung unserer Kultur haben wir als Maßstab für unsere Weiterentwicklung leider nicht die Würde des Menschen an oberste Stelle gesetzt. Wir haben eindeutig die Richtung zum materiellen Weltbild gewählt, das Gefühle für Zusammenhänge, Bewusstsein und Sinn weitgehend leugnet. Die Würde ist zwar im Grundgesetz verankert, nicht aber wirklich gefühlt in unseren Herzen.

Die Folge des Nichtverstehens der Lebenszusammenhänge ist, dass wir das Altwerden nicht als positiven Reifezustand empfinden, sondern als negativen materiellen Verfallsprozess erleben oder es zumindest bei den Elterngenerationen so sehen.

Die Angst vor dem Tod

Jetzt erkennen wir nach und nach die Sackgasse, die unsere Kultur geschaffen hat. Trotz aller technischen und medizinischen Entwicklungen sind wir zu einem »sinn-losen« Volk geworden, das aus lauter Angst vor dem Altwerden und Sterben am liebsten wie die Lemminge von der Klippe springen würde.

Zahlenmäßig können wir recht alt werden, der Körper ist voller »Ersatzteile«, jedoch unser Bewusstsein hatte keine Chance zu reifen, weil wir uns den Metagedanken der höheren Bewusstseinsebene nicht öffnen wollten oder konnten. Viele Menschen der westlichen Welt denken tatsächlich, sie seien nur Materie, ein Zellhaufen, der optimal gepflegt werden muss, wie ein altes Auto.

Diese Haltung hat uns u. a. Alzheimer und Demenz als Kulturerkrankungen gebracht. Denn immer, wenn in einem Leben entweder sehr starke Traumata erlebt wurden oder das Leben rein materiell orientiert, also sinnlos, verlaufen ist, führt dies dazu, dass der Mensch sein Leben am liebsten vergessen möchte. Der Schmerz der Erinnerung an die alten verdrängten und nicht gelebten Gefühle ist zu groß.

Das Bewusstsein eines Menschen zieht sich während der Alzheimer-Erkrankung langsam aus dem Körper zurück, und zwar nicht in Richtung Reifung und Tod als Wachstumsprozess, sondern in Richtung Senilität.

Das bedeutet, man durchläuft das Leben vom Ausbruch der Krankheit an rückwärts, bis hin zum frühkindlichen Stadium. Hierbei werden die alten Gefühle und nicht bewältigten emotionalen Lebensprozesse noch einmal durchlebt. Der Kranke er-

221

lebt die intensiven Ängste, Lügen und Ohnmachten, die er lebenslang verdrängt hatte.

Gesellschaften, die, unter einem kulturellen Aspekt betrachtet, nicht zu den »Hochkulturen« zählen, kennen interessanterweise solche Krankheitsbilder wie die Alzheimer-Erkrankung nicht.

Weisheit statt Fitness

Das Erlebnis der Abtrennung von Körper und Energiefeld hat uns letztlich dazu gebracht, unser Leben recht sinnentleert dahinfließen zu lassen. Der Körper steht im Mittelpunkt und hat unsere ganze Aufmerksamkeit. Die Verantwortung für unser Bewusstsein haben wir abgegeben und damit leider auch die Möglichkeit, unser Bewusstsein weiterzuentwickeln. Die Hinwendung zu unseren Gefühlen und zum Sinn des Lebens wäre ein wichtiger Schritt, um eine Wende in Richtung dieser Entwicklung zu bringen. Anders als noch vor einigen Jahren kann heute jeder selbst »bewusst werden« und mit seiner eigenen Seele ins Gespräch kommen. Früher wurden hier Mittler benötigt: Religionen oder religiöse Bewegungen, die diese Aufgabe gerne genutzt haben, um die Menschen in eine Abhängigkeit zu bringen. Gegen Bezahlung in klingender Münze waren sämt-liche spirituellen Themen angeblich erledigt. Man konnte sich von Sünden freikaufen, mit den Toten Kontakt aufnehmen oder in bestimmten Abständen Einweihungen über sich ergehen lassen, die einen immer nur so weit in die eigene Entwicklung kommen ließen, wie es dem jeweiligen Meister oder Religionsführer gefiel.

Seit einigen Jahren sind wir, was das Bewusstsein und seine

Entwicklung betrifft, freie Menschen geworden. Niemand kann uns mehr aufhalten und niemand hat mehr die Kraft, das Bewusstsein zu beschränken. Aber wir sind auch noch nicht wirklich in der Lage, mit diesem Umstand verantwortlich umzugehen. Wie ein Kind, dem man lange die Süßigkeiten verboten hatte, das gierig alles Süße verschlingt, was es in die Finger bekommt, auch wenn es sich damit womöglich den Magen verdirbt, suchen wir in den unterschiedlichsten und abstrusesten Richtungen nach Spiritualität.

Dabei würde es tatsächlich reichen, das eigene Herz wiederzufinden und damit die Antwort auf alle Fragen nach dem Sinn anzunehmen. Auf diesem Weg begegnen wir unweigerlich der Würde, als ein wichtiges Zentrum in unserer Mitte, die uns helfen kann, bewusst zu werden.

Sehnsucht nach Heilung

Das vierdimensionale Leben ist ein riesiges Spielfeld unserer Seelen, um sich selbst erfahren zu können. Besonders bei Beschränkungen und Grenzen, im Opfersein, in Leid und Schmerz fühlt sich unser Bewusstsein gefordert und findet auch Wege, um sich selbst zu mehr Kraft entwickeln zu können. Immer wenn wir an eine Grenze stoßen, müssen wir uns entweder anstrengen, um sie zu überwinden, oder wir leiden noch stärker, wenn wir es nicht geschafft haben. Bis zu dem Punkt, an dem das Leid so groß wird, dass wir uns überwinden und einen neuen Vorstoß wagen.

Die Auswahl an Entwicklungsmöglichkeiten ist dem Bewusstsein dabei unwichtig; es will einzig und allein an Kraft gewinnen, um auf ein nächsthöheres Niveau zu gelangen.

Macht der einzelne Mensch seine bewusste Entwicklungsgeschichte durch, trägt er mit seinem kraftvolleren Energiefeld zum kollektiven Feld, das alle Menschen miteinander verbindet, bei. Das wiederum ist ein Teil des Energiefelds der Erde – Gaia (Göttin der Erde) als Lebewesen! – und Teil des Himmels, der Galaxien und des Universums.

Für den Einzelnen kann es seine Aufgabe sein, den Urmangel am eigenen Herzen durch Fühlen zu erkennen. Dann sollte er aber nicht die Lösung für diesen Schmerz in der materiellen Welt und bei anderen Menschen suchen, sondern versuchen, durch das Erkennen der Spiegel in sich selbst anzukommen. Den Schmerz am Herzen anzunehmen und sich wieder verbunden zu fühlen mit der eigenen Herkunft, mit dem höheren Bewusstsein und dem Himmel, ist die eigentliche Sehnsucht, aber auch die Heilung der Menschheit. Diesen Weg können wir jetzt im neuen Bewusstsein gehen, und die Befreiung, die wir darüber erlangen können, ist der Aufstieg in neue Dimensionen.

11 Partnerschaft

Im Verhältnis zwischen Mann und Frau ist in den letzten Jahrzehnten eine große Veränderung eingetreten, die sich nicht nur auf die Partnerschaft, sondern auch auf die Stellung der Geschlechter in Staat und Gesellschaft ausgewirkt hat. Jahrtausendelang waren die Aufgaben von Mann und Frau klar abgesteckt; sie waren »gottgegeben« und nicht veränderbar. Diese alte Ordnung ist heute noch in weiten Teilen der Welt gültig und führt dazu, dass Frauen weniger Rechte haben als Männer. Frauen dürfen in vielen Ländern ihr Gesicht nicht zeigen, nicht über ihr Leben bestimmen und teilweise nicht einmal Auto fahren oder allein auf die Straße gehen.

Die Bewusstseinsveränderung in der westlichen Welt hat zu einer rechtlichen Gleichstellung der Frau geführt. Gleichzeitig ist ein Konkurrenzkampf zwischen Männern und Frauen auf allen Ebenen des Lebens erwachsen. Eine der Auswirkungen davon ist ein dramatischer Rückgang der Geburtenrate, weil im Bereich »biologische Fortpflanzung« die Gleichstellung (noch) nicht vollzogen werden konnte.

Die Gleichstellung von Mann und Frau wurde und wird

durchgefochten, notfalls per Verordnung und Einführung von Quoten bei der Besetzung von Arbeitsstellen und gesellschaftlichen Positionen. Dieser Vorgang ist nicht geprägt von Herzlichkeit und der tiefen Einsicht in die Qualitäten von Mann und Frau. Es geht vielmehr um Prinzipien, Statistiken und Erfolgsbilanzen der Geschlechter. Eine Änderung von Weltanschauungen ist damit nicht verbunden. Das Ergebnis sind Frauen in Führungspositionen, die zumeist männliche Führungsmechanismen und männliche Strategien übernehmen und männliche Härte zeigen müssen. Man will in den Führungsetagen Röcke, Rundungen und schlanke Beine, keine Herzen.

Eine schwangere Frau in einer Führungsposition gilt schon als Ausnahmeerscheinung. Aber kurz nach der Geburt steht die junge Mutter bereits wieder »ihren Mann« im Job.

Mann und Frau sind aus dem gleichen Urstoff

Was wir in der Mann-Frau-Thematik momentan erleben, ist die rein verstandesmäßige Abarbeitung von Gleichstellungsfragen. Gleichstellung bedeutet dabei im tatsächlichen Sinne des Wortes: »Gleich-Stellung«. Mann und Frau sollen gleichgestellt sein, ohne dass aber die unterschiedlichen Qualitäten gleiche Gewichtung erhalten. Das erlernte Wissen wird gleichgestellt, altbekannte Prinzipien und Methoden werden gleichgestellt, gesetzliche Regelungen werden gleichgestellt. Alles zusammen wird eins zu eins in männliche und weibliche Körper eingefüllt, gerade so wie Gewürzgurken mal in hohe, längliche und mal in runde, bauchige Gläser gefüllt werden.

Was ist – im Gegenzug hierzu – also die Aussage des Herzens? Die Aussage des Herzens ist der dem Leben zugrunde liegende Plan; so wie er einstmals vorgesehen war, als das Leben des Menschen auf der Erde seinen Ursprung hatte.

Mann und Frau waren aus dem gleichen Urstoff und Grundmuster geschaffen und doch hatten sie unterschiedliche Lebensthemen und -aufgaben. Es war gleich der Aufteilung von Sauerstoff und Stickstoff, die *nur gemeinsam* zur Grundlage des Lebens werden, einzeln aber mehr schädlich als nützlich sind. Die Kraft und Geradlinigkeit des Mannes, gepaart mit der Umsicht und Fürsorge der Frau, könnten als Erfolgsmuster gelten, wenn man nicht in der Gleichstellungsabsicht beiden Partnern ihre Stärken nehmen und durch die Schwächen des anderen ersetzen würde.

In den zurückliegenden Jahrtausenden haben sich Männer und Frauen im Alltag keine tief greifenden Gedanken über die Stärken und Schwächen des anderen Geschlechts und die Qualitäten der Ergänzung gemacht. Es galt, das Überleben zu sichern und die eigenen Möglichkeiten dazu einzubringen. Die Partner suchten sich gegenseitig nicht wirklich aus, sondern wurden von den Familien, den Stämmen, den Zünften oder von der Obrigkeit zusammengebracht. Wer zusammen war, blieb zusammen. Eine Scheidung gab es nicht. Durch das vergleichsweise kurze Leben unserer Vorfahren war dies allerdings bei Weitem kein so großes Problem wie heute, wo die Menschen oftmals doppelt so alt werden wie ihre Vorfahren.

Es ist keine Kunst, etwas Vorgegebenes aus Zwang heraus zu tun. Die Kunst setzt dann ein, wenn die Vorgabe und der Zwang entfallen und durch eigenverantwortliches, bewusstes Denken und Handeln ersetzt werden müssen. Bis vor 50 Jahren galt auch bei uns in der westlichen Welt die klare Trennung der

Aufgaben und Möglichkeiten von Mann und Frau. Der Mann ging voran, die Frau hinterher. Der Mann war berufstätig, die Frau machte den Haushalt und erzog die Kinder. Der Mann fuhr Auto, die Frau hatte keinen Führerschein. Der Mann war Herr über das Familieneinkommen, die Frau konnte eigenverantwortlich keine größeren Anschaffungen tätigen. Der Mann und die Frau waren verheiratet vor Gott und vor dem Gesetz. Ein Zusammenleben, ohne verheiratet zu sein, gab es nicht oder war zumindest nicht legal. Eine Trennung führte zu erheblichen Einbußen des Ansehens und der individuellen Rechte. Meine Tante wurde Ende der 1950er-Jahre aus der Kirche ausgeschlossen, weil sie sich scheiden ließ.

So streng das gehandhabt wurde und so hart es sich auswirkte, so klar waren die Regeln. Es gab keine wirkliche Eigenverantwortung und keine wirkliche Entscheidungsfreiheit. Für viele Menschen waren diese Lebensbedingungen allerdings einfacher als die heutige individuelle Freiheit, die bei manchem die Frage nach seiner eigenen Position aufwirft.

Entsprechend der Vorgehensweise unserer Zeit werden die partnerschaftlichen Themen streng verstandesorientiert angegangen.

Wir erinnern uns, vom ursprünglichen Plan her war die Partnerschaft von Mann und Frau ein Herzensthema. Ausgerechnet dieses grundlegende Herzensthema soll nun rein verstandesorientiert behandelt werden. Kann das gut gehen?

Sieht man in die Statistiken, schaut man sich im Bekanntenkreis und unter den Kollegen um: Die Paare trennen sich reihenweise. Ein Herzensthema kann nicht rein verstandesorientiert behandelt werden, es muss herzensorientiert gelebt werden. Jedoch, wie soll das gehen?

Das Drehbuch des Herzens

In der energetischen Weltsicht finden Mann und Frau aufgrund ihrer Energiefeld-Resonanzen zueinander. Wenn wir wieder das Bild zur Hand nehmen, dass das Drehbuch im Herzen vorliegt, sind Mann und Frau die Schauspieler in ihrem gemeinsamen Lebensfilm. Sie erfüllen ganz genau die Vorgaben des Drehbuches. Das Casting der Resonanzen macht keinen Fehler und sucht die Akteure passend zu ihrer Aufgabenstellung aus.

In der Euphorie der neuen Aufgabe, wir nennen es die Phase der Verliebtheit, sind die Schauspieler Feuer und Flamme und bereit, jede Szene des Drehbuchs zu spielen. Im Laufe der Zeit erkennen sie die Beschwerlichkeit mancher Aufgaben, für die es keine Stuntmen und keine Doubles gibt. Nach und nach flaut die Begeisterung ab und geht in Ablehnung über. Das Drehbuch ist plötzlich nicht mehr wichtig, die gemeinsame Arbeit an dem großen Projekt verliert ihre Bedeutung. Man trennt sich in einer Phase der größten Herausforderung, in der gerade Gemeinsamkeit besonders wichtig wäre, in der es jedoch besonders schwierig ist, diese zu fühlen. Eine Phase, in der das erfolgreiche Gelingen nur bei denen gewährleistet ist, die mit dem Herzen bei der Sache sind.

Der Verstand hat hier schon lange Vor- und Nachteile gegenübergestellt und den Daumen gesenkt – Cut, Szene beendet! Der Verstand kann ein Ganzes in Einzelteile aufspalten und jedes Teil für sich betrachten. Er erkennt das Drehbuch des Herzens nicht. Er betrachtet nur die Einzelteile, also die Schauspieler, die in unserer materiell gesicherten Zeit gut alleine existieren können. Leider endet damit ein Lebensfilm, der hoffnungsvoll

begonnen hatte und als Happy End einen großartigen Erkenntnisprozess hätte bringen sollen.

Das Gute an der Sache ist, dass das nächste Drehbuch des
Herzens bereits wartet und alle noch nicht erfolgreich erledig-
ten Szenen erneut enthält. Klappe – das Leben geht weiter,
»life …« bzw. »the show must go on«.

Das größte Problem der Partnerschaften in der heutigen
Zeit ist, dass man die Erfüllung aller Wünsche, den Ausgleich
aller Mängel und das Stillen aller Sehnsüchte beim Partner
sucht. Bei der Partnersuche findet man entsprechend der Wirkung der energetischen Resonanzen immer gerade denjenigen,
der sich in die eigene Problemlage verzahnt, sprich, der zur Bearbeitung der eigenen Mängel und Sehnsüchte am besten passt.

Für den Menschen ist dies aber ein verflixter Automatismus,
denn er findet nicht wirklich den Partner, der ihm jeden Mangel
ausgleicht und die Sehnsüchte stillt. Er findet im Gegenteil ein
Gegenüber, das unbewusst dabei behilflich ist, die Schwach-
punkte, die Mängel und unerfüllten Wünsche noch deutlicher
herauszumodellieren und auf den Punkt zu bringen.

Die Gestaltungsmöglichkeiten des Drehbuchs des Herzens
sind dabei mannigfaltig. Es können sich zwei Partner begegnen,
die beide den Mangel am gleichen Punkt haben und sich diesen
Mangel Tag für Tag deutlich machen. Ziel sollte es sein, sich
zusammenzuschließen und diesen Mangel gemeinsam zu beheben. Gelingt dies nicht, wird das ständige Spiegeln des eigenen
Mangels zur Ablehnung des Partners, der wie der Überbringer
einer unerwünschten Nachricht davongejagt wird.

Es können sich auch zwei Partner begegnen, von denen der eine
einen ganz bestimmten Mangel hat und der andere eine starke
Angst vor diesem Mangel empfindet, ohne den Mangel selbst

aufzuweisen. Auch diese beiden haben sich zusammengefunden, um das gleiche Thema zu bearbeiten.

Geld

Am Beispiel »Geld« kann man sich das vergegenwärtigen: Ein Mann mit Geldmangel findet eine reiche Frau, die Angst vor Geldmangel hat. Würden beide herzlich an ihrem Thema arbeiten, wäre das Thema Geld bald erledigt. Erliegen sie jedoch der Mangelthematik, wird der Mangel des Mannes immer größer, weil er das Geld in nächster Nähe sieht und es dennoch nicht seines ist. Die Angst der Frau wird immer größer, weil sie den großen Geldmangel in ihrer nächsten Nähe wahrnimmt und daher ihren Besitz mit Argusaugen hütet. So lebt man sich auseinander und trifft sich vor dem Scheidungsrichter wieder, bei dem es um den Zugewinnausgleich und die Altersversorgung geht, also genau um die Mangelthemen, die man gemeinsam hätte bearbeiten sollen.

Sexualität

Das Thema Sexualität kann die Mangelproblematik in einer Partnerschaft ebenfalls sehr gut beleuchten. Unabhängig davon, was nach außen zur Schau gestellt wird, darf man davon ausgehen, dass es sich hier um ein zentrales Thema jeder Partnerschaft handelt. Dies gilt übrigens auch für die Paare, die behaupten, sie hätten beide keine besondere Lust auf Sex bzw. ausreichend häufig Sex. Einzeln und unabhängig voneinander befragt, ergeben sich auch hier Aussagen von Mangel und Erwartung.

Würden die Partner herzlich miteinander umgehen, wäre dieses Thema kein Problem. Erliegen sie jedoch der Mangelthematik, wird die Erwartung des einen zum Druck für den anderen, mit jeweils steigender Tendenz, bis der eine an seiner Erwartung zerbricht und der andere den Druck nicht mehr aushält.

Der Verstand klinkt sich schon bald aus, und man ertappt sich bei der Suche im Internet in einem Seitensprungportal. Es gibt viele davon, und alle werben mit ihrer großen Mitgliederzahl; ein klarer Hinweis auf ein wahrhaft drängendes Problem, für das der Verstand in Person gewiefter Ingenieure und Marketingspezialisten Abhilfe geschaffen hat. Das Herz wird von einem Seitensprung nicht dauerhaft zufriedengestellt, und die Mangelproblematik wird ebenfalls nicht dauerhaft beseitigt. Ein Seitensprung ist eine Symptombehandlung, keine Ursachenlösung.

Lassen wir die Herzen sprechen:
Es gab eine Zeit, da gehörten wir zusammen. Wir waren ein Körper und ein Bewusstsein. Dann wurden wir getrennt und sind seither auf der Suche nach dem schönen, erfüllenden Gefühl des Eins-Seins. Wir fühlen uns allein und können nur in ganz seltenen, kurzen Momenten das Gefühl der Einheit zurückbekommen – flüchtige Augenblicke. Anstatt Jagd auf diese Augenblicke zu machen, sollten wir uns unserer Situation bewusst werden. Wir sind getrennt, um aus unterschiedlicher Perspektive eine gemeinsame Sicht des Lebens zu gewinnen. Anstatt die Sichtweise des anderen abzulehnen, sollten wir die Bilder übereinanderlegen, dann erhalten wir eine vorher nicht gekannte Räumlichkeit, Farbenpracht, Formenvielfalt und Tiefe.

Dein Partner ist dein Lehrer!
Dein Partner ist dein Lehrer. Dies ist ein wahrhaft abschreckender Spruch und entbehrt jeder Realität, denkst du. Schon eher

kannst du den Satz akzeptieren: Ich bin der Lehrer meines Partners. Es fallen dir gleich Dutzende von Beispielen ein, in denen das Leben viel leichter wäre, wenn dein Partner sich von dir belehren ließe.

Sei unbesorgt, er denkt genauso, und jeder meint, er habe recht und der andere habe unrecht. Dein Partner ist der Hauptdarsteller in deinem Drehbuch. Er zeigt dir, was dir fehlt, wo dein Mangel liegt, wo deine Sehnsüchte sind. Wenn du ihn ablehnst und wegschickst, verweigerst du die Lösung des Problems.

Du bist übrigens auch der Hauptdarsteller im Drehbuch deines Partners, das solltest du bedenken. Da du dich für so viel besser, lieber, geschickter und herzlicher hältst als ihn, hat er sicherlich in seinem Herzen ein sehr gutes und wohlgeratenes Drehbuch. Wie muss dein eigenes Drehbuch sein, dass du so einen unmöglichen Hauptdarsteller erhalten hast?

Dieses Thema führt uns aus einer anderen Richtung wieder auf die ursprüngliche Aussage zurück, dass dein Partner und du Teilnehmer des gleichen Szenarios seid, dessen Drehbuch in euren Herzen gespeichert ist. Im Wege der Resonanzen habt ihr zueinandergefunden, weil ihr das gleiche Grundthema zu bearbeiten habt. Wenn ihr dies begreift, könnt ihr wie Indiana Jones mit seiner Partnerin auf die Jagd nach dem Sinn eures Lebens gehen. Mal ist der eine einen Schritt voraus, mal der andere. Mal findet der eine die Lösung eines Rätsels, mal der andere. Mal fällt der eine in ein Erdloch, mal wird der andere von wilden Ungeheuern bedroht; immer gibt es jedoch jemanden, der hilfreich eingreifen kann.

Die Realität des Lebensalltags ist genauso abenteuerlich und gefährlich wie die Schatzsuche von Indiana Jones. Überall lauern Herausforderungen, die Hüter der Schwelle, und Prüfungen. Was dir bei dieser alltäglichen, munteren Jagd fehlt, ist der verlässliche Partner, der mit Herz und Gefühl dabei ist. Vielleicht ist er aber dabei, und du nimmst es gar nicht wahr. Vielleicht denkt er zärtlich an dich, und du haderst mit seinem karierten Hemd, das nicht zur Krawatte passt. Vielleicht liebt sie dich, und du siehst nur die zehn Kilo, die sie zu viel auf den Hüften hat. Vielleicht plant er die Zukunft eurer Familie und ist mit seinen Gedanken strategisch fünf Jahre voraus mit dem Bau eines Eigenheims beschäftigt, während du jetzt, heute und sofort einen Wellnesstag mit ihm verbringen möchtest. Womöglich hast du ihm schon vorgeworfen, er bringe dir unsinnige Geschenke und fühle gar nicht, was dir wichtig wäre, und erhältst zur Antwort, das empfinde er umgekehrt genauso.

Anstatt euch nun frustriert zurückzuziehen und beiderseits für unzurechnungsfähig zu halten, könntet ihr euch bewusstmachen, dass zwei Menschen aus unterschiedlichen Perspektiven auf einen Berg schauen, der auf der Südseite grünt und blüht und auf der Nordseite schneebedeckt ist. Legt eure Beobachtungen zusammen, und ihr seht das ganze Bild.

Leider ist das partnerschaftliche Leben nicht so einvernehmlich, dass beide zur selben Zeit den Wunsch verspüren, sich mit ihrem Dasein zu beschäftigen. Die Beschäftigung mit dem Dasein führt immer zu Fragen nach der Stellung der eigenen Person und dem Sinn der Vorgänge, die den Alltag ausmachen. Dies erzeugt recht schnell eine Dynamik, der der Partner nicht gewachsen ist, soweit er sich nicht ebenfalls auf den Weg gemacht hat.

Man sollte sich von der Geschwindigkeit der Fortbewegung allerdings nicht zu dem Schluss verleiten lassen, der Schnellere sei absolut eher am Ziel. Die Fortbewegung der weiblichen Energie geschieht nämlich in Form von Kreisbewegungen, während die männliche Energie sich geradlinig fortbewegt. So kann es vorkommen, dass die weibliche Energie nach vielen Gesprächen und Erkundigungen zu dem Schluss kommt, der Wald sei grün. Sie kann die Grüntöne definieren und kennt auch die chemische Begründung dieser Farbe.

Die männliche Energie wird auf die Frage nach der Farbe des Waldes vielleicht antworten: »Grün natürlich, ist halt so.« Anstatt sich nun über die Qualität dieser Erkenntnis zu streiten, sollte man sich herzlich freuen, dass man gleicher Ansicht ist.

Erfüllt der Partner meine Wünsche?

Ein großer und wichtiger Teil des Lebens ist bei den meisten von uns bestimmt durch die verschiedenen Partnerschaften, die man erlebt. Ganz klar ist, als Mann oder Frau ist man einfach nicht komplett. Es fehlt einem immer eine Ergänzung, was sich ja auch rein biologisch nachweisen lässt. Immerhin kommen bei der Vereinigung eines Paares die energetischen Felder so weit in Einklang, dass sich ein neues Feld herausbilden kann und neues Leben entsteht.

Aber unsere modernen Partnerschaften heute sollen weit mehr können. Der Partner sollte einem immer das geben können, was man selbst nicht hat. Der Mangel am Herzen ist hier ausschlaggebend. Man wünscht sich nichts sehnlicher, als endlich von einem anderen Menschen in den Tiefen des Seins der eigenen Seele gesehen und geschätzt zu werden. Man will endlich einfach so sein können, wie man ist.

Netterweise sucht man sich unbewusst auch den Partner auf sein eigenes Resonanzfeld hin aus. Dies bedeutet, das Gegenüber bringt genau *das* in unser Leben, was wir fein säuberlich in Strukturen der Aura weggepackt hatten. Nach dem ersten Verliebtsein, das sich nur an oberflächlichen Bewertungskriterien abspielt, kommt nach einiger Zeit der eigene Spiegel im anderen zur Geltung. Wenn man dann bereit ist, diesen Spiegel als die große Chance zu sehen, weil man jetzt tatsächlich im anderen seine Ergänzung findet, dann hat man endlich die große Liebe gefunden. Aber hauptsächlich zu sich selbst!

Denn wenn man den anderen als Spiegel sieht und ihn annehmen kann, weil man an sich selbst die Blockaden löst, sich selbst erkennt und liebt, kommt man der wirklichen Seelenbegegnung näher. Erst wenn die eigenen abgespalteten Anteile von sich selbst integriert wurden, ist man zu einer solchen tiefen Verbindung fähig.

Das ist das Ziel einer Liebe zu einem anderen Menschen. Wenn man zu einem solchen Weg bereit und fähig ist, kann man jeden Menschen lieben und mit jedem Menschen zutiefst eine Einheit und Verbundenheit auf der Seelenebene spüren.

Also: Der Partner bringt einem schon, was man sucht, aber vielleicht doch auf eine andere Art, als vermutet!

12 Lösungen

Das Leben als Aufstellung

Sinnanalytische Aufstellungen

Das Drehbuch unseres Lebens ist uns ins Herz geschrieben. Alle unsere Erlebnisse und Begegnungen des Alltags, unsere Szenarien von Erfolg und Misserfolg, Freude und Angst sind, bildlich gesprochen, die Projektionen von innen nach außen. Was du in deinem Leben erlebst, entspricht deinem Drehbuch. Du kannst deinen Film ändern, indem du das Drehbuch änderst.

Um diesen Vorgang zu verstehen, um die Wechselwirkung von Ursache und Wirkung zu erkennen und zu verändern, kann eine sinnanalytische Aufstellung hilfreich sein.

Sinnanalytische Aufstellungen können in unterschiedlicher Form vonstattengehen. Angefangen bei einer Aufstellung in einem Zweiergespräch, unter Zuhilfenahme von Aufstellungskarten, über die Aufstellung mit wenigen Beteiligten, unter Zuhilfenahme von Edelsteinen, bis hin zu einer vollen Aufstellungsveranstaltung mit vielen Teilnehmern, sind viele Varianten möglich. Die Wahl der Aufstellungsform ergibt sich zumeist aus den gegebenen Umständen.

In sinnanalytischen Aufstellungen
können alle Themen des Lebens
hinterfragt werden.

Betrachten wir im Folgenden eine normale, volle Aufstellungsveranstaltung:
Eine Gruppe von Menschen findet sich zusammen, um Themen des Lebens zu klären. Unter der Leitung eines erfahrenen Aufstellungsleiters stellen nach und nach einige der Anwesenden ein Thema in den Raum, das sie klären möchten.

Der Aufsteller sagt nur einen Satz, der seine Thematik benennt. Weitere Erklärungen werden nicht gegeben, da diese nur von seiner Sichtweise und seinen Glaubenssätzen subjektiv gefärbt wären. Auch der Aufstellungsleiter weiß in der Regel über das Aufstellungsthema nicht mehr.

Der Aufsteller sucht Stellvertreter aus den Anwesenden aus, unter Anleitung des Aufstellungsleiters: Für sich selbst, für seine engsten Mitmenschen, für die vorherrschenden Gefühle und für Themen, auf die sich sein Fokus richtet.

Die aufgestellten Stellvertreter spüren verschiedenste Empfindungen, die sie zum Ausdruck bringen. Der eine empfindet Wärme, der andere empfindet allgemeines Unbehagen, der Dritte empfindet eine Abneigung gegen den Vierten, ein anderer kann keinerlei Regung zum Ausdruck bringen usw. Durch Veränderung der Positionen und Hinzustellen weiterer Stellvertreter werden Entwicklungen sichtbar und verständlich.

Stellvertreter für Gefühle können hinzugestellt werden und

wirken wie Katalysatoren. Wer vorher nichts sagen konnte, wird plötzlich gesprächig. Wer vorher nur Kälte empfand, kann nun sagen, dass es Angst ist, was er empfindet. Wer vorher meinte, mit den Umstehenden stimme etwas nicht, kann nun sagen, es stehe z.B. eine Lüge zwischen ihnen.

In den verschiedenen Bereichen können das folgende Themen sein:

Im persönlichen Bereich:
Krankheiten, Ängste, Depressionen, Allergien, Phobien, Unfälle, wiederkehrende belastende Ereignisse, Einsamkeit, Verluste im persönlichen oder sächlichen Bereich u.v.m.

Im familiären Bereich:
Partnerschaftsprobleme, Kindererziehung, Lernschwierigkeiten, Themen des Zusammenlebens in der Familie, Erbschaftsthemen u.v.m.

Im sozialen Umfeld:
Arbeitslosigkeit, Erfolglosigkeit im Beruf, Streitigkeiten mit anderen, Mobbing, Diebstahl, Verständigungsthemen u.v.m.

Im unternehmerischen Umfeld:
Umsatz- und Gewinnrückgang, Probleme mit der Werbung oder Produktplatzierung, Thematiken im Zusammenhang mit Arbeitnehmern, mit der Zusammenstellung von Arbeitsgruppen, mit Neueinstellungen oder Entlassungen, Entscheidungen zu Standorten u.v.m.

In der Weltbetrachtung:
Themen des öffentlichen Lebens, Hintergründe eines Amoklaufs, Unfallhäufigkeit an bestimmten Straßen, Naturkatastrophen, Armut in der Welt u.v.m.

Aufgestellt werden kann auch: die Erfolglosigkeit eines Torjägers, das Wettbewerbsversagen eines »Trainingsweltmeisters«, ein unberechtigter Dopingvorwurf, eine signifikante Verletzungsanfälligkeit, eine sogenannte Pechsträhne u. v. m.

Die sinnanalytische Aufstellungsarbeit führt an die Herzthemen und an den Lebenssinn heran. Dies ist unüblich in unserer heutigen, rein materiell ausgerichteten Gesellschaft. Sinnanalytische Aufstellungen beleuchten die Hintergründe von Lebensabläufen. Sie zeigen auf, wie die Lebenssituation entstanden ist, die der Aufsteller klären möchte. Sie bewerten jedoch nicht nach Maßstäben von gut oder schlecht, Moral oder Weltanschauung.

Sinnanalytische Aufstellungen zeigen Entwicklungen auf und machen die tiefe Logik bewusst, die hinter den sichtbaren Symptomen des Lebens steckt. Hierdurch entsteht Verständnis für Zusammenhänge, und daraus erwächst Handlungsmöglichkeit. Wer einen Vorgang – und sei es das eigene Leben – versteht, wird handlungsfähig. Dies gilt auch für Sachverhalte und Lebensumstände, die vorher völlig im Dunkel des Zufalls und schicksalhafter Verstrickungen lagen.

Wer versteht, ist handlungsfähig!
Für den Neueinsteiger können sich Weltbilder auflösen und tief gehende Erkenntnisse und Empfindungen einstellen. Die Teilnahme an den Aufstellungen erfolgt deshalb auf eigene Gefahr. Sinnanalytische Aufstellungen sind keinesfalls als Heilbehandlung zu verstehen, deren Ansatz und Ziel ja die Behandlung des Symptoms und nicht die Erkenntnis des Sinns ist.

Bei sinnanalytischen Aufstellungen geht es zu wie im »wirklichen Leben«. Dies fällt jedem auf, der zum ersten Mal an dieser Aufstellungsart teilnimmt. Sinnanalytische Aufstellungen wollen ein belastendes Lebensthema klären. Was wäre hierfür als Umfeld besser geeignet als das pulsierende, sprühende Leben selbst? Unter »klinisch hygienischen Bedingungen«, »abgeschottet von der Außenwelt«, ist es immer leicht, etwas Besonderes zu veranstalten. Die so gewonnenen Erkenntnisse können dann jedoch im Alltag häufig nicht umgesetzt werden. Deshalb finden sinnanalytische Aufstellungen unter realistischen Bedingungen statt. So werden ausdrücklich alle »zufälligen Störungen von außen« mit in die Sinnfindung einbezogen. Dies kann ein plötzlicher Windstoß, eine schlagende Tür, der Lärm eines Düsenjets, Hundegebell, einsetzendes Glockengeläut der benachbarten Kirche oder ein lautstarker Streit auf der Straße sein. Dies kann jedoch auch die Verhaltensweise eines Beobachters oder ein Handyklingeln sein.

Hier einige Vorkommnisse, die sich bei sinnanalytischen Aufstellungen tatsächlich zugetragen haben:

Fallbeispiele:
- Eine Frau stellte ihr Thema auf. Sie hatte ihren Hund mitgebracht, weil sie ihn an diesem Tag nicht anderweitig unterbringen konnte. Der Hund schlief ruhig in einer abseitigen Ecke des Raumes. Als die Aufstellerin an ihre Partnerthematik kam, stand der Hund auf und kam mitten in den Kreis. Er beobachtete die Stehenden, ging dann zu seinem Frauchen, klammerte sich mit allen vieren an ihr Hosenbein und begann, auf und ab zu ruckeln. Eine derart plastische Klarstellung der Partnerthematik wäre mit Worten niemals zu erzielen gewesen.

- Einmal ging es um die Loslösung aus einer starken Umklammerung durch die Mutter. Mitten in der Aufstellung klingelte eine ankommende SMS auf dem Handy der Aufstellerin. Als sie nach Aufstellungsende auf dem Display nachsah, hatte sich just mitten in der Aufstellung ihre Mutter gemeldet.

- In einer anderen Aufstellung wollte ein Ehepaar klären, ob der Ehemann einen höhergestellten Job in Frankreich annehmen sollte. Sie hatten ihren einjährigen Sohn mitgebracht, der auf seiner Decke friedlich spielte. Kaum dass die Aufstellung begonnen hatte, begann das Kind mit seinem Spielzeug Krach zu machen, es hämmerte auf den Boden und warf mit Bällen um sich. Die Aufstellung wurde dennoch weitergeführt. Das Kind fing an zu krabbeln und kam mitten in den Aufstellungskreis. Hier hämmerte und krähte es vergnügt. Es war an nichts anderes mehr zu denken als an das Kind. Dem Elternpaar wurde klar, um was es in ihrem Leben wirklich gehen sollte. Wie hätte das mit Worten jemals so deutlich werden können?

Im Verhalten der Zuschauer bei Aufstellungen liegt sehr viel Wahrheit. Es gibt Aufstellungen, bei denen es im Zuschauerkreis eine ständige Unruhe, ein Nesteln in Taschen, ein Flüstern und Hüsteln gibt. In anderen Aufstellungen ist es mäuschenstill.

Neulich hatten wir zwei Aufstellungen hintereinander mit dem Thema »hyperaktives Kind«. Bei der ersten Aufstellung war es sehr unruhig im Saal, bei der zweiten Aufstellung war es andächtig still.

Ist nicht das Publikum der Stellvertreter für den gesellschaftlichen Rahmen, in dem sich die Thematik des Aufstellers abspielt? Viele Themen spielen hier mit: z. B. fehlende Beachtung und Wertschätzung, mangelnder Respekt oder ständige Einmischung der Umgebung. Weshalb sollte man also diesen sehr aussagekräftigen Rahmen nicht mit einbeziehen?

Aus Fehlern lernen

In einer Aufstellung ging es um die finanzielle Problematik einer Aufstellerin. Es zeigten sich dann schnell familiäre Verwicklungen, die die Aufmerksamkeit der Aufstellerin voll in Anspruch nahmen. Der Stellvertreter für »Geld« und die Stellvertreterin für »Vermögen« mussten nach und nach unbedingt zur Toilette und waren längere Zeit gar nicht im Saal. Ein ungewöhnliches Ereignis für eine Aufstellung, jedoch im vorliegenden Fall ein sehr plastisches Beispiel dafür, was geschieht, wenn man seine Aufmerksamkeit aus Teilen seines Lebens abzieht.

Solche erlebten Vorgänge schaffen mehr Verständnis, als es mit bloßen Worten möglich wäre. Worte allein richten sich an den Verstand und werden verglichen, bewertet, abgewogen und sind spätestens nach drei Tagen vergessen. Erlebnisse dagegen sprechen das Herz an, lösen Gefühle aus und können dadurch zu Erkenntnis und Handlungsfähigkeit führen.

Es ist eine alte Weisheit, dass man aus Fehlern besser und nachhaltiger lernen kann als aus Belehrungen, Vorträgen oder aus der Lektüre von Büchern. Fehler und vor allem deren Aufdeckung gehen tief. Es gibt kein rechts rein und links gleich wieder raus, wie bei einer mathematischen Formel. Fehler werden nicht nur gedacht, sondern auch gefühlt. Sie gehen häufig an den Selbstwert, sie können eine Ohnmachtskapsel aufbrechen oder eine Scham auslösen.

Boris Becker hat einmal gesagt, er lerne aus Niederlagen bei einem Tennismatch viel mehr als aus den schönsten Siegen. Wenn wir schon bei berühmten Leuten sind, zitiere ich Winston Churchill, der einmal gesagt hat, es sei eine besondere Gnade, die Fehler im Leben möglichst frühzeitig zu machen. Er wollte damit zum Ausdruck bringen, dass der Mensch dann noch viel Zeit hat, aus den Fehlern den entsprechenden Lernnutzen zu ziehen.

Sinnanalytische Aufstellungen tragen häufig dazu bei, Fehler zu erkennen, bevor man sie gemacht hat. Wenn du an die ursprüngliche Aussage zurückdenkst, dass alle Erlebnisse und Begegnungen des Lebens die Projektion des Drehbuchs deines Herzens sind, kannst du fühlen, dass es wichtig ist, aus dem Alltagsgeschehen auf die Ursache zu kommen und die Stelle im Drehbuch zu finden, die dafür verantwortlich ist. Würdest du die Suche nach der Ursache nicht vornehmen, bliebe dir nur die Weiterführung des belastenden Alltagsereignisses, und der nächste Fehler wäre vorprogrammiert.

Ein Beispiel:
Er und sie streiten sich immer und immer wieder über ein Thema. Weil sie das nicht mehr aushalten können, lassen sie sich scheiden. In der Sinnanalytik könnte man in diesem Beispiel durch eine Aufstellung herausfinden, dass das Streitthema aus den Herkunftsfamilien der Frau und des Mannes stammte und für die Lebensgestaltung der Partner eine wichtige Botschaft beinhaltete. Durch die Scheidung wird nichts erkannt und nichts bearbeitet. Das Drama wartet auf die nächsten Akteure, also auf den neuen Partner der Frau und auf die neue Partnerin des Mannes.

Würde als zentrale Herzensangelegenheit

Die Würde ist ein zentrales Thema, auf das wir stoßen, wenn wir uns mit dem Herzen und dem Lebenssinn beschäftigen.

Das deutsche Grundgesetz lautet wie folgt: »Die Würde des Menschen ist unantastbar. Sie zu achten und zu schützen ist Verpflichtung aller staatlichen Gewalt.«

Aber was ist denn diese Würde überhaupt? Man kann sie nicht sehen, nicht anfassen, nicht schmecken, nicht hören und nicht riechen. Wie fühlen wir die Würde, und was fühlen wir dann?

Wir haben das energetische Herz beschrieben und damit das Zentrum der Stammzellen; der Punkt in uns, in dem alle Informationen zusammenlaufen, aus allen Ebenen der Zeit und des Bewusstseins.

- Hier ist das Zentrum der Aura mit allen Informationen, die sie durch ihre Dynamik unentwegt in unser Herz trägt.
- Hier sind unser Bauplan für den Körper und der Lebensplan zu finden.
- Hier bildet sich in jeder Millisekunde Bewusstsein, im Wechsel von Systole und Diastole.
- Hier ist das Zentrum des Seins und hier ist der Sitz unserer Würde.
- Hier ist der Schlüssel zur Heilung.

Die Würde ist der energetische Kern in uns, der wie in ein heiliger Schrein alle Geheimnisse unseres Lebens beherbergt. In der Würde sind wir tatsächlich heilig, im Sinne von ganz sein. Diesen imaginären Raum kann niemand betreten, niemand kann ihn uns nehmen, und kein Mensch kann ihn manipulieren. Hier sitzt das Wesen, das, wie wir schon beschrieben haben, genau weiß, was für uns in jedem Moment des Lebens richtig ist. Wir können die Würde auch als unseren göttlichen Kern benennen, der jedem von uns und jedem Wesen auf diesem Planeten die einmalige Lebensberechtigung gibt. Jeder ist genau so richtig, wie er ist.

Würde steht hintan

Nachdem wir es erfolgreich geschafft haben, den Körper in den Mittelpunkt des Lebens zu stellen und ausschließlich ihn zu lieben, zu hegen und zu pflegen, ist es nun dringend an der Zeit, hier neue Impulse zu setzen. Die Würde existiert noch als leere Floskel, aber wir haben nicht wirklich ein Gefühl zu ihr und zu ihrer Wichtigkeit. Wir können von Glück sagen, dass sie sehr geduldig und tatsächlich unantastbar ist. Denn unser tägliches Leben und unser Umgang mit uns selbst hätte die Würde schon lange in die Flucht schlagen können!

Gleich, welchen Lebensbereich wir betrachten, wir gehen überall sehr würdelos miteinander um. So wie wir uns selbst und unseren eigenen inneren Kern missachten und nicht ernst nehmen, gehen wir auch in unsere Umgebung und fühlen mit ihr. Wir verurteilen und schätzen gering, ganz so, wie wir es selbst in unserem Leben erfahren haben. Dabei zerstören wir uns selbst. Mit der gleichen Energie könnten wir uns verbinden und würdigen.

Würde in der Partnerschaft

Die Partnerschaften zwischen Mann und Frau sind heute zu einem oft unwürdigen Verhältnis entartet. Wir erleben diesen

Zustand u.a. im Fernsehen, in dem sich die Menschen öffentlich verletzen und sich gegenseitig emotional zerstören. Wenn man selbst noch Würde spürt, kann man diese Umgangsweise nicht mit ansehen, ohne seelischen oder körperlichen Schmerz zu fühlen. Hier haben Männer keinerlei Achtung vor Frauen und umgekehrt.

Ein Mann ist energetisch anders orientiert als eine Frau. Seine Wahrnehmung der Umgebung ist linear ausgerichtet, während die Wahrnehmung der Frau radial orientiert ist. Eine Frau hat die Möglichkeit, Emotionen jeden Augenblick präsent zu haben, ein soziales Netz aufzubauen, umsichtig zu sein, vom Zentrum aus den Überblick zu wahren und sich durch die Sprache zu orientieren. Sie ist sehr darauf aus, es möglichst immer allen in ihrem Umfeld recht zu machen.

Ein Mann in seiner linearen Ausrichtung kann sortieren, planen, strukturiert denken, hat die materielle Versorgung und Absicherung im Blick und kommt (alleine) zu einem Ergebnis, bevor er einen Sinn darin sieht, sich verbal zu einem Thema oder Problem zu äußern. Er ist froh, wenn ihn bei seinen viel wichtigeren Tätigkeiten zur Sicherung des Lebens die Gefühle nicht ablenken.

Sehnsucht nach traditionellen Rollenbildern

In den letzten Jahrzehnten entwickeln wir uns – immer weiter von diesen energetischen Unterschieden weg – zu Menschen, die die Wahrnehmung aller Fähigkeiten in sich vereinen, ganz gleich, welchen Geschlechts. In diesem Sinn werden wir vollständig, verlieren dabei aber auch den »Reiz der Andersartigkeit«.

Wir sehnen uns nach den alten traditionellen Rollenbildern zurück. Als Frau hätten wir gelegentlich schon gerne die »alten

Männer« zurück, mit viel Testosteron, die ihren »Mann stehen« können, potent und männlich sind und der Frau durch den Kampf mit Rivalen imponieren und die Welt zu Füßen legen. Andererseits wollen wir auch, dass er die Kinder ins Bett bringt, Gutenachtlieder singt und ein kompetenter Gesprächspartner für alle Gelegenheiten ist.

Der Mann ist aber nun mal nicht kommunikativ orientiert! Das können wir als Frau absolut nicht nachvollziehen und gelten lassen, indem wir uns selbst zum Maßstab aller Dinge machen. Finden wir dieses männliche Fantasiewesen nicht, das alle unsere Bedürfnisse mit wortreichen Komplimenten abdeckt, dann machen wir den aktuellen Partner für den Mangel verantwortlich. Ist er nicht männlich oder nicht emotional genug, suchen wir nach einem anderen Mann; immer auf der eigentlichen Suche nach uns selbst. Die Verletzungen, die hier im Kampf der Geschlechter stattfinden, gehen sehr tief und überschreiten oft die Würde des anderen.

Wie ist das beim Mann? Genauso, nur ist er nicht so sehr auf Kommunikation aus. Er macht die Probleme, wie beschrieben, gerne mit sich selbst aus und geht erst nach ihrer Lösung den Weg nach außen. Er wünscht sich ein »Weibchen«, das gut aussieht und seine Nachkommen hegt und pflegt, das ihm einen ruhigen Pol im trauten Heim schafft und ihm seinen Rückzug hinter die Zeitung gönnt. Gleichzeitig sollte sie selbstbewusst ihr Leben meistern, eine erfolgversprechende Arbeit haben und ihm möglichst wenig mit ihren ständig veränderlichen Gefühlen auf den Geist gehen. Hier ist die Verachtung gegenüber dem anderen Geschlecht ebenfalls präsent, weil der Mann die Notwendigkeit der Frau, sich verbal auszutauschen, als überflüssig bewertet. Natürlich macht auch er sich zum Maßstab aller Dinge, er kommt nur entspannter aus der ruhigeren Ecke in den Ring, beim Kampf um die Würde.

Wir können anscheinend die Einzigartigkeit des Einzelnen nicht mehr erkennen, um ihn in seinem Grundgefühl als Mensch sein zu lassen. Wir spüren uns selbst nur über die Verletzung des anderen und stellen bloß, schimpfen, und bringen unsere abgrundtiefe Verachtung durch Worte und Handlungen zum Ausdruck. Wir fühlen nicht, dass wir den anderen Menschen zutiefst durch unser Verhalten und unsere Aussagen verletzen.

Dies ist nicht nur, wie häufig angenommen, in sozial niederen Schichten zu erleben, sondern zieht sich durch unsere gesamte Gesellschaft. Übergriffe, verbal oder auch körperlich, sind inzwischen an der Tagesordnung, und unsere Politiker gehen als schlechte Beispiele öffentlich voran.

In früheren Zeiten und anderen Kulturen war es üblich, dass ein Land von Menschen geführt wurde, die durch ihre Reife und ihren Überblick über das Leben und seine Zusammenhänge einen höheren Status erlangt hatten. Sie konnten ein Land würdig führen und hatten die Bedürfnisse der Menschen im Bewusstsein. Heute gibt es immer wieder Einzelne solcher Persönlichkeiten und wir sprechen dann von Charisma. Aber der größte Teil unserer heutigen »Landesherren« verhalten sich würdelos und haben anscheinend wenig Interesse am Wohl ihrer Untertanen!

Würde in der Gesellschaft

Im öffentlichen Leben erfahren wir, wie die Würde der Menschen mit Füßen getreten wird. Das Fernsehen zeigt uns eindringlich und fokussiert den Stand unserer Gesellschaft. Hier werden uns die eigenen Beschränkungen und Würdelosigkeiten anschaulich in eine digitale Welt projiziert.

Was genau verletzt die Würde oder hinterlässt diesen schalen Beigeschmack? Es passiert genau dann, wenn sich jemand mit all seinen Empfindungen öffnet und offenbart, sich »auszieht« und zeigt und dann ein anderer die Chance nutzt, um genau dieses Öffnen bloßzustellen. Man hat in diesem Augenblick das Empfinden, als ob der letzte Schutzwall der Menschlichkeit zerstört wird. Eine würdelose Situation hat viel mit Peinlichkeit und Scham zu tun.

Es fällt uns kollektiv schwer, den anderen in seinem Sein zu respektieren und davon auszugehen, dass jeder Mensch, ganz gleich, welcher Religion oder Kultur er angehört, das Recht hat, zu sein und nach seinen Bedürfnissen zu leben.

Allein schon der Nachbar, der zu laut Musik hört oder Abfall in seinem Garten lagert, der viel Besuch empfängt oder laute Kinder hat, macht uns die Schwierigkeit der Akzeptanz deutlich. Sobald etwas nicht so ist, wie wir persönlich es gewohnt sind oder es uns vorstellen, werden wir gewalttätig und missachten das Recht des anderen auf seine Würde.

Würde in Schule und Erziehung

Sicherlich ist ein würdevolles Verhalten ein grundlegendes Regulativ in unserer Gesellschaft. Die Kinder sollen einen würdevollen Umgang von den Eltern und Erziehern lernen. Wird hier die kindliche Würde verletzt, wird dieser Mensch als Erwachsener immer wieder andere Menschen verletzen, da er selbst nie lernen durfte, Würde zu fühlen. »Wer hat dich so verletzt, dass du so verletzen musst?« ist die passende Frage an die Eltern, und prompt machen wir einen Ausflug in die Ahnenwelt.

Erinnern wir uns: Wir tragen die Strukturen und Blockaden, die wir von den Eltern übernommen haben, bis wir sie durch Bewusstmachung auflösen. Wir tragen auch die weggepackten Schmerzen und das Leid unserer Vorfahren, bis wir es befreien. Die Kultur hat immer mehr dazu geführt, der Würde ihren Platz zu nehmen, bis wir es heute mit der aktuellen Bewusstseinserweiterung verstehen und lernen, diesen Platz in der Mitte der Herzen neu zu entdecken.

Unser Schulsystem mit all seinen Erscheinungen, von den Noten bis hin zum sozialen Umgang miteinander, führt immer tiefer in die Würdelosigkeit hinein. Ein Kind ist grundsätzlich offen zu lernen, weil es an der Welt der Großen teilhaben will. Es nähert sich neuen Dingen zunächst spielerisch und unvoreingenommen. Jedes Mal, wenn wir eine Bewertung durchführen, wird das Kind verletzt, denn es tut grundsätzlich alles, um seinen Eltern und Lehrern zu gefallen, und kann nicht verstehen, was es falsch macht und warum es bestraft wird.

Auch wenn es mal nicht so klappt, es in einer Aufgabe Fehler gemacht hat, ist es doch das Beste, was für das Kind in diesem Moment möglich war. Durch unsere Bewertungen schwächen wir die Kinder und signalisieren ihnen, dass sie nicht richtig sind. Wir vermitteln ihnen, dass sie für die Eltern nicht in Ordnung sind; sie müssen sich anstrengen und verbiegen, damit sie die Anerkennung und Liebe der Eltern erlangen können. Nur das bloße Sein reicht nicht aus. Das Kind errichtet Schutzpanzer und arbeitet intuitiv mit Ausweichmanövern, um seine Würde schützen zu können.

So werden die Grundlagen für eine würdelose Gesellschaft gelegt. Für diesen Prozess brauchen wir manchmal nicht einmal ein ganzes Schuljahr. Schon nach sehr viel kürzerer Zeit, oft auch schon durch die Erziehung vor Schuleintritt, steht die Würde weit hinten in der Ecke des Herzens, hinter Schutzwällen und Verteidigungsstrategien.

Was bleibt, sind Scham, Wut und Verletzung!

Die Rettung der Würde

Hat dich dieser Text beim Lesen in deiner Würde berührt? Wir können nämlich tatsächlich das kleine, zähe »Pflänzchen Würde« hegen und pflegen, um es in unserem eigenen Leben zum Maßstab aller Dinge zu machen.

Ein Mensch, der sich seiner Würde bewusst ist, spürt das wichtige Zentrum in seinem Herzen als Kraftort. Er richtet sich innerlich und infolgedessen auch äußerlich auf, atmet tief durch und fühlt, wie sich das Herz wiederbelebt. Bin ich in meiner Würde, schaffe ich um mich herum eine kraftvolle und reine Atmosphäre. Kein Mensch tritt mir mehr zu nahe, und auch ich selbst käme nie auf die Idee, einem anderen Menschen zu nahe zu treten oder ihn gar zu verletzen. Es hat etwas sehr Hoheitliches und Befreiendes.

Probiere es einfach aus:
Stell dich mit lockeren Beinen aufrecht hin, atme tief und entspannt durch, geh mit deiner Aufmerksamkeit zu deinem Herzen und spüre die Würde in dir. Du fühlst sofort, wie sich dein Herz entfaltet und von dir wahrgenommen fühlt.

Atme einige Male tief ein und genieße das befreiende Gefühl, bei dir selbst angekommen zu sein.

Gehe jeden Augenblick deines Lebens würdevoll mit dir selbst um. Höre auf deine Gefühle und sei achtsam mit dir selbst. Das ist die beste Voraussetzung den anderen Menschen

Würde entgegenzubringen und die eigene kleine Welt in einen würdevollen Ort zu verwandeln.

Gehe jeden Augenblick deines Lebens würdevoll
mit dir selbst um!

Die Welt entsteht im Herzen des Betrachters

Wir haben das Leben von den verschiedensten Seiten beleuchtet, um zu erkennen, welche Rolle unser Herz spielt und was sich in unserer Welt rund um das Herz verändert. Das Herz bringt unser Leben hervor und lenkt es als Verbindungsglied von Geist und Körper. Es ist als zentrales Organ der Sitz aller Gefühle. Alles, was wir erleben und was unser Leben gestaltet, hat seinen Ursprung in unserem Herzen. Es macht uns individuell und verbindet uns gleichzeitig mit der Welt. Wie die Sonne im Großen bildet unser Herz in unserem kleinen Leben ein Zentrum, um das alles kreist.

Wir erleben die Welt so, wie unser Herz sie uns gestaltet!
Die Achtsamkeit ist die Grundlage für den Entwicklungsprozess ins Bewusstsein. Durch die Achtsamkeit uns selbst und dem Leben gegenüber öffnen wir unseren Kanal für die Liebe. Die Liebe ist es, die wir spüren, wenn die Energien in unserer Aura fließen können. Liebe fühlen wir, wenn wir tatsächlich ganz bei uns angekommen sind, wenn wir uns erkennen im anderen und uns selbst verzeihen können, dieses Leben gewählt zu haben.

Die Entscheidung, das Leben auf der Erde mit allem Verzicht auf höhere Energieebenen und Dimensionen zu wählen, haben wir meist nur halbherzig getroffen. In diesem Fall ist unsere Lebenskraft, ganz dem Energiebarometer entsprechend, schwach ausgeprägt. Es ist so, als ob wir mit einem Fuß nicht hier im Leben stehen. Das Leben fühlt sich dann mühsam, beschwerlich und kraftlos an. Wir fühlen Leid und Ohnmacht und vor allem Angst. Wir sind das Opfer, das seine Energie geopfert und daher die Orientierung verloren hat. Materielle Besitztümer helfen uns über den leeren Zustand kurzfristig hinweg. Danach fühlen wir die Leere umso stärker.

Das Herz ist der Dreh- und Angelpunkt der Veränderungen

Die Veränderungen der energetischen Schwingungen und der Paradigmenwechsel stellen uns vor einen Berg von Fragen nach dem Sinn und Hintergrund des Lebens. Das Herz kann nicht außen vor bleiben, sondern es ist der Dreh- und Angelpunkt der Veränderungen. Es gestaltet die Welt!

Endlich ist in der menschlichen Entwicklungsgeschichte der Zeitpunkt erreicht, an dem wir in die Eigenverantwortung kommen. Wir können uns bewusst entscheiden, aus dem Strom des ewigen Leidens auszusteigen. Wir können die Welt anders erleben und uns selbst neu gestalten. Wir haben das Prinzip der Schöpfung erkannt und dürfen aus der kollektiven Ohnmacht aussteigen. Wir können den Sinn von Nachhaltigkeit erkennen und in der Tiefe des Herzens unsere Würde fühlen.

Diese Würde macht uns frei und würdevoll der Schöpfung gegenüber, deren Teil wir sind.

Wir können unsere Angst loslassen, die immer eine Angst vor dem Tod ist. Denn wir erkennen und fühlen bis tief in unser Herz hinein, dass unser Bewusstsein ewig ist und nur der Körper als vorübergehender Tempel des Geistes seine Form verliert. Die Welt kann Frieden und Liebe erfahren, weil wir es so wollen und das Bewusstsein und die Gestaltungskraft haben. Wenn jeder in seinem Herzen heilt und jeden anderen Menschen so lieben kann, wie er sich selbst liebt, dann können Wunder geschehen.

Die Welt ist bereit, worauf warten wir?

Wär nicht das Auge sonnenhaft,
wie könnt die Sonn es je erblicken?
Wär nicht in uns des Gottes eigne Kraft,
wie könnt uns Göttliches entzücken?
Johann Wolfgang von Goethe

Eine praktische Übung:
Wenn du dich der neuen Energien und dem eigenen Herzen öffnen willst, kannst du den folgenden Bewusstseinsweg in mehreren Schritten machen. Jeder Schritt ist wichtig, jeder Schritt braucht bei jedem Menschen unterschiedlich lange. Die wichtigste Übung von allen ist folgende:

Nimm Zeigefinger und Daumen der rechten Hand und führe sie zu deiner Nasenspitze. Nimm nun deine Nasenspitze sanft zwischen die beiden Finger. Führe diese Übung mehrfach am Tag aus und lächle dabei.

Bring diese Übung möglichst vielen Menschen bei und erfreue dich an ihrer immensen Wirksamkeit.

Alles bist du, und nur du kannst alles ändern!

13 Übungen

Herzöffnung

Die Energien unserer neuen Zeit laden dazu ein, durch Bewusstsein und Selbsterkenntnis einen individuellen Entwicklungsweg zu gehen. Die Heilenergetik bietet Ansätze, die sich genau am Zeitbedarf orientieren. Das Öffnen des Herzens und die Heilung der Herzenskräfte sind das Ziel der folgenden Übungen und Meditationen.

Herzheilung bedeutet:
- Ich erkenne mich selbst.
- Ich kläre mich selbst.
- Ich nehme mich in Würde an.
- Ich lebe in Liebe und Leichtigkeit.
- Ich gestalte die Welt in Liebe.

1. Ich erkenne mich selbst

Spiegeln

Immer wenn dich etwas in deiner Umgebung stört, ein Verhalten einer Person oder eine Eigenart, kannst du üben, deinen eigenen Spiegel darin zu erkennen, und kannst dein eigenes verdecktes Thema auf diese Weise lösen.

Je emotionaler du auf jemanden reagierst, umso stärker ist deine eigene Blockade zu diesem Thema.

Es gibt immer die Möglichkeiten des offenen und des verdeckten Spiegels.

Der offene Spiegel reflektiert dein Thema direkt.
Geht dir deine schlecht gelaunte Freundin auf die Nerven, bist du oft auch schlecht gelaunt.

Der verdeckte Spiegel zeigt dir das Gegenteil.
Du bist immer »supergut drauf« und traust dich nicht, auch mal schlechte Laune zu haben.

Die Vorgehensweise des Spiegelns ist immer die gleiche. Erkenne den Spiegel und schaffe dir aus dem Ergebnis eine positive Affirmation, die du immer wieder leise für dich sprichst.

In unserem Fall: Ich darf so sein, wie es für mich richtig ist.

Führe diese Übung täglich an einem Beispiel aus deinem Alltag durch. Die Erkenntnis, dass es dein eigenes Thema ist, das dich aufregt, ist der erste Schritt zur Heilung.

Es ist wichtig, zu erkennen, dass die Welt dich spiegelt. Es gibt nichts in deiner Umgebung, ohne dass du eine Resonanz dazu hast. Es gibt nicht die blöde Kollegin oder den unverschämten Partner. Es gibt ausschließlich dich, und du schaffst dir deine Realität nach deinen eigenen Mustern. Löse deine Muster, und du löst deine realen Probleme! Diese Erkenntnis ist der erste und wichtigste Schritt, im Herzen zu heilen.[6]

2. Ich kläre mich selbst

Aufstellung

Bei einer Aufstellung mit mehreren Personen, die von einem Heilenergetiker ausgeführt wird, können wir mit Leichtigkeit Zusammenhänge im Leben erkennen und durch das Einfühlen in verschiedene Lebensaspekte Blockaden energetisch auflösen.

Es geht bei einer Aufstellung immer darum, eigene Verknüpfungen zu erkennen und dadurch sich selbst aus lähmenden Familienverstrickungen zu erlösen. Bisher waren wir gewohnt, uns von allen Lebensereignissen abzutrennen. Die Aufstellungsarbeit ist ein intensiver energetischer Prozess zur Integration.[7]

Lösen von Blockaden:
• Ohnmacht
• Angst

---

6 Stefanie Menzel: Mit der Welt in Resonanz, Schirner, Darmstadt 2011
7 Stefanie Menzel: Aufstellungskarten zu Familie, Gesundheit sowie Beruf und Geld, Schirner, Darmstadt 2010

Ich löse meine Ohnmachten und komme in meine Kraft
- Nimm dir ein wenig Zeit, in der du ungestört sein kannst.
- Stell dir eine Ohnmachtssituation vor, die du erst vor Kurzem erlebt hast. Du warst handlungsunfähig, fühltest dich instabil und hast an dir selbst gezweifelt. Das sind die Hauptmerkmale einer Ohnmacht.
- Stelle dich gerade mit lockeren Knien hin, denke an die Situation oder an die Person, mit der du die Gegebenheit erlebt hast.
- Entscheide dich mit viel Kraft aus deiner Mitte heraus, dieses Schwächegefühl zu verändern, und mache einen energischen Schritt nach vorne.

Atme dabei kräftig aus.

- Falls die Ohnmacht noch nicht gelöst ist, wiederhole die Übung, bis es dir besser geht.
- Führe diese Übung mit verschiedenen Lebenssituationen der Vergangenheit durch.
- Beobachte, bei welchem Menschen du dich wiederholt ohnmächtig gefühlt hast: Vater, Mutter, Geschwister etc.
- Führe die Übung dann auch für alle alten Erfahrungen durch, die dich bis heute belasten.

Gespräch mit der Angst
- Stelle dir eine Angst vor, die dich immer wieder belastet, und beobachte, wie sie sich immer stärker in deiner Fantasie aufbaut.
- Stelle dir nun vor, diese Angst ist eine gewaltige graue Wolke.
- Bitte nun deine Angst, eine konkrete Form anzunehmen.

- Sie wird jetzt in deiner Vorstellung zu einer Gestalt, vielleicht eine Hexe, ein Monster, ein großer Berg o.Ä.
- Beginne nun in deiner Vorstellung ein Gespräch mit der Figur.
- Frage sie, was sie dir sagen will. Höre ihrer Antwort genau zu.
- Frage sie, wovor sie dich schützt. Höre ihrer Antwort genau zu.
- Bedanke dich bei ihr für die Hilfe und den Schutz.
- Beobachte nun, wie sich die Figur verändert. Sie wird freundlicher, kleiner, vielleicht auch trotzig oder wütend.
- Gehe auf sie zu und versuche, die Figur in deiner Vorstellung zu berühren.
- Falls sie sich nicht berühren lässt, verlasse sie und mache die Übung bei nächster Gelegenheit gleich wieder.
- Wenn du dich der Angst so weit genähert hast, dass du sie berühren kannst, dann nimm sie sanft in deine Arme.
- Die Energie der Angst kann so mit dir verschmelzen, und du hast damit deine Angst erlöst.

3. Ich nehme mich in Würde an

Betrachtung der Welt aus anderer Sicht
Diese Übung ist sehr einfach, hat aber eine sehr große Wirkung auf die Bewusstseinsveränderung.
- Gehe spazieren und versuche, deine Wahrnehmung so zu ändern, als ob nicht du auf die Dinge zu und an ihnen vorbeigingest und sie hinter dir lässt. Sieh stattdessen, wie die Dinge auf *dich* zukommen und an *dir* vorbeiziehen.
- Führe dies, nach einiger Zeit der Übung, auch auf der Straße

beim Fahren durch, mit der Landschaft und den Bäumen, die an dir vorbeiziehen.

- Übe dies so lange, bis du merkst, dass sich dein Blickwinkel auf die Welt neu orientiert hat.

Nicht du lebst in der Welt, sondern du bist die Welt.
Alles ist EINS.

4. Ich lebe und liebe mit Leichtigkeit

Einen Partner finden durch das Lösen der Erwartungen
Wenn du dir eine Partnerschaft wünschst, verbindest du mit der Erfüllung viele Wünsche und Sehnsüchte. Der Partner soll alles erfüllen, was du dir selbst nicht geben willst oder kannst oder wozu du zu bequem bist.

- Schreibe eine Liste mit all deinen Erwartungen.
- Lege sie einige Zeit, z. B. einen Tag, beiseite und schaue sie dir dann erneut an.
- Betrachte jeden einzelnen Punkt und prüfe, ob du ihn dir selbst erfüllen kannst.
- Mache eine Liste von Dingen, die du jetzt selbst für dich im Leben neu angehen und verändern willst und beginne sofort mit der Umsetzung.

Dich selbst und deine Familie achten
- Setze dich entspannt hin und atme tief in deinen Bauch, sodass sich deine Bauchdecke bei jedem Atemzug anhebt.
- Mache so zehn Atemzüge und spüre, wie deine Entspannung mehr und mehr zunimmt.

- Lenke deine Aufmerksamkeit zu deinem Herzen.
- Spüre deinen individuellen Rhythmus.
- Spüre, wie sich dein Rhythmus auf deinen gesamten Körper ausdehnt.
- Stelle dir jetzt vor deinem inneren Auge alle Menschen und Tiere vor, die zu deinem Umfeld gehören: deine Familie, deine Kollegen, deine Freunde, deine Tiere.
- Schaue jeden von ihnen vor deinem inneren Auge freundlich an: Jeder hat dich zu dem Menschen gemacht, der oder die du heute bist. Jeder ist ein Teil deines Lebens, und du bist ein Teil ihres Lebens.
  Ihr seid miteinander verbunden, und jeder handelt nach seinen Möglichkeiten.
- Nimm deine Verbindung zu jedem von ihnen deutlich wahr und schicke einen Regenbogen aus deinem Herzen über dein Scheitel-Chakra zu deren Scheitel-Chakra und in das Herz von jedem von ihnen.
- Spüre in dein Herz und fühle, was mit dir geschieht.
  Du bist jetzt in Liebe mit jedem verbunden.
  Jeder darf wachsen und sein, wie es für ihn richtig ist.
- Achte jeden von ihnen.
- Kehre jetzt mit deiner Aufmerksamkeit in den Raum zurück und sei wieder ganz präsent.
- Spüre deinem intensiven Gefühl nach, nimm das angenehme Gefühl der Verbundenheit mit in deinen Alltag.

5. Ich gestalte die Welt in Liebe

Nutze die Welt als Orakel

- Stelle dir selbst eine wichtige Entscheidungsfrage.
- Nimm jetzt alles, was dir in der Welt begegnet, das nächste Telefonat, die Post, den Zeitungsartikel, den Ruf der Nachbarn, den Busfahrer, die Werbung auf der Hauswand, den Buchtitel – ganz gleich, was es ist – als Antwort auf deine Frage.
- Schule bei dieser Übung deine Wahrnehmungsfähigkeit und erkenne, wie du eins bist mit der Welt.
  Die Antwort ist immer in dir, sie wird dir von der Welt gezeigt, du musst nur noch lernen, sie in der Welt zu erkennen.

Herzöffnung (Meditation)

- Setze oder lege dich bequem hin und atme tief in den Bauch hinein.
  Deine Bauchdecke hebt sich beim tiefen Einatmen und beim Ausatmen entspannt sie sich.
- Atme so zehnmal kräftig ein und spüre, wie deine Entspannung immer tiefer wird. Dein Körper wird weich und lässt mit jedem Atemzug seine Blockaden los.
- Lenke jetzt deine Aufmerksamkeit in die Mitte deines Herzens und spüre deinen Herzschlag.
  Nimm deinen individuellen Rhythmus wahr.
  Fühle, wie dein ganzer Körper von dem Rhythmus erfüllt ist.
- Nun lass von oben durch deinen Hinterkopf zum Zentrum deines Herzens ganz hell und warm dein Seelenlicht scheinen.
  Es fließt mehr und mehr Licht in dein Herz, sodass es bald ganz ausgefüllt ist mit dem hellen, warmen Schein.

- Nimm jetzt wahr, wie mit jedem Herzschlag das helle, warme Licht in deinem Körper pulsiert und ihn nach und nach ausfüllt. Jede Zelle ist erfüllt von dem Licht, und dein Körper strahlt hell und klar.
- Sei dir bewusst, dass jetzt deine Seelenkraft deinen ganzen Körper erfüllt.
- Genieße dieses warme, helle Gefühl und bleibe so noch einige Zeit in Ruhe.
- Komm dann mit deinem Bewusstsein wieder in den Raum zurück und sei ganz wach, hell und klar.

Ich entscheide mich für die Veränderung

- Nimm dir eine halbe Stunde Zeit, in der du nicht gestört wirst, und setze dich entspannt hin.
- Gehe in deiner Vorstellung in fünf Jahresschritten in deinem Leben rückwärts, bis du bei deiner Geburt angekommen bist.
- Stelle dir die Situation deiner Geburt vor, und wie sich alle Menschen über deine Geburt freuen.
- Jeder begrüßt dich und du wirst zärtlich in die Arme genommen. Du bist willkommen, genau so, wie du bist.
- Stelle dir jetzt vor, wie du langsam größer wirst, immer in dem wohligen Gefühl, richtig und angenommen zu sein, geliebt zu werden.
- Durchlaufe dein gesamtes Leben in deiner Vorstellung und gestalte es neu.
  Fühle in jeder Position deiner Vorstellung in dein Herz. Freue dich und erkenne, dass es genau das Leben ist, das du gewählt hast.

- Falls der Weg zu schwierig wird, gönne dir eine Pause. Führe diese Übung immer wieder durch, bis du am heutigen Tag deines Lebens ankommst.
  Bleibe in diesem intensiven Gefühl, selbst der Gestalter deines Lebens zu sein.
- Rufe dir dieses Gefühl im Alltag immer wieder in Erinnerung.
- Schreibe dir einen Satz auf, an den du dich immer wieder erinnern kannst, z. B.:
  Ich bin der Schöpfer meiner Realität.
  Das Leben ist genau so, wie ich es gestalte.
  Ich bin in meiner Eigenverantwortung.

Ich lebe die Veränderung in die fünfte Dimension

- Setze dich entspannt in die Natur, auf eine Bank im Park, auf eine Wiese o. Ä. und atme tief durch.
- Fühle, wie du dich mit jedem Atemzug mit der Welt verbindest.
- Schau dir deine Umgebung an und nimm alles wahr. Die Luft, die Geräusche, die Gerüche, die Temperatur, die Stimmung ...
- Lass blaues Licht in dein Herz fließen.
- Richte jetzt deine Aufmerksamkeit wieder auf die Umgebung.
- Wiederhole diesen Wechsel geduldig, bis in dir das absolute Gefühl von Einheit entsteht. Fühle die Kraft, die in dir daraus erwachsen kann.

Es gibt nur Energie. Es gibt nur DICH, es gibt nur DEIN Herz, dein Herz ist Schöpfer dieser Welt.

14 Die alternative Schöpfungsgeschichte

Es war einmal ein unendlich großes, helles, kraftvolles Licht, das überall war und sich undenkbar weit ausbreitete. Dieses Licht war sich selbst bewusst und so unendlich energievoll, dass man es sich als heutiger Mensch nicht vorstellen kann.

Es war unendlich still und hell. Dieses Licht hatte keinen Namen, kein Gefühl und überhaupt war es einfach nur da.

Es leuchtete so vor sich hin und war sich selbst genug, so, wie wir es uns als Menschen auch nicht vorstellen können.

Es war zwar endlos licht und hell, es konnte aber nichts anderes, als einfach nur sein.

Da kam es auf die Idee, nicht mehr so hell und licht zu sein, sondern lieber etwas langsamer zu werden in seinen Schwingungen.

Und siehe da, ab sofort gab es die Dunkelheit. Und kaum gab es die Dunkelheit, konnte das Licht sich so richtig als Licht fühlen, und durch die Dunkelheit konnte sich das Bewusstsein noch stärker entwickeln.

Die Dunkelheit gab dem Licht eine Bedeutung, und von nun an gab es Licht und Finsternis, und alles, was sich daraus entwickelte, fand in Dualitäten statt.

266

Auf einmal war es hier dunkler als dort, und es verging Zeit, wenn man vom Dunkeln ins Helle kommen wollte. So gab es Zeit und Raum. Alles, was es gab, war Bewusstsein als Schwingung in verschiedenen Geschwindigkeiten, und diese Schwingungen gingen niemals verloren. Alles, was jemals passierte, wurde in diesem Bewusstsein gespeichert und war damit für immer erhalten. Jede Art von Bewertung betonte die Polaritäten, die jetzt die Welt gestalteten.

Das Licht war schnell und beweglich und konnte sich unendlich ausbreiten, denn erst jetzt gab es die Unendlichkeit, weil die Dunkelheit hinzugekommen war.

Das Licht konnte hell leuchten und ganz schnell schwingen, es konnte auch langsamer werden und beim Langsamerwerden nahm es Formen an. Es fühlte, dass es, je nachdem, wie es seine Geschwindigkeit veränderte, die verschiedensten Formen annehmen konnte.

So entstand ein Universum mit riesigen Planeten und Sternen und Elementen, die alle umeinander kreisen. Alle waren lebendig, und jeder Planet hatte zu den anderen Planeten eine Verbindung, wie alles immer eine Verbindung hat, was aus dem Licht geboren wird.

Manche Planeten kreisten um einen sehr hellen und heißen Stern, die Sonne, und je nachdem, wie weit sie um die Sonne kreisten, gab es auf ihrer Oberfläche verschiedene Zustände von Energie. Einer der Planeten war die Erde, und auf ihr nahm die Entwicklung des Lichtes einen besonders interessanten Lauf. Die Erde drehte sich, und so war eine Seite der Erde immer erleuchtet von der Sonne, und die andere Seite war dunkel. Hier war nur der Mond zu sehen, der das Licht der Sonne spiegelte.

Sobald das Licht noch langsamer wurde, nahm es flüssige Form an und wurde zu Wasser. Und wenn es noch langsamer wurde, gab es sogar feste Materie: Erde und Felsen. Dafür klappte das unendliche Bewusstsein mehr und mehr seine Dimensionen ein. Wie bei einem zusammengefalteten Taschentuch war die sichtbare Oberfläche der Realität nur noch zweidimensional.

Das Licht freute sich über die Formen, die es annehmen konnte, und wünschte sich noch mehr: Es wollte sich fühlen können und vielleicht sogar verändern. Und über die Freude, die es dem Licht machte, sich zu verändern und zu fühlen, konnte es wachsen.

Da wuchsen in dem Wasser und auf dem Land Pflanzen und Tiere, und alles, was kam, war einfach nur langsam gewordenes Licht.

So entstand das Leben. Alle Tiere und Pflanzen einer Art waren miteinander verbunden. Wenn eines der Tiere etwas Neues lernte, konnten die anderen Tiere es auch. Und wenn eine Pflanze sich an ihren Standort anpasste, taten dies die anderen Pflanzen ebenfalls.

Alles, was aus dem Licht entstanden war, nannte sich Leben, und es wurde immer bunter und mannigfaltiger auf der Erde. Alles richtete sich nach Licht und Dunkelheit und nach den beiden Polen aus.

Es geschah, dass sich das Licht aus den materiellen, langsamen Schwingungen zurückzog, um immer wieder alle neuen Erfahrungen zu speichern und um wachsen zu können. Die Materie konnte dann ihre Form nicht halten und zerfiel alsbald und stand dem Kreislauf von Werden und Vergehen neu zur Verfügung. Und so gab es den Tod. Alle Wesen, die Teil des großen Lichtes waren, lebten und starben in einem wundervoll harmonischen Rhythmus, und alles war gut. Wie alles auf der Erde in einem immerwährenden Rhythmus pulsierte, waren nun auch das Leben und der Tod als ein nie endender Wechsel auf der Welt entstanden.

Dem Licht oder Bewusstsein reichte das immer noch nicht. Es hatte Spaß daran, zu spielen und immer neue Arten zu erfinden, um sich zu erfahren.

Alles, was aus dem Licht, wie nach einem Bauplan, eine materielle Form annahm, behielt die schnelleren Schwingungen als Informationsträger, denn in den Schwingungen war alles gespeichert, was das Licht jemals als Erfahrung gesammelt hatte. Jedes Wesen, das sich entwickelte, trug alle Informationen aus dem Licht in sich. Es webte um die materiellen Körper herum und durch sie hindurch. Ohne diese schnellen Schwingungen konnten die langsameren Formen nicht sein.

Alles, was ist, steht und stand immer in Zusammenhang und bildet als Einheit einen harmonischen Fluss von Energie.

Alles war wunderbar und friedlich im Einklang auf der Welt. Alles lebte und veränderte ständig seinen Zustand. Nur die Energie konnte nicht vergehen und drückte sich in immer neuen Formen und in Lebendigkeit aus.

Dem Bewusstsein war es nach einiger Zeit wieder zu langweilig, und es wollte das bunte Spiel von Kommen und Vergehen noch intensiver fühlen können. Es hatte schon gemerkt, dass alles, was aus ihm entstanden war, immer noch in einer unglaublich harmonischen Einheit zusammenlebte.

Da kam ihm die Idee, dass einige der Wesen, die aus ihm hervorgegangen waren, ihre Herkunft vergessen sollten. Sie sollten einfach nur noch die langsamen Schwingungen fühlen und die schnellen Frequenzen des Bewusstseins nicht mehr spüren können.

Aber dafür musste das Licht sich immer stärker abtrennen, mit der Dunkelheit verbinden und den Schleier des Vergessens erfahren.

So geschah es! Und von nun an gab es Wesen, die sich nicht mehr dem Lichte zugehörig fühlten. Es waren Menschen, und diese Menschen hatten immer noch ein Energiefeld, eine Aura, die alle Informationen über das Licht enthielt. Aber dank des Schleiers des Vergessens wollten sie all das nicht mehr wissen.

In der Nacht konnte ihr Energiefeld sich noch mit den anderen Energiefeldern und dem großen Licht des Ursprungs verbinden. Aber sobald sie aufwachten, am Morgen, hatten sie die Nacht vergessen und fühlten nur noch die feste Materie.

Sie hatten vergessen, dass es das helle Licht und das Bewusstsein für alle Wesen in endloser Menge gab, und vergessen, dass alle und alles allzeit verbunden waren.

Das Schlimmste, was es für sie gab, war sogar der Tod, denn sie hatten vergessen, dass dies der Rückweg zum Licht war.

Nach ihrer Geburt als Menschen vergaßen sie täglich mehr von ihrem Leben in der Bewusstheit, als Teil des Lichtes, und fürchteten sich ihr Leben lang vor dem Tod.

Die Abtrennung war sehr gut gelungen und hatte mannigfaltige Auswirkungen auf das Bewusstsein. Zum einen gab es in jedem Menschen ein Wesen, das immer mit dem Bewusstsein und dem Licht in Verbindung stand. Und dann gab es aber auch in jedem Menschen die Abtrennungen vom Licht, die Egos, die jetzt mehr und mehr das Erdenleben gestalteten.

Die Menschen fühlten sich kalt und einsam und brauchten

270

sogar einen zweiten Menschen, um sich selbst ganz zu fühlen, und waren von nun an »Mann und Frau«.

Sie hatten Gefühle, wie alle anderen Wesen auch, die ihrer Orientierung in ihrem Leben dienten. Die Gefühle sagten ihnen, was sie tun oder lassen sollten, um ihren Körper zu schützen.

Aber sie hatten auch die Gedanken, die die Menschen immer weiter vom eigentlichen Menschsein entfernten und dabei halfen, immer unbewusster zu werden.

Sie konnten die Gefühle, nach denen sie sich bisher im Leben immer orientiert hatten, ihren Gedanken unterordnen. Diese Gedanken machten es ihnen möglich, in ihrer Vorstellung Ideen zu entwickeln und die Gefühle vollständig zu verdrängen. Sie konnten Gedanken zu neuen Bildern im Kopf werden lassen und erschufen sich ein Bild vom Leben und von der Welt. Sie hatten bald, bis auf einige wenige Exemplare, vollkommen ihre Herkunft aus dem Licht vergessen.

Sie fühlten sich mehr und mehr abgetrennt, wussten aber nicht, warum alles so war, wie es jetzt war. Die Abtrennung, die das Bewusstsein vollzogen hatte, versuchten die Menschen jetzt in ihren Gedanken zu verstehen. Sie fühlten sich allein, verlassen und bekamen Angst. Sie fühlten sich nur noch als Körper. Und da sie ihren ursprünglichen Gefühlen der Verbundenheit nicht mehr trauen konnten, erdachten sie außerhalb ihres Körpers mit ihren Gedanken eine Welt. Darüber erfanden sie Geschichten, um sich das Leben und alles andere irgendwie erklären zu können.

Sie dachten, da muss doch jemand sein, da draußen, der das Wetter macht und all das, was ich sehen kann, erschaffen hat. Deshalb erschufen sie in ihrer Vorstellung und ihren Gedanken

Götter. Alles, was sich die Menschen nicht mehr erklären konnten, schoben sie den Göttern zu. Katastrophen, Glück und Unglück brachten von nun an die Götter. Der Mensch musste sich mit den Göttern gut stellen, damit sie nichts taten, was dem Menschen schadete. Zumindest dachten die Menschen das. Sie gaben den Göttern Namen und suchten unterschiedlichste Wege, mit ihnen zu sprechen. Sie nannten es Religion, was so viel heißt wie »wieder verbinden«. Sie hatten ganz vergessen, dass ja eigentlich sie selbst die Götter waren.

Das war eine tolle Sache für das Bewusstsein. Es freute sich und merkte, dass diese Menschen Unglaubliches unternahmen, um sich, wie sie es nannten, zu entwickeln. Sie wollten wissen, woher sie kamen, sie wollten wissen, warum sie sterben mussten, und sie wollten wissen, warum sie krank werden konnten. All das waren Möglichkeiten des Bewusstseins, nach dem materiellen Tod der Menschen zu wachsen.

Sie fragten immer wieder ihre Götter um Rat, da sie vergessen hatten, dass sie selbst die Götter waren, und konnten draußen in der Welt, auch wenn sie sich noch so anstrengten, keine Antwort finden.

Das Licht war begeistert von seiner Idee, immerhin wurde es auch von den Menschen angebetet, obwohl es doch ein Teil von ihnen war. Die Menschen entwickelten ein richtiges Eigenleben, und die Abtrennung vom Licht machte sich überall bemerkbar. Sie fühlten überall Mangel, Sehnsucht, Leid und andere hässliche Gefühle.

Es gab tatsächlich Menschen, die nicht mehr wussten, woher sie kamen und was sie hier auf der Erde sollten. Sie sammelten materielle Güter und hielten sie fest, weil sie so viel Angst hatten. Sie dachten dann tatsächlich, die langsamen

Materieklumpen könnten ihnen den Sinn auf dieser Welt zurückgeben. Als die Menschen dann ganz vergessen hatten, wer sie waren, ihnen ihr Ursprung nicht mehr fühlbar war, erfanden sie das Geld.

Von nun an glaubten sie an das Geld. Es war bald ihr höchstes Gut geworden, sie ersetzten sogar ihre Götter durch Geld und fühlten sich innerlich immer leerer und ärmer.

Das Bewusstsein sah dies alles und freute sich, dass sein Plan so gut geklappt hatte. Immer entfernter wurden die Polaritäten auf der Erde, und immer weniger Bewusstseinsschwingung konnte sich noch halten.

Eine großartige Erfindung des Bewusstseins waren die Wissenschaften. Sie sorgten dafür, dass das Bewusstsein selbst vollkommen in Vergessenheit geriet. Die Wissenschaften kannten nur noch die Welt der Gedanken und machten sich lustig über die Gefühle.

Jetzt wurde für die Menschen alles berechenbar, sie konnten alles wiegen und erfassen. Sie erfanden Weltbilder, die ihnen Erklärungen für die Welt gaben und auch die letzten Götter, mit Ausnahme des Geldes, überflüssig machten. Sie forschten und bekamen immer mehr Sicherheit, weil sie glaubten, die Herrscher der Welt zu sein.

Aber das Bewusstsein wusste ganz genau, dass es immer das tiefe Bedürfnis eines jeden Wesens sein würde, zu dem Licht zurückzufinden, das es, ganz tief verborgen in seinem Herzen, im Innersten mit sich trägt.

Jedes Mal, wenn das Bewusstsein am Fließen gehindert wurde, machte es in seiner langsamsten Schwingung, der materiellen Form, auf sich aufmerksam. Die Menschen wurden krank oder hatten irgendwelche Probleme in ihrem Leben, die sie erst wieder überwinden mussten. Das Bewusstsein hoffte natürlich, dass den Menschen darüber eine Erkenntnis kommen würde, aber das passierte nur in den wenigsten Fällen. Meistens nahmen die Menschen ihren neuen Gott, das Geld, und versuchten, damit ihr Problem wegzukaufen.

Und so rutschten sie immer tiefer und tiefer in die Abtrennung und das Unbewusstsein hinein. Da, wo Unbewusstsein war, wurden entsprechend das Leid und der Schmerz, die Abspaltung und die schwere und dunkle Seite der Polarität immer machtvoller.

Das Bewusstsein hatte aber doch eigentlich nur spielen wollen, und aus dem Spielen war jetzt eine sehr dunkle Situation auf der Welt entstanden. Überall gab es Abtrennungen ohne Bewusstsein, Hass, Gier, Wut, Schmerz, Leid, Armut, Hunger, Kriege … Die Menschen konnten sich nicht mehr verstehen und töteten sich sogar gegenseitig und nach und nach alle Tiere und die ganze Welt.

Einige wenige hatten sich den Zugang zum Bewusstsein und dem Licht erhalten und wollten so, indem sie sich verbanden, das Bewusstsein retten. Sie versuchten, die anderen Menschen aufzuwecken, um aus ihren Ohnmachten auszusteigen, die sie in ihrem jetzigen Leben gefangen hielten. Wenn nur genügend Menschen das Bewusstsein und das Licht wieder in sich entdecken würden, würde das Bewusstsein auf der Welt wieder überhandnehmen, und die Menschheit könnte aus den Polaritäten aussteigen. Sie könnte Frieden und Liebe finden und endlich zur Ruhe kommen.

Und dann passierte etwas Wundervolles. Bei ihren ganzen Forschungen stellten die Menschen fest, dass die Welt gar nicht so fest und stabil war, wie sie es gedacht hatten. Eigentlich mussten sie feststellen, dass es die feste Materie immer da gab, wo sie ihre Aufmerksamkeit hinschickten. Wenn sie also alle gemeinsam etwas dachten, dann passierte genau das, was sie gedacht hatten. Das nannte man »kollektives Bewusstsein«.

Aber diejenigen, die an diesen Gedanken weiterdachten, kamen zu unglaublichen Erkenntnissen: Dann konnte ja immer nur etwas existieren, wenn jemand etwas schon vorher gedacht hatte. Wenn jemand etwas Schönes gedacht hatte, konnte auch nur etwas Schönes existieren, und genauso umgekehrt. Wenn man sich also vieler Blockaden, die das Bewusstsein durch die ganzen Abtrennungen hatte, bewusst war, musste es infolgedessen auf der Welt überall Blockaden geben – war doch klar!

Einige erkannten die Wichtigkeit der Bewusstseinsarbeit und der Klärung ihrer Energiefelder. Je klarer und heiler der einzelne Mensch war, umso bewusster konnte sich die gesamte Menschheit zurückerinnern an ihren Ursprung.

Die ganze Welt war also so, wie sie sie erlebten, nur weil die Menschen sie so denken konnten. Wenn man jetzt also verstehen könnte, dass die Welt nicht so ist, weil irgendwelche Götter sie so *gemacht* hatten, sondern weil die Menschen sie sich so *gedacht* hatten, dann hätte man ja tatsächlich die Kraft, diese Welt zu verändern.

Diese Erkenntnis brachte endlich eine große Wende in das Bewusstsein und viel mehr Licht in die Welt. Jeder wollte jetzt erkennen, wie er die Welt mitgestalten konnte. Jeder begann in den anderen Menschen sich selbst zu entdecken. Und je mehr er sich selbst lieb hatte, umso mehr konnte jeder jeden anderen Menschen lieb haben.

Die Menschen waren »eigen-mächtig« und keiner fremden Macht mehr unterworfen. Jeder kam in seine Eigenverantwortung und fühlte sich wieder als ein Teil von allem. Jeder verstand, dass er, wenn er einem anderen Wesen oder gar einem Menschen etwas antat, sich selbst verletzte, und hörte daher sofort damit auf.

Jeder fand seine Würde zurück und konnte sich an sein eigenes Verbundensein mit dem höheren Bewusstsein erinnern.

Das neue Denken überflutete die Welt und brachte dem Bewusstsein so viel Licht und Erkenntnis, dass es noch riesiger werden konnte und mit allen Wesen und Planeten gemeinsam auf eine neue Entwicklungsstufe kam.

Und so lebten alle in Licht und Liebe bis ans Ende allen Seins.

15 Schlussgedanken

Während der Arbeit an diesem Buch haben sich bei mir persönlich sehr interessante und alles verändernde Prozesse eingestellt. Die Recherche zum Buch fiel mir schwer, und mein Bedürfnis ist, wie bei allen meinen Veröffentlichungen, die Wahrheiten zu schreiben, die aus meinen eigenen Erfahrungen leben, die mir in den vergangenen Jahren mehr und mehr eröffnet wurden. Die energetischen Zusammenhänge über die Entstehung des Herzens und seine Bedeutung für uns Menschen ist ein wichtiger Teil innerhalb des Buches, um den eigenen Ursprung zu verstehen.

Nach der Lektüre weiß man, warum das Leben oft so schwer ist und wieso alle Veränderungen, die nur die Oberfläche berühren, uns nicht weiterbringen in der persönlichen Entwicklung. Es ist, als ob wir bei einer körperlichen Verletzung ein Pflaster aufkleben und ein Schmerzmittel schlucken und dann meinen, wir seien geheilt.

Mein eigenes Herz hat in den vergangenen Monaten alle Prozesse durchlaufen, um heilen zu können. Wie es meine Theorie mir jetzt bestätigt hat, kann ich selbst nur heilend tätig sein, wenn ich selbst wirklich heil bin. Mein persönlicher Prozess war mit vielen Schmerzen am materiellen Herzen und vielen emotional belastenden Situationen verbunden. Ich bin sehr bodenständig in meiner spirituellen Arbeit – das war und ist auch sicherlich jetzt ein großer Vorteil. Durch diese Basisarbeit ist es mir möglich, den Schlüssel für die Erlösung des Herzens aufzuzeigen.

Der Schlüssel liegt tatsächlich darin, den Mangel am eigenen Herz zu erkennen und das Herz für die wirklich fließende Liebe und die Veränderung in die fünfte Dimension vorzubereiten. Ein heiles Herz ist die Bedingung, um in diese Dimension aufzusteigen.

Jeder Mensch kann diese Heilung fühlen und kann sie in sich selbst bewusst zulassen.

Dann gibt es das Gefühl eines tiefen inneren Friedens und nichts als fließende Liebe.

Auch wer zu den Übungen nicht gleich den richtigen Zugang findet, sollte versuchen, beim Lesen eine herzliche, offene Haltung zu einzunehmen. Bewertungen und Urteile sind es, die uns von Heilung abhalten. Ein offenes und freies Herz ist bereit, die Veränderungen geschehen zu lassen.

Willst du dich selber erkennen,
so sieh, wie die anderen es treiben,
willst du die anderen verstehen,
blick in dein eigenes Herz.
Friedrich Schiller

Literaturverzeichnis

Everett, Daniel; Vogel, Sebastian: Das glücklichste Volk: Sieben Jahre bei den Pirahã-Indianern am Amazonas, Deutsche Verlagsanstalt, München 2010

Menzel, Stefanie: Heilenergetik, Schirner, Darmstadt 2009

Menzel, Stefanie: Mit der Welt in Resonanz, Schirner, Darmstadt 2011

Menzel, Stefanie: Aufstellungskarten zu Familie, Gesundheit sowie Beruf und Geld, Schirner, Darmstadt 2010

Kontakt

Stefanie Menzel
Im Vogelsand 10
67273 Weisenheim am Berg (Rheinland-Pfalz)

Telefon: 06353 508784
Mobil: 0170 855 4406
E-Mail: stefanie.menzel@gmx.de
Internet: www.heilenergetiker.de

Register

Abtrennung 103, 210, 213, 232
Achtsamkeit 252
Achtsamkeitsübung 157f.
Alterungsprozess 214ff., 218f.
Alzheimer-Erkrankung 221f.
Angst 31, 84ff., 108ff., 148f.
- energetisch 111ff.
- vor Tod 221f.
Anpassung 72f.
Aristoteles 28
Aufstellungen, sinnanalytische
   237ff.
Aura 38f., 58, 42–57, 126, 164ff.
- Blockaden 96–142
- Funktion 42ff.
- Schwingungsbeschleunigungen
   168
- Strukturen 96–142

Basis-Chakra 190
Basisgefühle 73ff., 80ff.
- Erklärung 80ff.

Bauchentscheidung 196ff.
Bewertungen 64ff.
- moralische 69
Bewusstsein, höheres 38f., 94f.
Bewusstseinszeitalter 166, 169
Blockaden 46ff., 80ff., 96ff.,
   200ff., 205
siehe auch Unterpunkt zu Aura
Blockierende Strukturen
Burn-out-Syndrom 130

Chakren 164–191
- Aussage von 174ff.
- Basis-Chakra 190
- Bedeutung von 170f., 176ff.
- Farbe von 165
- geöffnete 171ff.
- Herz-Chakra 183ff.
- Kehlkopf-Chakra 181f.
- Magen-Chakra 167, 185f.
- Nabel-Chakra 188f.
- Nasen-Chakra 166f., 179ff.

280

- neue 166ff.
- Scheitel-Chakra 176
- Sexus-Chakra 167, 189f.
- Solarplexus-Chakra 186f.
- Stirn-Chakra 177f.
- Thymus-Chakra 167, 182f.
- Zungen-Chakra 167f., 178f.

Demenz 221f.
Dimensionen 39f., 143
- fünfte 166
- Wandel 52ff.
Dünkel 131ff.
- energetisch 134ff.

Ego 192–199
Einssein 232
Emotion
- Entwicklung 69ff.
- und Gefühle 63f.
Energie 126
Energiebarometer 143–163
Energiefeld 100
- Resonanzen 229
- -schwingung 169, 172ff.
Entfaltung 149ff.
Entscheidungen 102, 144ff.
Entwicklung 146ff., 151, 218ff.
- energetische 49ff.
- körperliche 50f.
- von Emotionen 69ff.
- von Gefühlen 69ff.
Erwartungen 125ff.

Erziehung 90ff.,
- und Würde 250ff.

Finanzkrise 101

Gedanken 17ff., 78
Gefühle 31ff., 48, 51, 58–95
- Basisgefühle 73ff., 80ff.
- Entwicklung von 69ff.
- Primärgefühle 86ff.
- Sekundärgefühle 89ff.
- und Emotion 63f.
- unterdrücken 62
Gefühlswelt 93ff.
Geld 230
Geschlechtergleichstellung 225ff.
Gesundheit 203–207
Glaubenssätze 105

Heilenergetik 20f., 102
Heilung 223f.
Heisenberg, Werner 55
Herz 20, 22–41, 51, 52ff., 252,
    253ff.
- energetisches 245f.
- im Buddhismus 30f.
- im Hinduismus 30f.
- im Sprachgebrauch 22ff.
- in christlichen Religionen 29f.
- in der TCM 36f.
- schulmedizinisch 34ff.
Herz-Chakra 183ff.
Herzentscheidung 196ff.

Herzheilung 256ff.
Hunger 93f.
Hüter der Schwelle 147ff.

Indigokinder 169

Kehlkopf-Chakra 181f.
Komfortzone 99
Kopflastigkeit 15f.
Körper 75f.
- Bauplan 44ff.
- Signale 34
Krankheit 155, 203–207, 210,
     212f.
Kundalini 164f.

Lebenskraft 16f.
Lebensprozess 216ff.
Leid 208–224
Lernen
- aus Fehlern 243f.
- vom Partner 232f.
Liebe 23f., 252
Löcher, energetische 126ff., 130
Lösungen 237–255
Lüge 114ff.
- energetisch 118ff.
Lust 86f.

Macht 98, 209
Magen-Chakra 167, 185f.
Mangel 14f., 46f., 125ff.
Menschsein 38ff.

Mudras 176, 191
Muttersprache 71f.

Nabel-Chakra 188f.
Nasen-Chakra 166f., 179ff.

Occupy-Bewegung 101f.
Ohnmacht 96ff., 150, 154f., 156
- kollektive 101f.
Opfer 151, 156

Partnerschaft 167, 225–236
- Lehrer 232ff.
- Problem 230
- Spiegel 235f.
Pflicht 125ff.
Physik, Wandel in der 52ff.
Planck, Max 54f.
Plato 28
Primärgefühle 86ff.

Reifungsprozess 214ff., 2185f.
Rollen 137ff.
- Kindrolle138ff.
- traditionelle 247ff.
Rückschritt 152ff.

Scham 104f.
Scheitel-Chakra 176
Schmerz 87f., 212f., 224
Schöpfungsgeschichte, alternative
     266–276
Schuld 125ff.

Schuldzuweisung 154
Schutzhaltung 191
Schwingungsfelder, energetische
   39
Seele 49, 51
Seelenmuster 16
Sekundärgefühle 89ff.
Selbstmitleid 131ff.
- energetisch 134ff.
Sexualität 231f.
Sexus-Chakra 167, 189f.
Sinn 197ff., 222
Solarplexus-Chakra 186f.
Sorge 125ff.
Spiegel 200–202
Stillstand 152ff.
Stirn-Chakra 177f.
Sucht 120ff.
- im Kindesalter 122ff.

Thymus-Chakra 167, 182f.
Tod 51, 58, 103
- Angst vor 221f.
Trauer 103f.
Trotz 32, 104f.

Übungen 256–265
- Herzöffnung 256
- Ich erkenne mich selbst 257f.

- Ich gestalte die Welt in Liebe
   263
- Ich kläre mich selbst 258ff.
- Ich lebe in Liebe und Leichtigkeit 261f.
- Ich nehme mich in Würde an
   260f.

Veränderungen 254f.
Verantwortung 210
Vergangenheit 70f.
Verliebtsein 32ff., 229

Wachstum 149ff.
Wahrnehmung 74
Weisheit 222f.
Weltbild 54ff.
Weltwahrnehmung 253ff.
Wesen 192–199
Würde 220, 223, 245ff.
- in der Gesellschaft 249f.
- in der Partnerschaft 246f.
- in Schule und Erziehung 250ff.
- Missachtung von 246
- Rettung der 252f.
Wut 32, 88f., 103f.

Zungen-Chakra 167f., 178f.
Zuversicht 20f.

Das Wissen von über 30 Heilern aus aller Welt – zur Selbstanwendung und Therapie bei anderen

Energiefelder verbinden uns nicht nur mit allem Guten, sondern halten uns auch im Negativen gefangen. Wir können körperlich und geistig Schaden nehmen und leiden oder uns auf die Suche nach Heilung begeben. Warum bin ich krank geworden? – Diese Frage führte Heike Katzmarzik rund um den Globus zu angesehenen Heilern. Sie hat dabei bedeutsame Antworten erhalten: Heilung kann erst passieren, wenn wir Verantwortung für unser Leben übernehmen, wenn wir überprüfen, inwiefern wir selbst zu unserer Krankheit beigetragen haben. Katzmarzik offenbart die Geheimnisse von über 30 Heilerkoryphäen. Man erfährt, wie man bei Heilern die Spreu vom Weizen trennen und warum Heilung nur funktionieren kann, wenn man auch selbst daran glaubt.

Alles über unsere Bücher unter
www-trinity-verlag.de

HEIKE KATZMARZIK

Große
Heiler
der
Welt

Wie energetische und spirituelle
Medizin Wunder wirken

Heilmethoden · Selbstbehandlung · Praxisbeispiele

TRINITY

592 Seiten, gebunden mit Schutzumschlag
29,95 € (D) / 30,80 € (A)
ISBN 978-3-941837-28-7

Das Kultbuch in vollständig überarbeiteter Neuausgabe

Mit Matrix Code begründete Dieter Broers alias Morpheus den Grundstein für eine radikal neue Sichtweise auf die Welt und unser Leben. Jetzt legt er mit Das Geheimnis des Matrix Code ein vollständig überarbeitetes und um neueste wissenschaftliche und spirituelle Erkenntnisse aktualisiertes Buch vor. Was ist Realität? Gibt es mehr als eine Wirklichkeit? Sind wir tatsächlich so frei, wie wir uns fühlen? Mit Broers werden wir hinter das Geheimnis des Matrix Code kommen und ihn entschlüsseln. Und dabei wird klar: Das, was wir für die Realität halten, ist nicht so real, wie wir annehmen. Damit wir an dieser Erkenntnis wachsen, müssen wir uns öffnen – für ein Leben jenseits aller manipulativer Kontrollmechanismen. Erst dann werden wir wirklich frei.

Alles über unsere Bücher unter
www-trinity-verlag.de

256 Seiten, gebunden mit Schutzumschlag
18,95 € (D) / 19,50 € (A)
ISBN 978-3-941837-32-4